왜

그들은

우리를

파괴

하는가

왜 그들은 우리를 파괴하는가

최고의 범죄학자가 들려주는 진화하는 범죄의 진실

이창무 · 박미랑 지음

메디치

두려움의 폭심지

"범죄는 불가피하고 이롭기도 하다."

프랑스의 사회학자 뒤르켐의 말이다. 단적으로 말해 우리는 범죄 없이 살 수 없다. 아이러니하게도 범죄는 옳고 그름을 판단하는 기준이 되어 사회를 유지하는 역할을 하기 때문이다. 범죄의 실체를 알 때 비로소 범죄의 두려움을 극복할 수 있고 범죄의 그늘에서 벗어날 수 있다.

그럼에도 범죄 이야기는 달갑지 않다. 음울하고 찜찜하기 때문이다. 더욱이 세상이 온통 범죄에 휩싸이더라도 자신에게 그런 일이 벌어지리라고 가정하고 싶지 않기 때문이다. 그런 까닭에 사람들은 대부분 가능하면 범죄를 영원히 멀리하고 싶어 한다. 하지만 안타깝게도 범죄는 항상 우리 주변에 도사리고 있다. 가장 안전한 공간이라 생각하는 가정이나 미래를 약속한 연인이 순식간에 흉포한 범죄의 공간이자 가해자로 돌변하는 경우는 너무도 흔하다. 이뿐만 아니라 평범한 우리와는 직접적으로 아무 상관도 없는 이유에서 벌어지는 테러와 전쟁은 언제든 우리를 노리고 있다. 따라서 인간은 역사상 단 한 번도 살인, 강도, 성폭행과 같은 미시범죄(micro crime)의 위험뿐만 아니라, 학살, 전쟁, 착취와 같은 거시범죄(macro crime)의 위험에서 벗어난 적이 없다. 그저 범죄가 나를 비껴가리라는 막연한 믿음만 있을 뿐이다. 앞서 인용한 뒤르켐의 말처럼 범죄는 큰 틀에서 인간이 발전해나가는 원동력이 되기도 하지만 동시에 범죄에 노출된 개인들에게는 씻을 수 없는 불행의 원천인 셈이다.

이 책을 쓰며 한 장, 한 장, 미로를 헤매는 느낌을 지울 수 없었다. 범죄란 발생 원인이 무척 복잡하다. 게다가 인과 관계를 풀어내는 과정은 더욱 복잡하다. 유전적인 문제, 사회구조적인 문제, 인간 심리 문제 등 세상 모든 것들이 얽히고설켜서 생겨나는 게 범죄다. 한 가지 원인으로 발생하는 범죄는 존재하지 않는다. 따라서 범죄의 문은 결코 한 개의 열쇠로 열리지 않는다.

더욱이 범죄는 바이러스와 같다. 범죄는 진화한다. 간신히 범죄 대응 매뉴얼이라는 백신을 만들어도 어느새 변종 범죄가 등장한다. 거기에 대응하려 하면 또다시 변종의 변종이 등장한다. 한 달, 일 년 단위로 바뀌는 게 아니라 잠시도 쉴 새 없이 진화한다. 이 때문에 범죄 대응 준비도 쉴 틈이 없다. 원인은 세상의 변화다. 뭔가 새로운 게 생겨나면 어김없이 이를 이용한 범죄가 등장한다. 범죄는 우리 사회를 보여주는 거울이지만 그럼에도 나는 범죄 없는 세상을 꿈꾼다. 불가능한 목표를 이루고자 하는 시시포스와도 같이 말이다.

필자의 전작《패러독스 범죄학》이 세상에 나온 지 벌써 7년이 흘렀다.《패러독스 범죄학》서문에 이런 구절이 있다.

'지피지기 백전불태(知彼知己 百戰不殆)'라고 하지 않았던가. 상대를 알고 나를 알면 항상 위태롭지 않다. 이는 전쟁만이 아니라 범죄에도 그대로 적용된다. 범죄를 알아야 범죄로부터 안전할 수 있고 자유로울 수 있다. 어쩔 수 없는 상황에서 범죄 피해를 당하는 경우도 없지 않으나, 범죄를 제대로 몰라 당하는 경우가 대부분이다. 역시 마찬가지로 범죄의 실상이 아닌 허상만을 범죄의 모든 것으로 착각하는 바람에 쓸데없는 두려움 속에서 사는 사람들도 적지 않다. 질병을 정확히 알아야 질병을 예방하고 건강할 수 있고, 또 불필요한 걱정에서 헤어날 수 있는 것처럼 범죄 역시 범죄의 본모습을 정확하게 들여다보는 것이 필요하다. 범죄에 대해 갖고 있는 여러 편견과 오해를 없애고 범죄와 이에 대응하는 경찰 등 법집행기관의 본 모습을 제대로 보여줌으로써 불필요한 비용을 줄이자는 게 당시 책을 펴낸 취지라고 할 수 있다.

이 주장은 지금도 유효하다. 범죄는 다른 모습으로 변해도 그 본질은 쉽게 바뀌지 않기 때문이다.《패러독스 범죄학》의 많은 내용이 7년이 지난 지금뿐 아니라 앞으로 상당 기간이 흐른 뒤에도 설득력을 가질 수 있는 이유다. 그렇다고《패러독스 범죄학》으로 지금의 범죄 현상을 모두 설명할 수는 없는 노릇이다. 진화하는 범죄, 달라진 범죄를 설명하기에는 버거운 지 오래다. 또 지금 세상이 더욱 더 관심을 갖는 범죄에 대한 설명 또한 미흡할 수밖에 없다. 그래서《패러독스 범죄학》을 단순히 개정해 선보이기보다 새로운 내용을 담은 새 책으로 내놓게 되었다. 범죄를 설명하는 데 빠질 수 없다고 판단한《패러독스 범죄학》의 일부 내용은 현대 대한민국의 최신 통계수치를 제시하고 범죄의 변화에 맞춰 수정하여 남겨뒀다.

이 책은 크게 4부로 구성돼 있다. 우선 1부 '범죄는 어디에서 싹트는가: 우리가 모르는 가면 속 범죄의 민낯'과 2부 '범죄 앞에서 고정관념은 왜 위험한가: 상식을 뒤집는 범죄 대응'부분은 범죄와 범죄자에 대한 상식의 허상을 지적하고 있다. 우리가 알고 있는 범죄에 관한 많은 생각들이 과연 정확하고 타당한 것인가를 사실(fact)과 실증적 근거에 입각해 검증하는 부분이다. 1부에서 범죄유형별로 범죄의 실상을 보여주는 데 초점을 맞췄다면, 2부에서는 범죄를 다루고 대응하는 경찰, 검찰, 법원과 같은 형사사법적인 측면에서 흔히 잘못 알고 있는 내용들을 소개하고 있다. 3부 '범죄는 어떻게 진화하는가: 시대에 따라 변하는 범죄들'에서는 말 그대로 사회변화에 따라 새롭게 나타났거나 그 심각성이 갑자기 급증한 범죄에 대해 실태와 원인 그리고 대책을 설명한다. 또 범죄공간학과 같은 새로운 분야에 대한 소개도 포함한다. 마지막으로 4부 '왜 범죄 피해자가 비난을 받는가: 사회적 약자의 이중위험(double jeopardy)'에서는 사회적 약자의 범죄피해에 대한 실상과 문제점을 다루고 있다. 특히 여성과 아동들이 겪는 각종 폭력과 두려움을 들여다보고 잘못된 편견으로 인해 이들이 이중, 삼중으로 당하는 피해와 고통을 조명했다.

다시 강조하지만, 이 책은 인류의 숙원과도 같은 범죄의 두려움과 고통에서 벗어나기 위해서는 제일 먼저 '범죄를 제대로 알아야 한다'

는 명제에서 출발해야 한다. 이 때문에 범죄학을 전공하지 않는 일반 인들도 쉽게 이해할 수 있도록 가능하면 평이하게 그리고 사례 중심으로 작성했다. 그렇다고 내용마저 평이한 것은 아니다. 이 범죄학 이야기는 다른 범죄학 책이나 논문에서 찾아볼 수 없는 새로운 주장과 그 주장을 뒷받침하는 근거가 풍부하다. 학문적 주장이 반드시 전문적인 학술논문을 통해서만 전달돼야 한다고 생각하지 않기 때문이다.

서문을 쓰기 시작한 날, 유럽의 아담하고 평온한 나라 벨기에의 수도 브뤼셀에서 자살폭탄테러가 발생했다는 비보가 날아들었다. 언론과 SNS를 통해 전 세계로 퍼져나간 사건 현장은 희생자들의 피와 절규로 아수라장이었다. 테러범들은 다시 한 번 세상에 지옥을 도래케 했고, IS는 테러가 자신들의 소행임을 자랑스럽게 밝혔다. 저들은 테러 범죄로 전 세계 사람들의 마음에 공포를 심는 데 성공한 것이다.

"테러범죄는 극장이다"라는 말이 있다. 테러는 희생자를 보고 두려움에 떠는 관객, 즉 '산 자'를 노리는 범죄다. 목적은 명확하다. 우리의 두려움을 이용해 자신들의 목적을 효과적으로 달성하기 위함이다.

모든 범죄는 근본적으로 테러와 같다. 정도의 차이는 있을지언정 두려움을 이용해 목적을 달성하고 피해자를 만들어낸다. 역사적으로도 범죄에 대한 두려움은 작게는 이웃과의 관계를, 크게는 사회구성원 사이의 신뢰를 파괴했다. 그렇게 탄생한 '공포의 폭심지'에서 범죄는 파괴력을 더했고 사회에는 피해자라는 이름의 파편이 돌아다녔다.

범죄에 대한 두려움이 성장하는 가장 큰 계기는 뭘까? 피해자가 더 잔혹하게 죽거나, 피해액이 어마어마한 경우일까? 그렇지 않다. 두려움을 키우는 것은 범죄에 대한 우리의 무지다. 세상이 변하면 범죄도 변하는데, 그러한 범죄의 진화를 모를 경우 두려움이 커지고 심지어 피해를 입고도 자기가 피해자인 줄도 모른다. 이러한 범죄에 대한 무지와 편견, 그리고 가면을 벗겨서 범죄 피해를 사전에 차단할 계기를 만들고 싶었다. 그것이 이 책을 쓰기 시작한 이유기도 하다. 범죄를 완벽히 박멸할 수 있다고 믿지는 않지만 피해와 고통을 최소한으로 만들어, 우리가 사는 곳을 조금이라도 더·따뜻하게 만들고 싶었다.

이 책이 이런 목적에 기여할 수 있다면, 그보다 더 큰 보람은 없을 것이다.

2016년 3월 이창무

차 례

1부 범죄는 어디에서 싹트는가: 우리가 모르는 가면 속 범죄의 민낯

3부
범죄는 어떻게 진화하는가: 시대에 따라 변하는 범죄들

1부

범죄는 어디에서 싹트는가:
우리가 모르는 가면 속 범죄의 민낯

살인자는 왜 친근한 얼굴일까?

사람들이 두려움과 공포를 느끼는 많은 대상들 가운데 과연 죽음만한 것이 있을까? 더구나 병이나 사고로 죽는 것이 아니라 남의 손에 목숨을 잃는 것이라면, 그보다 더 무서운 것이 또 있을까?

믿는 도끼에 발등 찍힌다

인적 드문 으슥한 밤길에 갑자기 어디선가 모르는 사람이 뛰쳐나오면 심장이 얼어붙을 수밖에 없다. 낯선 사람의 등장은 늘 경계심을 자아내게 마련이다. 실제로 정두영이나 유영철, 정남규 같은 연쇄살인범들은 모두 자신과 일면식도 없는 사람들을 살해했다. 그리고 이런 사건들이 일어나면, 비록 일시적이나마 밤길을 다니는 사람들이 크게 줄곤 한다.

　반면에 아는 사람하고 같이 있을 때는 아무래도 마음이 놓인다.

가족과 함께라면 더 말할 나위 없다. 가장 믿을 수 있으니까. 그러나 굳이 살인과 관련짓자면, 믿는 도끼에 발등 찍히는 경우도 생긴다.

우리나라의 살인 피해자 10명 가운데 6명은 자신과 잘 아는 사람에게 피살된 경우다. 모르는 사람에게 당한 경우는 5명 가운데 1명 정도밖에 안 된다. 그 아는 사람 중에는 가족을 포함한 친족이 가장 많다. 살인 피해자 4명 가운데 1명은 친족에 의해 목숨을 잃은 경우다. 또 함께 사는 친족에게 당한 쪽이 더 많다. 2012년 한국형사정책연구원이 서울 및 6대 광역시에 거주하는 20세 이상 성인 남녀들을 대상으로 조사한 결과, 가족 간의 갈등이 모든 갈등유형 가운데 가장 광범위하게 발생할 뿐만 아니라 가장 빈번하게 일어나는 갈등현상으로 밝혀졌다. 게다가 가족 간의 갈등은 주로 감정적인 갈등이기 때문에 합리적인 절차나 방법으로 갈등을 해결하는 것이 쉽지 않고, 그러다 보니까 결국 폭력적인 방법으로 해결되는 경우가 많다는 것이다.[1] 또 2015년 한국보건사회연구원 보건복지포럼에 실린 '가족변화에 따른 가족갈등양상과 정책과제' 보고서에 따르면, 2014년 1,000명을 대상으로 전화 조사한 결과, 응답자의 32.5%가 최근 1년간 가족갈등을 경험한 적이 있다고 밝혔다. 조사대상의 3분의 1 정도가 가족갈등을 겪은 것으로 나타난 것이다.[2]

덴마크에서는 무려 57%가 친족에 의한 살인이고, 단 12%만이 전혀 모른 사람에 의한 살인이다. 살인범이 이웃인 경우는 20% 정도고, 친구나 애인이 12%가량을 차지한다. 특히 여자 피해자의 경우에는 살인범의 대부분이 남편이나 동거남 아니면 애인이라는 점도 주목할 만하다. 미국에서도 살인사건의 4분의 3 이상이 아는 사람들 사이에서 일어난다. 2014년도 통계를 보면, 타인에 의한 살인은 1,381명으로 전체 살인 1만 1,961건의 11.5% 정도에 불과하다.[3]

그렇다면, 왜 가까운 사람끼리 서로 죽이고 죽는 걸까?

왜 사이코패스보다 잘 아는 사람이 위험할까?

여러 가지 해석과 설명이 있을 수 있지만, 아는 사람에 의한 살인은 대부분은 살인이 지니는 독특한 특성 탓이다. 살인은 흔히 '격정의 범죄'라고 불린다. 참을 수 없는 분노와 뿌리 깊은 증오가 살인을 유발한다. 보험금을 노린 살인처럼 경제적인 이유로 죽이는 경우도 있지만, 아는 사람을 죽이는 일은 거의 대부분 순간적인 분노를 억누르지 못해 발생한다. 심지어 계획적인 살인이라도, 노여움과 증오를 빼놓고는 이야기가 안 된다. 그러니 생판 모르는 사람을 다짜고짜 살해한다는 것은 좀처럼 이해하기 힘든 일이다.

물론 최근에는 이 사회에 대한 불만의 표출로서 구체적인 동기도 없고 뚜렷한 대상도 없이 무차별적으로 자행되는 이른바 '묻지마 살인'의 행태가 나타나고 있다. 2014년 7월 울산에서 일어난 살인 사건이 대표적이다. 울산 사건의 경우 20대 무직 청년이 아버지로부터 질책을 받고 홧김에 주방에서 칼을 챙겨 나와 거리를 배회하다가 집으로 가기 위해 버스정류장에서 버스를 기다리던 여대생을 칼로 찔러 숨지게 했다. 아무 원한도, 관계도 없는 여대생을 살해했던 것이다. 그러나 이런 사건은 몇 년에 한 번씩 어쩌다가 발생할 정도로 상당히 드물다. 언론보도의 속성 탓에 마치 흔한 일처럼 느껴지기는 하지만 실상은 전혀 그렇지 않다. 사회에 대한 불만을 품고 있지 않은 사람이 얼마나 되겠는가? 성격적인 결함을 지니고 있지 않은 사람은 또 얼마나 되겠는가? 사회에 대한 불만과 성격적인 결함을 지녔다고 해서 누구나 다 무차별적으로 사람을 죽이지는 않는다. 그것은 다만 극소수 사이코패스들에게 국한된 현상이다.

실제로는 서로 잘 아는 사람들이 사소한 문제로 다투다가 살인으로 발전하는 경우가 적지 않다. 물론 둘 사이에는 과거의 해묵은 감정이 쌓여 있게 마련이다. 그러니까 수차례에 걸쳐 꾹꾹 눌러왔던 감정이 어느 순간 한계에 도달하여 주먹이나 흉기를 휘두르게 되는 것이다. 미국의 경우에는 우리나라보다 살인이 몇 배나 더 많은데, 이는 주변에서 쉽게 치명적인 살상무기―총기―를 구할 수 있기 때문이다. 미국에서는 살인사건의 60%가 총기에 의해 발생한다.

몽둥이나 칼로 사람을 죽이는 것과 총으로 사람을 죽이는 것은 차원이 다르다. 물론 흉기를 던져 사람을 죽일 수도 있지만, 대개 흉기는 직접 피해자를 찌르거나 때려야만 한다. 또 한 번에 죽이기도 쉽지 않다. 반면 총기는 그저 손가락으로 방아쇠만 당기면 된다. 비교적 거리를 두고 단 한 번의 총격으로도 목숨을 끊을 수 있기 때문에 반격당할 염려도 적다. 그러나 일단 방아쇠를 당기고 나면 어쩔 도리가 없다. 흉기처럼 상대방이 손이나 팔로 막을 수도 없으니 말이다.

살인의 또 다른 특성은 술과 같은 범죄 촉진제의 역할이 강하다는 점이다. 즉 술을 마시고 흥분하는 탓에, 술만 마시지 않았어도 면할 수 있었을 살인이라는 극단적 결과까지 이르게 된다는 것이다. 아무래도 술을 마신 상태에서는 이성의 통제력이 약해지니까 감정에

휘둘리기가 쉽다. 제임스 윌슨(James Q. Wilson)과 리처드 헤른슈타인
(Richard Herrnstein)의 연구결과에 따르면, 살인사건의 60% 정도가 술
을 마신 상태에서 발생하는 것으로 나타난다.[4]

그럼에도 마이클 갓프레드슨(Michael Gottfredson)과 트래비스 허
시(Travis Hirschi)는 아는 사람들 사이에서 일어나는 일상적인 살인이
비록 격정에 의한 범죄기는 하지만, 어느 정도 예측 가능할뿐더러 일
정한 양상까지 보인다고 말한다.[5] 즉 가족이나 아는 사람들 사이의
살인은 주로 주말·야간·실내라는 환경에서 다른 사람들이 있을 때
발생하며, 또한 피해자와 가해자 모두 술을 마시거나 약물을 복용한
상태인 경우가 많다는 것이다.

살인과 폭행의 갈림길: 흥분과 저항

모든 범죄에는 변명과 합리화가 필요하지만, 특히 살인이 그렇다. 살
인의 경우에는 다른 어떤 범죄보다도 핑계가 많다. 말하자면, '명분'
이 있으니까 살인이 가능해지는 것이다. 범죄학에서는 이에 관한 탐
구를 '전경(前景)분석'이라고 부르는데, 어찌 됐든 중요한 것은 바로
이런 '명분'이 살인을 부추긴다는 점이다.

보통은 도덕적 우월감이나 마땅히 해야 할 일이라는 생각을 품는
경우가 많다. "저 사람은 정말 좋은 사람인데, 제가 그냥 죽이려고요"
라면서 살인하는 사람이 과연 있을까? "저런 인간은 누가 죽이든 죽
여야 돼"라고 생각한다든가, 하여튼 결코 하지 말아야 할 일을 저질
렀다고는 전혀 생각지 않는다. 자제력 부족과 이기심을 도덕적 명분

으로 포장하는 것이다. 《죄와 벌》에서 라스콜니코프가 저지르는 살인도 도덕적 명분으로 포장된 이기심이 빚어낸 결과라고 할 수 있다.

술만 마셨다 하면 가재도구를 부수고 폭력을 휘두르는 남편, 바람이 나서 집과 아이들은 나 몰라라 내팽개치고 밖으로만 도는 아내, 어릴 때부터 성폭력을 일삼아온 의붓아버지, 학교동기의 보증으로 대출을 받아 고의로 부도를 내고 잠적한 친구, 이렇듯 도덕적으로 비난받아 마땅한 사람들일수록 살인의 대상이 되기 쉽다. 그래서 다른 범죄들과 달리, 살인의 경우에는 피해자의 잘못이 크다는 주장들도 많다. 범죄학자 마빈 볼프강(Marvin Wolfgang)은 전체 살인의 26%가 피해자에 의해 유발된 살인이라는 다소 충격적인 연구결과를 내놓기도 했다.

살인은 돌이킬 수 없고 보상이 불가능하다는 점에서 시대와 국가를 불문하고 가장 엄한 처벌을 받아왔다. 그런데 희한하게도 이런 엄청나고 심각한 결과에 비해 살인의 동기는 의외로 사사롭고 보잘것없다. 그 순간에는 모든 것을 걸 만한 가치가 있다고 생각하지만, 사실은 한낱 착각에 지나지 않는 것이다.

사소한 다툼이 발전하여 가장 끔찍한 결과를 낳는다는 점에서 살인이야말로 정말 어리석은 범죄가 아닐 수 없다. 사실 출발점에서는 폭행과 살인 사이에, 또는 강도와 강도살인 사이에 별다른 차이점이 없다. 즉 범죄동기는 비슷한데, 다만 얼마큼 흥분한 상태냐, 피해자의 저항이 얼마나 강하냐에 따라 결과가 달라지는 것이다. 그리고 그 결과는 하늘과 땅만큼이나 다르다.

연쇄살인범은 왜 현장에 서명을 남길까?

조디악 연쇄살인사건

"방금 블루락 골프장에서 놀던 두 연인을 쐈다. 작년 12월 허먼로드에서 있었던 일도 내가 한 것이다. 너희는 날 잡을 수 없다"

1969년 7월 5일, 신원을 밝히지 않은 한 남자가 샌프란시스코 경찰에 전화를 걸어 남긴 말이다. 경찰은 즉시 현장으로 출동했고 괴한의 말처럼 총상을 입고 쓰러져 있는 마이클과 페린이라는 이름의 두 연인을 발견해 서둘러 병원으로 이송했지만 페린은 결국 사망했다.

'작년 12월 허먼로드에서 있었던 일'은 1968년 12월 20일 베니샤 시 외곽의 허먼로드 호수에서 데이트를 즐기던 패러데이와 베티가 살해된 사건을 말한다. 당시 죽은 두 연인의 나이는 고작 17살, 16살이었다. 당시 경찰은 이 둘의 시신을 확인하고 곧 조사에 들어갔으나 별다른 단서를 찾지 못했는데 6개월 후 다시 살인사건이 벌어진 것이다.

조디악 킬러가 보내온 편지 가운데 하나(좌), 조디악 킬러의 몽타주

연쇄살인범의 흔적

얼마 뒤인 1969년 8월 1일, 미국 샌프란시스코의 유력 신문사에 한 통의 편지가 배달되었다. 내용인즉슨 경찰에 밝힌 것처럼 두 살인사건이 모두 자신의 소행이라는 주장과 사건에 관한 상세한 설명이었다. 아울러 범인은 네 개의 암호문을 동봉하면서, 이를 신문에 게재하지 않으면 살인을 계속하겠다고 협박했다. 편지에는 또 동그라미와 십자가를 겹쳐놓은 사격 표적 같은 모양이 그려져 있었는데, 이는 나중에 '조디악 표시'라고 불렸고 편지를 보내온 범인은 '조디악 킬러(Zodiac killer)'라고 불렸다. 추후의 편지들이 매번 "조디악 가라사대(This is Zodiac speaking)"라는 문구로 시작되었기 때문이다.

미국의 수사기관과 정보기관들이 총동원되어 매달렸는데도 조디악 킬러의 암호문을 푸는 데는 실패했다. 그나마 네 개 가운데 하나의 암호문을 풀어낸 것은 어느 고등학교 교사 부부였다. 그 해독 결과에 따르면, 조디악 킬러는 사람에게서 가장 큰 흥분을 느끼는데, 이는 사람이야말로 세상에서 가장 위험한 동물이기 때문이며, 그래서 사람을 죽인다는 것이었다. 나머지 세 개의 암호문은 아직까지도 해독되지 못한 채 남아 있다.[6]

조디악 킬러는 이후에도 두 건의 살인을 더 저질렀으며, 그때마다 편지를 보내어 경찰과 사회를 우롱했다. 그러다가 일곱 번째 편지에서 더 이상은 살인에 대해 언급하지 않겠다고 밝히더니, 1974년 이후로는 편지를 보내지 않고 잠적했다. 조디악 킬러를 사칭한 장난편지들은 그 후로도 계속되었지만 말이다.

유명한 연쇄살인범 가운데 한 명인 하비 글래트먼의 살인 행각도 살인 피해자에게 자신만의 흔적을 남겼다는 점에서 비슷하다. 자신을 사진작가로 속이고 모델 지망생을 자신의 집으로 데려간 하비 글래트먼은 강간당하기 직전의 포즈가 필요하다며 여자를 끈으로 묶고 재갈을 물리려 들었다. 여자 모델이 하는 수 없이 요구에 응하자, 그는 사진을 찍는 척하다가 본색을 드러냈다. 총을 꺼내어 여자를 협박하고 강간한 것이다. 그러고는 다시 여자를 차에 태우고 사막으로 데려가 목 졸라 죽인 다음, 추수감사절 칠면조처럼 묶어 사진을 찍었다.[7] 이후에도 글래트먼은 동일한 방식으로 여자들을 살해하여 사막에 버렸는데, 살해 전·후에 촬영된 여자들의 사진은 나중에 그가 검거되었을 때 연쇄살인의 전모를 밝히는 단서가 되었다.

존 앨런 무하마드(좌)가 사건 현장에 남긴 타로카드(우). 카드의 뜻은 '죽음'이며 위에 "나를 신이라고 부르라"라는 문구가 보인다

서명 또는 독특한 범행방식

이렇듯 연쇄범죄는 특이한 흔적을 남긴다. 마치 사람의 지문과 필적이 다 다르듯이, 범죄의 흔적 또한 사람마다 차이가 난다. 그래서 이런 흔적의 차이를 찾아내어 동일범에 의한 연쇄범죄인지를 가려내게 된다. 연쇄범죄가 고유의 흔적을 남기는 것이 마치 자기 이름을 사인하는 것과 비슷하다고 하여 이런 흔적을 서명(signature)이라고 부르는데, 프로파일링 연구로 유명한 로럴드 홈즈(Ronald Holmes)는 서명을 간단히 "범죄자의 독특한 범행방식"으로 정의한다.[8]

2002년 10월에 워싱턴 DC에서 22일 동안 10명을 무차별적으로 쏘아 죽인 존 앨런 무하마드와 양아들 리 보이드 말보는 사건 현장에 죽음을 상징하는 타로카드를 남겼다. 카드 뒷면에는 "경찰관들! 나는

신이다"라는 문구도 적혀 있었다. 뱀파이어 강간범으로 불리는 웨인 보덴은 여성 피해자의 유방을 잔인하게 물어뜯어 흔적을 남겼다. 연쇄살인범 제리 브루도스는 여자를 죽인 후 유방을 잘라냈는데, 특이하게도 '갈색 젖꼭지'가 달린 유방만 잘라냈다. 연쇄살인과 관련된 영화라면 빼놓을 수 없는 〈양들의 침묵〉에서도, 연쇄살인범 '버팔로 빌'에게 살해된 피해자들은 모두 몸집이 비대한 여자들이고 피부가 도려내어져 있었다.

연쇄살인범 강호순은 피해 여성을 죽일 때마다 거의 대부분 스타킹을 사용했다. 7명 가운데 6명을 스타킹으로 목 졸라 죽였고, 나머지 한 번은 넥타이로 목을 졸랐다. 살해된 여성들은 모두 아담한 체구였고, 일면식도 없는 사람들이었다. 속칭 화성연쇄살인사건의 경우도 비슷하다. 피해자의 음부에 이물질을 집어넣었다든가, 얼굴에 피해자의 팬티나 거들 같은 속옷을 씌워놓았다는 점이 사건의 흔적이라고 할 수 있다.

일명 발바리로 불리는 연쇄 성폭행범은 다세대나 원룸이 밀집된 지역에서 주로 활동한다. 방으로 침입할 때는 저마다 독특한 방법이 있다. 수십 차례 성폭행을 저질렀던 경북 구미의 발바리는 계속 도시가스 배관을 타고 침입했고, 유리 창문만을 파손하고 침입하는 사례도 있다. 2005년부터 2008년 7월까지 서울 강북 지역을 무대로 성폭행을 일삼은 일명 '보일러 발바리'는 어떤 층이나 장소에 구애 없이 출입문을 통해 들어가 마음대로 만행을 저질렀다. 주로 가스보일러 점검을 나왔다거나 택배가 왔다는 식으로 속여 피해자들이 아무런 의심 없이 문을 열도록 만든 것이다.

한두 번 시도해서 결과가 좋으면 그다음부터는 똑같은 행동을 서슴없이 반복하게 된다. 대전 일대의 여성들을 두려움에 빠뜨렸던 속칭 '대전 발바리'도 범행 초기에는 혹시나 피해자가 신고하여 경찰에 잡히지 않을까 하는 걱정과 두려움이 앞섰다. 그런데 시간이 지나도 아무런 변화가 없자 그의 범행은 점점 더 대담해졌다. 심지어 피해자를 성폭행한 뒤에 그 자리에서 버젓이 밥을 먹고 술을 마시기까지 했다. 그러나 꼬리가 길면 결국 잡히게 마련이다. 여러 차례의 범행 성공에 도취하여 자기만의 방식을 고집하다 보면, 결국 그 '흔적'이 단서로 작용하여 적발되기에 이르는 것이다.

〈캐치 미 이프 유 캔〉 vs. 〈덤 앤 더머〉

범죄현장에 자신의 흔적을 남기는 행위는 의도적인 것과 무의식적인 것으로 구분할 수 있다. 의도적으로 흔적을 남기는 행동은 자기 자신을 과시하고 싶은 충동에서 비롯된다. '조디악 킬러'의 경우처럼, 사회와 공권력을 조롱하기 위해 '잡을 테면 잡아봐라' 하는 식으로 자신의 존재를 드러내는 것이다. 그러나 대부분의 경우에는 무의식적으로 흔적을 남기게 된다. 자신도 모르는 사이에 범행수법(Modus Operandi)을 노출하는 것이다. 사용하는 흉기의 종류가 일정하다든지, 살해 방법이나 침입 방법, 또는 피해자를 묶는 방법 등이 비슷하다든지 하는 식으로 말이다.

물론 연쇄범죄가 항상 똑같은 수법으로 저질러지는 것은 아니며, 따라서 '서명'에 지나치게 집착하고 의존하는 것은 문제임에 틀림없

다. 그러나 범인과 관련된 다른 물적 증거를 찾을 수 없고 범행 동기
마저 불확실한 경우에는, 범행수법과 서명을 확인하여 범인의 윤곽을
찾아내는 작업이 반드시 필요하다고 할 수 있다.

모든 흉악범은 남자고, 피해자는 여자일까?

김길태 예비 여중생 살인사건

2010년 2월 24일. 부산 사상구에서 13세 여학생이 납치된 후 물탱크에 유기된 채 발견되었다. 경찰은 범인을 공개수배했고, 시신이 발견된 지 1주일 만에 범인이 검거되었다. 범인 김길태는 조사 과정에서 술에 취했다가 정신을 차려보니 시신이 있어서 숨겼다고 진술했지만 시신을 부검한 결과 피해자는 성폭행을 당한 후 질식하여 사망한 것으로 드러났다. 김길태는 1심에서 사형을 선고받았으나 항소하였고 2심에서 무기징역을 선고받았다.

조두순 아동 성폭행 및 중상해 사건

2008년 12월 11일 경기도 안산시 원곡동에서는 조두순이 등교하던 8세 아동을 화장실로 납치하여 목을 졸라 기절시킨 후 강간한 상상하기도 끔찍한 사건이 발생했다. 조두순은 징역 12년을 선고받았다.
피해 아동은 생식기와 항문에 큰 손상을 입었으나 두 번에 걸친 인공항문 이식 수술을 통해 배변 기능을 일반인의 80% 수준으로 회복했다.

2013년에는 사춘기에 접어든 피해자가 트라우마에 시달리며 우울증 증세를 보인다는 소식이 전해져 다시금 아동 성폭행 사건의 심각성이 사회에 알려지기도 했다.

흉악범들의 공통점

흉악범 하면 흔히 위의 두 범죄를 저지른 김길태나 조두순 혹은 유영철, 강호순, 정남규 같은 연쇄살인범을 떠올린다. 유영철은 2003년 9월부터 살인을 시작해 2004년 4월까지 약 10개월 동안 20명을 살해했다. 설상가상으로 유영철은 경찰을 통해 발표된 피해자들 외에도 5명을 더 살해했다고 말하기도 했다. 하지만 기록해놓지 않는 이상 본인도 정확하게 몇 명 죽였는지 기억하기 어려울 수밖에 없다. 다만 경찰이 공식적으로 확인된 숫자는 20명이다.

유영철이 살인을 저지르고 난 뒤 막상 고민한 것은 사람을 죽였다는 사실이 아니라 시체 처리 방법이었다. 다른 이들에게 발견되지 않도록 버리기 위해 시신을 토막 내야 했다. 그런데 생각처럼 쉽지 않자 해부학 책까지 사서 공부하고 인터넷 검색까지 했다. 그래도 여의치 않자 병원에 가서 자기 몸을 엑스레이 촬영하고 사진을 받아 연구까지 했다고 한다.

유영철 저리 가라 할 연쇄살인범이 정남규다. '살인마'라는 호칭이 전혀 무색하지 않을 흉악범이다. 정남규는 2004년 1월부터 2006년 4월까지 서울 서남부 지역을 공포에 몰아넣으며 14명을 살해했다. 정남규는 "담배는 끊어도 살인은 끊을 수 없다"고 털어놓았다. 또 가장 억울한 것은 100명을 죽였어야 했는데 다 채우지 못하고 잡힌 것이라고 말할 정도였다.

정남규는 대법원에서 사형이 확정된 뒤 복역 중인 구치소에서 자살했다. 죽일 대상이 자신밖에 남지 않았기 때문이 아니었을까? 그래서인지 많은 살인범들을 면담했던 프로파일러들이 이구동성으로 정남규를 가장 위험한 살인범으로 꼽는다.

위에서 언급한 흉악범들의 공통점은 의외로 많다. 불우한 환경에서 자라나 어려서 정상적인 교육이나 관심, 애정을 받지 못했다. 자연스럽게 세상에 대한 적개심이 가득했다. 이들은 또한 모두 남성이라는 공통점이 있다. 또 피해자는 모두 여성이었다. 이러하니 흉악범은 남성이고, 피해자는 여성이라는 고정관념이 당연하게 받아들여진다. 크게 틀린 이야기도 아니다. 연쇄살인범을 비롯해 흉악범들은 대부분 남성이고 피해자는 거의 모두 여성인 것이 사실이다.

상대가 만만할 때 흉악범들이 움직인다

대체 왜 흉악범은 거의 남성이고, 피해자는 대부분 여성일까? 여러 이유가 있겠지만, 우선 쉽게 생각해볼 수 있는 게 범죄기회의 차이다. 흉악범죄의 경우 남성들에게 범죄기회가 훨씬 많다. 범죄란 범행 대상이 있는 법이다. 모든 범죄는 대상이 만만할 때 발생한다. 대상이 막강하면 건드리지 못한다. 감히 한국은행 본점에 쳐들어간 은행강도가 있다는 말 들어봤는가? 아무리 으슥한 골목이라도 맨 정신의 격투기 선수에게 시비를 걸지 못하는 것 역시 같은 이유다. 흉악범이라도 나름대로 계산을 하게 마련이다. 그래서 남자를 상대로 강도를 저지를 때는 주로 밤에 술에 취한 대상을 고르게 된다. 이른바 '아리랑치기', '퍽치기'도 나름대로는 합리적 계산의 결과라 할 수 있다.

총기를 구하기 어려운 우리나라에서 흉악범죄는 대부분 칼 같은 흉기나 완력을 무기로 사용한다. 남성보다 힘이 센 여성도 있겠지만, 일반적으로 남성이 여성보다 힘이 세다. 사람을 해치려고 할 때 당연히 저항을 고려해야 하는 것이고, 상대방을 충분히 제압할 자신이 있을 때 범행에 나서게 마련이다. 흉악범이 덩치가 크거나 칼과 같은 치명적 흉기로 위협할 때 피해자들이 함부로 대들지 못한다. 그래서 때로 흉악범의 덩치가 작거나 흉기를 사용하지 않을 때 격렬한 저항과 몸싸움이 벌어지게 된다. 부산과 천안 등지에서 9명을 연쇄 살해한 정두영이 그런 경우다. 정두영은 키가 작고 몸도 가냘픈 편이다. 하지만 어려서부터 싸움으로 단련됐기 때문에 웬만한 남자들은 상대가 되지 않았다. 정두영은 1986년 18세 당시 불심검문을 하던 방범대원 김찬일 씨를 살해하여 11년형을 살고 출소하여 1999년 6월부터 2000년 4월까지 무려 9명을 살해했다. 정두영이 침입하면 그의 왜소한 몸집을 보고 한번 해볼 만하다는 생각을 가진 피해자들이 덤벼들다 끝내 목숨까지 잃었다.

어쨌든 범죄기회의 차이로 인해 흉악범은 남자들이 대부분이다. 범죄 성공 가능성을 높이기 위해 가능하면 만만한 대상을 고르고, 그러는 와중에 초등학생과 같은 어린이들을 대상으로 삼기까지 한다. 소아성애와 같은 성도착 증세와는 별개로 말이다.

여성이 남성을 살해할 때, 주로 잠자고 있을 때나 아니면 독극물을 이용하는 것도 역시 범죄 성공 가능성을 높이기 위해서라고 할 수 있다. 채무 관계에 있던 아버지와 동생을 포함해 5명을 죽여 국내 최초이자 가장 악명 높은 여성 연쇄살인범으로 꼽히는 김선자 역시 흔히 청산가리라고 불리는 청산염을 이용했다. 청산염은 극소량만 먹어도 즉사하는 맹독성 물질이다. 그런 만큼 '청산가리를 먹고 세 발자국을 떼면 살아남는다'는 속설이 있다. 청산가리를 먹으면 세 발도 떼기 전에 모두 죽기 때문에 생긴 말장난이 아닐 수 없다. 김선자는 화공약품회사에 다니는 친정 조카에게 "꿩 사냥을 위해 필요하다"는 거짓말로 청산염을 얻어 희생자들에게 먹였고, 경찰이 찾아내 유력 증거로 제시하자 범행을 자백했다.

남성호르몬이 범죄를 부추긴다고?

테스토스테론 같은 성호르몬은 남성의 폭력성, 공격성을 이야기할 때 빠지지 않는 요소다. 《악마 같은 남성(Demonic Males)》이란 책을 쓴 리처드 랭햄은 인간과 유전적으로 가까운 침팬지와 고릴라 사회에서도 강간, 폭행, 유아 살해 같은 범죄는 대부분 수컷에 의해 저질러진다고 밝히고 있다. 남성호르몬 수치가 높을수록 공격성이 높아지고 정상적으로 통제가 되지 않을 경우 흉악범죄를 저지를 가능성이 증가한다는 것이다. 다시 말해 테스토스테론 수치가 높은 사람에게 정치나 사업과 같은 합법적 활동의 기회가 주어지면 정력적으로 성공의 기회로 삼을 수 있지만, 성장 환경 등의 이유로 그런 기회를 얻지 못한 남성은 폭력적 성향을 달리 배출하지 못하고 흉악범죄를 저지른다는 이야기다. 흉악범들의 테스토스테론 수치가 일반 범죄자들보다 높다는 연구결과를 근거로 제시하기도 한다.

　하지만 반론도 만만치 않다. 테스토스테론 수치의 증가가 곧 폭력성 증가로 이어지는 것이 아니라고 미국 일리노이 주 녹스대학의 심리학과 프랭크 맥앤드루 교수는 말한다. 최근 연구결과를 종합해볼 때, 테스토스테론과 폭력성 사이에 관련성이 없지 않지만 높지도 않다는 것이다. 그나마도 폭력성 범주를 단순 폭력 같은 좁은 개념으로 국한시킨다면 인과관계를 찾아보기 어렵다고 한다. 미국 에머리대학 인류학과의 멜빈 코너 교수 역시 테스토스테론을 주입해도 곧바로 공격성이 높아지는 즉각적인 효과는 존재하지 않는다고 말한다. 그는 테스토스테론은 다른 폭력이나 공격의 기회가 주어졌을 때 이를 증가시키는 상승적 효과로 파악해야 한다고 주장한다. 한마디로 테스토스테론은 폭력성과 공격성을 불러일으키는 주범이 아니라 보조 내지 공범 역할을 할 뿐이라는 것이다.

　테스토스테론 수치가 높아 흉악범죄를 저지르는 것인지, 아니면 흉악범죄를 저지르다 보니까 테스토스테론 수치가 높아졌는지 인과관계가 명확하지 않다는 주장이기도 하다. 때문에 상대적으로 높은 테스토스테론 수치가 폭력성과 공격성의 원인이기도 하지만 결과이기도 하다는 여러 연구결과가 최근 제시되고 있다. 이를테면 같은 사람이라도 경기에서 승리하면 테스토스테론 수치가 증가하고, 패배하면 그 수치가 떨어지는 것이다. 달리 말해 테스토스테론 수치가 높기 때문에 칼을 휘두르고 총을 쏘는 게 아니라, 칼을 휘두르고 총을 쏘면 테스토스테론 수치가 확실히 올라간다는 것이다. 나아가 테스토스테론이 폭력성의 유일한 원인은 아니라는 연구결과도 있다. UC버클

리대학에서 수컷 침팬지에게 테스토스테론을 주입하는 실험을 했는데, 침팬지는 자신보다 서열이 낮은 침팬지만을 공격했다고 한다. 즉 '서열이 낮은 침팬지'와 테스토스테론이 복합적으로 작용했을 뿐, 무조건 폭력적이 되는 것은 아니라는 사실이 증명된 것이다.

어떤 범죄가 흉악범죄인가?

한편 흉악범들이 가증스러운 범죄를 저지르는 이유와 함께 짚고 넘어가야 할 게 있다. 흉악범이란 흉악범죄를 저지른 범죄자인데, 그렇다면 흉악범죄란 과연 무엇이냐는 것이다. 인간이 저질렀다고 생각할 수 없는 범죄, 반인륜 범죄, 사형 선고를 받을 만큼 중대한 범죄, '살인, 인신매매, 강도'와 같은 심각한 범죄 등등 각각이다. 흉악범죄를 어떻게 정의하느냐에 따라 흉악범죄와 흉악범에 대한 진상이 달라질 수 있는 것이다. 국어사전을 봐도 흉악범이란 흉악한 범죄를 저지른 사람이라고 나올 정도로 그 정의가 추상적이다. 흉악하다는 말도 '성질이 악하고 모짊'이라고 돼 있으니까 이 역시 모호하다. 영어로도 헷갈린다. 흉악범죄는 'heinous crime', 'violent crime', 'felony'로 다양하게 번역된다. 미국이나 영국 역시 흉악범죄에 대한 명확한 개념 정의가 마련돼 있지 못한 셈이다.

물리적 폭력성만을 이야기하는 것도 문제가 있다. 사람 털끝 하나 건드리지 않고도 그 사람의 인생을 송두리째 앗아갈 정도의 피해를 주는 경우도 있기 때문이다. 미국의 국립정신건강원 가정폭력위원회의 폭력에 대한 정의에는 단순히 물리적 피해만이 아니라 개인의 자유나 정상적 활동을 막거나 접근을 제한하는 결과를 초래하는 것까지 포함한다. 이런 피해는 매우 추상적이고 주관적이다. 흉악범죄를 이런 범주까지 확대한다면 흉악범죄에 포함되지 않을 범죄가 없을 것이다.

일반적으로 흉악범이란 살인, 강도, 강간, 유괴, 방화처럼 신체에 중대한 위해를 가하는 범죄를 잔인하고 흉포한 수법으로 저지르는 범죄자를 지칭한다. 하지만 경찰이나 검찰 기준은 다르다. 흉악사범이란 살인, 강도 및 특정범죄 가중처벌 등에 관한 법률상에 규정된 강도, 보복범죄, 특수강도 등을 포함한다. 강력범죄라는 용어와 혼용하기도 한다. 일반적인 기준보다 훨씬 광범위하다고 볼 수 있다. 범죄수법 등을 감안하지 않고 단순 살인이나 강도까지 포함하기 때문이다. 그래서 매년 1만 건 이상 흉악범죄가 발생하는 것으로 집계된다.

대검찰청 통계에 따르면 금융위기 여파로 흉악범죄가 급증했던 2009년 이후 흉악범죄는 매년 줄어드는 추세를 보이고 있다. 2010년도 흉악범죄는 2009년에 비해 25.0%나 급감했다. 2011년에도 2010년에 비해 3.0%가 줄었고, 2012년 역시 전년에 비해 11.5% 감소한 것으로 나타났다. 언론보도 등을 볼 때 흉악범죄가 증가하고 있는 것 같은데 실제 흉악범죄는 감소 추세인 것이다. 왜 이런 일이 벌어지고 있을까. 이 문제는 2부 '청소년 범죄자는 엄한 처벌이 답일까?'란 장에서 별도로 설명할 것이다.

다시 본래 주제로 돌아가서, 흉악범들은 정말 대부분 남성일까? 2012년 흉악 범죄자의 남성 비율은 95.9%로 나타났다. 전체 범죄 81.6%에 비해 남성 비율이 훨씬 높게 나타났다. 비록 흉악범들이 모두 남자인 것은 아니지만, 거의 대부분은 남자들인 셈이다.

남자들은 왜 흉악범죄를 저지를까?

그런데 범죄동기와 수법을 논외로 할 때 가장 심각하고 끔찍한 범죄인 살인은 이야기가 다르다. 살인범 가운데 남성은 77.4%에 불과(?)하다. 여성 살인범이 22.6%나 된다. 전체 범죄의 80% 이상을 남자들이 저지르는 것을 감안하면, 살인은 대단히 의외가 아닐 수 없다. 살인 피해자의 성별을 살펴보면 더 놀랍다. 살인 피해자의 46.8%가 남성이고 여성 피해자는 53.2%로, 거의 비슷하다. 흉악범죄 피해자의 대부분이 여성일 것이라는 추측을 빗나가게 하는 통계 결과라고 할 수 있다. 살인범 하면 으레 유영철이나 정남규 같은 연쇄살인범들을 떠올리지만 사실 살인은 대표적인 격정범죄(crime of passion)다. 분을 못 이겨 저지르는 범죄라는 말이다. 보복과 응징 성격 또한 강하다. 그렇다 보니 여성 피해자 못지않게 남성 피해자가 높게 나온다.

사실 흉악범의 대다수가 남성이고, 여성 피해자가 많은 게 사실이다. 범죄기회의 차이와 생물학적 원인이 작용한 탓이다. 그렇다고 흉악범은 곧 남자들이고 피해 대상은 여자들이란 단순 도식은 성립하지 않는다. 여성은 나약하다는 여성에 대한 편견과 언론 등이 만들어낸 흉악범에 대한 이미지가 이런 잘못된 인식을 낳고 있는 셈이다.

강도는 합리적이다

학생들에게 이런 퀴즈를 내곤 한다. 밤에 어두운 골목길을 걸어가는데 누군가가 갑자기 튀어나와 돈을 내놓으라고 협박한다. 어떤 상황을 가장 두려워해야 할까?
① 총으로 위협할 때
② 칼로 위협할 때
③ 아무 흉기도 없이 맨손으로 위협할 때

총 든 강도가 칼 든 강도보다 안전하다고?

학생들은 흔히 총, 칼, 맨손 순서로 위험하다고 대답한다. 그러나 정답을 말하자면 반대로 맨손, 칼, 총 순서다. 놀랍게도 아무 흉기도 없이 맨손으로 협박할 때 가장 위험하다. 목숨을 앗아갈 수 있는 치명성이 강하면 역설적으로 가장 안전한 셈이다. 이유가 무엇일까? 강도는 바보가 아니기 때문이다. 다시 말해, 돈을 빼앗으려는 목적이지 다치게 하거나 죽이려는 목적은 아닌 것이다. 한 방에 목숨을 빼앗을 수 있는 총기처럼 살상력이 높은 무기로 위협했다는 사실은 '총 무서운 것 알지? 그러니까 알아서 돈만 빨리 내놔'라는 이야기다. 애당초 총을 쏠 생각이 있었다면 협박하기 전에 총부터 쏜다. 총은 안전거리를 확보할 수 있다는 장점도 있다. 피해자가 혹시라도 저항할 때는 적당한 거리를 유지하는 것이 매우 필요하다. 흉기로 위협한다는 것은 강도가 나름대로 머리를 썼다는 증거다.

실제로 미국의 연구조사 결과, 흉기의 살상력과 사용률은 반비례 관계에 있음이 밝혀졌다. 살상력이 높은 흉기, 이를테면 총을 흉기로 사용했을 경우, 총을 쏠 가능성은 그만큼 줄어드는 셈이다. 그래서 밤길을 가다가 총을 들고 돈 내놓으라는 강도를 만나는 경우, 어찌 생각하면 그나마 다행이라고 생각할 수도 있겠다. 돈만 내준다면 몸까지 다칠 가능성은 매우 적기 때문이다.

우리나라에서는 웬만해서 총을 구하기가 어렵기 때문에, 강도행각을 벌일 때 대부분 칼을 이용한다. 총을 제외하고는 가장 치명적인 흉기니까 말이다. 역시 강도를 당하는 사람에게 '시키는 대로 안 하고 허튼짓하면 죽는다'는 치명성을 강조하기 위함이다. 터무니없는 것 같지만, 강도가 총이나 칼 같은 치명적인 흉기로 위협할 때는 걱정을 덜 해도 되는 셈이다. 금품만 털리면 되니까 말이다.

실제로 그럴 가능성은 매우 적지만, 아무 흉기 없이, 그것도 혼자서 맨손으로 돈 내놓으라고 위협하면 골치가 아파진다. 물론 상대편 덩치나 인상이 흔히 말하는 '형님'풍으로 생겼다면 이야기는 좀 달라지겠지만, 그렇다 하더라도 웬만해서는 고분고분 돈을 빼앗기지 않는다. 강도가 정말 흉기의 도움 없이 돈을 빼앗고자 한다면 결국 물리적 충돌이 생기게 마련이고, 그러다 보면 어떤 형태로든 다치게 된다.

때문에 강도가 흉기를 드는 것은 지극히 합리적인 행동이다. 자신의 목적을 가장 효율적으로 달성하는 방법이기 때문이다. 또 피해자를 위협하고 자신을 지키는 좋은 도구가 되기 때문에 안전하기도 하다. 강도는 결코 아무 생각 없이 총이나 칼을 들고 거리로 나서는 무모한 바보가 아니다.

강도는 털 만한 상대만 턴다

또한 강도는 아무나 털지 않는다. 강도는 합리적인 계산을 하기 때문에 우선 자신이 필요한 것(금품)을 소유하고 있는 대상을 고른다. 이른바 범죄대상의 매력성을 검토하는 것이다. 돈 없는 사람 털어봤자 먼지밖에 안 나온다. 어린아이들이 유괴의 대상이 될지언정 강도의 대상이 되지는 않는 이유다.

그다음으로 강도가 고려하는 것은 범죄대상의 취약성이다. 강도는 약한 상대를 고른다. 돈이 있어 보이는 피해자가 자신을 보호하는 데 취약하다고 판단되면 강도를 저지른다. 당연히 주변상황을 살펴야 하고 말이다. 주변에 도와줄 수 있는 사람이나 장치가 없어야 한다. 때문에 으슥한 곳, 인적이 뜸한 곳, 혹은 CCTV나 다른 보안장치가 없는 곳에서 강도가 발생하게 마련이다. 아무리 돈이 많아도 경호원에 둘러싸여 있고 첨단 보안시설이 갖춰진 집에 사는 재벌을 상대로 하는 강도는 흔치 않다. 한마디로 만만해 보이는 사람과 장소가 범죄의 대상이 되는 것이다. 피해자의 매력성과 취약성이 강도피해의 필요조건이 된다. 둘 중 어느 하나만 없어도 강도는 발생하지 않는다.

우리나라에서 돈이 가장 많은 곳을 꼽으라면 한국은행 본점이 반드시 끼지 않을까 싶다. 그러나 지금껏 한국은행 본점이 은행강도를 당했다는 소리는 들어본 적이 없다. 돈이 가장 많으니까 범죄의 매력은 충분하지만, 문제는 한국은행 본점이 범죄대상으로서 전혀 취약하지 않다는 점이다. 최첨단 보안시설과 경비원들이 24시간 철통같은 경비를 선다. 강도들도 잘 아는 사실이다. 외국 영화에는 가끔 중앙은행을 터는 대담무쌍한 강도들도 나오지만, 그것은 어디까지나 영화일 뿐이다.

은행강도들은 바보가 아니기 때문에 성공 가능성이 가장 높은 곳을 고르게 마련이고, 그러다 보니 은행 본점 같은 곳이 아니라 새마을금고나 신협 같은 제2금융권 점포를 노리게 된다. 경비원이 있는 점포가 전체의 7%밖에 안 되고, 보안의식도 허술하기 때문이다. 2006년에는 가정주부가 장난감 소총으로 대담무쌍하게 청주의 한 새마을금고를 털려다 붙잡힌 사건도 있었다.

아울러 범인들은 복잡한 시내 한복판보다는 차량도주가 편리한 외곽지역에서 범행대상을 찾는다. 강도는 비겁하지만 영악하다. 비겁함과 영악함은 동전의 양면과 같은 것이다. 잡히지 않고 범행에 쉽게 성공하려다 보니까 영악해지는 것이고, 영악하다 보니까 비겁해진다.

강도가 '내일 없이 사는 이들'인 이유

그렇다면 합리적인데 왜 강도를 저지를까? 강도를 해서 버는 돈은 평균적으로 100만 원이 안 된다. 잡히면 교도소에 가야 하는데 기껏해야 수십만 원, 심지어 수만 원을 챙기려고 강도짓을 하는 것이 너무나 비합리적으로 보인다. 그러나 1992년에 노벨 경제학상을 수상한 게리 베커(Gary Becker)는 이렇게 비합리적으로 보이는 강도행위 역시 수익과 비용을 계산한 최적(optimal)의 결정이라고 주장한다.[9] 범죄수익과 범죄행위로부터 발생하는 체포 및 유죄판결의 비용, 수감생활에 따른 비용 등을 비교하여 결정한다는 것이다. 당연히 범죄비용은 체포 가능성과 형벌의 강도에 따라 커지거나 줄어들게 된다.

마땅한 직업과 고정적인 수입이 있는 사람은 당연히 강도짓을 하지 않는다. 왜? 수십만 원, 혹은 수만 원의 대가에 비해 기회비용이 너무 크기 때문이다. 그 돈을 쉽게 버느니 차라리 일을 더 하는 편이 낫다고 생각하는 것이다.

강도를 저지르는 사람들은 일단 웬만해서 잡히지 않는다고 생각한다. 그러나 최악의 경우에 적발되어 잡히더라도 감수할 수 있기 때문에 강도를 저지른다. 이들은 대부분 잃을 게 없다고 생각하는 사람들이다. 체포 가능성과 형벌의 강도가 절대적인 억제요인이 되지 않는 것이다. 다시 말해, 체포될 가능성이 100%가 아니라면, 또는 극형을 받을 가능성이 없다면 강도를 저지를 가능성이 높은 것이다.

그렇다면 형량을 크게 높일 경우, 강도를 포함한 범죄가 줄어들까? 일시적으로 범죄감소 효과가 있을 수는 있겠지만, 장기적으로는 그 효과가 오래가지 못한다. 마이클 톤리(Michael Tonry)의 연구결과에 따르면, 미국에서 1975~1989년에 강력한 범죄억제 대책의 일환으로 평균 선고형량을 3배 늘렸지만 범죄율은 오히려 증가한 것으로 나타났다.[10] 왜냐하면 사람마다 시간의 가치가 다르기 때문이다.

일찍이 제임스 윌슨과 리처드 헤른슈타인은 "사람은 시간을 할인(time discounting)하는 습성이 있는데, 이는 사람마다 다르다"고 주장했다.[11] 다시 말해, 미래의 가치가 사람마다 모두 다르다는 이야기다. A라는 사람에게 1년 뒤에 다가올 가치와 B라는 사람에게 1년 뒤에 다가올 가치는 동일하지 않은 것이다. 예컨대 어음할인과 같은 개념이라고 보면 된다. 당장 내일 현금화할 수 있는 어음은 어음할인율이 높지 않다. 그러나 1년 뒤에 돌려받는 어음은 어음할인을 하여 현금으로 바꿀 경우에 큰 폭의 할인을 감수해야 한다.

강도를 포함한 범죄자들에게 미래의 가치는 높지 않다. 그러니까 어음의 경우라면, 큰 폭의 할인을 감수하고라도 당장 현금으로 바꾸기를 원하는 것이다. 설사 100만 원짜리 어음을 지금 당장 현금으로 바꾸면 30만 원밖에 받지 못한다 하더라도, 꿍쳐두기보다는 손해를 감수하고 바로 현금을 챙기고자 한다.

강도를 저질러 얻는 수익은 몇십만 원, 몇만 원이 되었든 당장 생기는 수입이다. 재수가 좋으면 몇백만 원, 혹은 몇천만 원을 챙길 수도 있다. 강도행위로 인한 비용, 즉 체포되어 처벌을 받는 것은 미래의 일이다. 운이 좋으면 잡히지 않을 수도 있고, 설사 잡힌다 하더라도 어찌되었든 나중 일이다.

강도의 합리적인 성향을 거꾸로 이용하라

이렇듯 강도들은 미래의 처벌에 큰 관심이 없다. 형량을 늘려보았자 범죄가 줄어들지 않는 이유다. 그나마 범죄를 줄이기 위해서는 체포될 가능성을 높이는 것이 효과적이다. 무거운 형량을 받고 고생하는 것은 일단 잡히고 난 뒤의 일이기 때문이다. 실제로 강도나 일반 범죄자들이 가장 많이 계산하는 부분은 붙잡힐 가능성이라고 할 수 있다. 붙잡힐 가능성이 100%인데도 무모하게 강도행각을 벌이는 강도가 과연 있을까?

또한 이왕이면 빨리 체포해야 한다. 이른바 비용의 '시간 할인' 효과를 줄일 수 있으니까 말이다. 체포되어 받는 처벌의 비용 역시 시간이 지남에 따라 감가상각이 된다. 범행하자마자 잡히는 비용과 5년 뒤에 잡히는 비용은 큰 차이가 있는 것이다. 가능한 한 빨리 체포하여 비용을 높여야 범죄억제의 효과를 볼 수 있다.

결국 강도피해를 입지 않으려면 강도의 '합리성(?)'을 이용해야 한다. 자신이 범죄대상으로 매력적이지도 취약하지도 않다는 점을 보여주는 것이다. 또한 강도를 저지르면 반드시 잡히고 만다는 점을 보여주는 것이다. 이런 상황에서도 강도를 저지르는 비합리적인 강도는 없다.

원한과 보험사기의 방화범죄

우리는 흔히 불을 지른 사람을 일컬어 방화범이라고 부르지만, 불을 질렀다고 다 똑같은 방화범은 아니다. '방화범(arsonist)'은 보통 고의로 불을 지른 사람을 가리키며, 실수로 불을 낸 사람은 '화재범(fireset-ter)', 불을 지르고 싶은 지속적인 강한 충동을 지니고 불을 지르는 사람은 '방화광(pyromaniac)'으로 구분하여 지칭한다. 특히 방화광이라는 이름을 붙이려면, 어떤 물질적인 이득을 얻는다든가 하는 다른 의도적인 동기가 없는 경우여야 한다.[12]

역사적으로 방화범에 대한 처벌은 엄중하고 가혹했다. 대부분의 국가에서는 사형으로 다스렸고, 심한 경우에는 산 채로 화형에 처하기도 했다. 목조건물들이 많은 데다가 소방시설이 형편없었던 탓에, 한번 불이 나면 그 피해는 이루 말할 수 없었기 때문이다. 더군다나 화재를 과학적으로 수사할 수 있는 능력도 없었기 때문에, 웬만해서는 방화범을 잡기도 어려웠다. 그러니 사형에 이를 정도로 형량을 높여 범죄억제의 효과를 노릴 수밖에 없었다. 그러나 계몽사상과 정신의학의 발전에 따라, 19세기 초부터 독일과 프랑스에서 방화를 일반 방화와 정신병에 의한 방화로 구분하여 다루기 시작했다. 그리고 뒤이어 방화광을 정신질환의 일종으로 규정하고 사형을 면제했다.

범인은 왜 불을 지를까?

그렇다면 사람들이 불을 지르는 이유는 무엇일까? 방화의 원인은 다양하고 매우 주관적이다. 우선 가장 큰 비중을 차지하는 방화 원인으로는 '복수심'을 들 수 있다. 전체 방화사건의 50% 가까이가 원한과 불만을 해소하기 위한 복수의 목적으로 벌어진다. 대표적인 사례가 2008년 2월에 모든 국민을 경악시켰던 '숭례문 화재사건'이다. 방화범은 70세 노인이었는데, 토지보상 액수가 적은 데 불만을 품고 국보 제1호인 숭례문에 불을 지른 것이었다. 그는 또한 "2006년에 창경궁을 찾았을 때 우연히 불이 났는데, 단지 부근에 있었다는 이유로 방화범의 누명을 썼고, 거짓자백을 하는 것이 유리하다는 변호사의 말에 따라 거짓자백을 하게 되었고, 결국 1,500만 원의 벌금을 물게 되었다"면서, "이런 억울한 누명을 써서 숭례문에 불을 질렀다"고 밝히기도 했다.

방화의 또 다른 원인으로는 경제적인 요인을 들 수 있다. 이 역시 전체 방화의 40%에 가깝다. 보험금을 노리고 불을 지르는 방화가 대표적이다. 경제가 어려워지고 사업이 잘 안 되는 경우에 자신의 공장이나 집에 불을 질러 보험금을 타내는 경우가 많이 발생한다.

그 여자가 사는 법-김모 여인의 상습 방화

2015년 11월 29일 부산에서는 50대 남성 김모 씨가 사업 실패로 거액의 부채가 생기자 이를 갚기 위해 자신의 빌딩 지하 1층 식당에 불을 질렀다. 김모 씨는 누전으로 화재가 발생했다며 보험사에 5억1,900만 원의 보험금을 청구하여 가지급금 1억2,000만 원을 받았다. 경찰은 현장 감식을 한 후 누전이라는 증거가 없고 김모 씨가 최대 6억 원을 보상 받을 수 있는 화재보험에 가입된 점이 의심스러웠다. 또한 이전에도 같은 곳에서 두 번의 원인 불명의 화재가 발생해 5억9,000만 원을 받은 점을 수상히 여겨서 김모 씨를 추궁해 범행 일체를 자백 받았다.

내연남 방화 살인미수사건

2014년 12월 29일 강원도 강릉에서 이모 씨는 내연남 A씨에게 630만 원을 빌린 채무 관계를 없애고 1억7,000만 원에 이르는 거액의 보험금을 가로채기 위해 내연남이 잠든 사이 집에 휘발유를 뿌리고 불을 질렀다. A씨는 다행히 정신을 차리고 빠져나와 목숨을 건졌다.

이모 씨는 내연남에 대한 살인미수를 저지른 후 불과 한 달 만인 2015년 1월 16일 강원도 양양에서 1,800만 원을 빌린 박모 씨와 세 자녀에게 수면제를 탄 음료수를 마시게 한 뒤 불을 질러 숨지게 했다. 경찰은 사건 직후 숨진 피해자들의 상태가 일반적인 화재 현장 피해자들과 다른 점, 화재 현장에서 기름 냄새가 난 점, 피해자 시신의 혈액에서 수면제 성분이 나온 점을 두고 방화에 초점을 맞춰 수사를 벌이던 중 용의자 이모 씨를 구속했고 여죄를 추궁하던 중 내연남 살인미수사건을 밝혀냈다.

화재보험에 가입한 지 얼마 안 되어 화재가 발생한 경우, 여러 보험사에 중복 가입하고 나서 화재가 발생한 경우, 화재 당시에 경영난 등의 경제적인 어려움을 겪고 있던 경우, 그리고 화재 현장에서 귀중품이 소실되지 않은 경우 등은 보험금을 노린 화재의 전형적인 형태라고 할 수 있다. 지난 2015년 5월 전남 목포에서 선주가 보험금을 노리고 아는 사람에게 돈을 주고 자신의 선박에 불을 지르게 한 사건이나, 화재보험금을 노리고 자신이 타고 다니던 부모 명의 외제차에 불을 지른 사건 등이 여기에 해당된다.

이 밖에도 방화에는 많은 원인이 작용한다. 경기도 군포 여대생을 포함하여 모두 7명을 연쇄 살인한 강호순은 증거를 없애기 위해 자신의 에쿠스와 무쏘 차량에 불을 질렀다. 이처럼 살인이나 강도 등의 범죄를 저지르고 나서 증거를 은폐하기 위해 불을 지르는 경우도 있고, 자신이 도움을 필요로 한다는 점을 알리기 위해 방화를 하는 경우도 많지는 않지만 발견된다. 아울러 일종의 소영웅주의 또는 허영심이 방화에 영향을 미치는 경우도 있다. 예컨대 소방관이나 경찰이 자신의 능력을 인정받기 위해 일부러 불을 내고 화재 현장에 가장 먼저 출동하여 불을 끄는 것이다. 또 미국의 경우기는 하지만, 시간 외 작업수당을 노리고 화재진압에 상당한 시간이 소요되는 산불을 고의로 일으킨 소방관도 있었다.

누가 불을 지르는가?

그렇다면 주로 어떤 사람들이 불을 지를까? 조지프 데이비스(Joseph Davis)와 켈리 로버(Kelli Lauber)가 미국의 방화범들을 대상으로 연구한 결과에 따르면, 우선 남자 방화범의 비중이 압도적으로 높다. 또 상당수가 결손가정 출신이며, 특히 어머니 없이 성장한 경우가 많은 것으로 나타난다. 어머니의 사랑을 제대로 받지 못한 것이 방화의 중요한 원인 가운데 하나라고 볼 수 있는 대목이다. 아울러 방화범의 63%가 부모의 학대를 경험했을 만큼, 부모의 아동학대 역시 무시하지 못할 방화의 잠재적인 동기라고 할 수 있다.

또한 방화범들은 대부분 사회적응력이 떨어지는 외톨이들이다. 대인관계에 문제가 있는 것인데, 특히 여성들을 대하는 관계에서 문제를 보이는 경우가 많다. 아울러 상당수의 방화범들은 음주나 환각 상태에서 불을 지르는 것으로 조사되었다. 마니 라이스(Marnie Rice)와 그랜트 해리스(Grant Harris)에 따르면, 미국 방화범들의 43%는 음주로 인한 문제를 겪고 있는 것으로 나타났다.[13]

한편 방화광은, 최근 들어 범죄 영화나 드라마에 종종 등장해서 그렇지, 사실은 그 수가 그리 많지 않다. 방화광을 전체 방화범의 약 10%까지 추산하는 학자들도 있지만, 실제로 들여다보면 복수심이나 경제적 이득을 노리는 방화범죄와 겹치는 부분이 많다. 미국정신의학학회가 정해놓은 방화광의 기준을 보면, ① 방화하고 싶은 충동을 자주 억제하지 못하고, ② 방화하기 전에 긴장감이 팽창되고, ③ 방화 당시에 강렬한 기쁨이나 만족감을 경험하고, ④ 금전적 이득이나 사회정치적 이데올로기 따위의 다른 방화 동기가 겹치지 않고, ⑤ 기타 장애와 관련 없어야 방화광으로 분류된다고 할 수 있다.

방화광 증세는 여러 요인이 복합적으로 결합되어 발생하는데, 일반적으로는 지각장애로 인한 정신착란 또는 환각증세, 심리장애로 인한 우울증과 광적 집착, 판단장애로 인한 발달장애와 정신지체현상, 충동통제장애로 인한 폭발증세가 주요 원인이며, 뇌종양이나 간질, 뇌손상, 호르몬 및 신진대사장애로도 방화광 증세가 생길 수 있다.

방화광은 일반인과 다른 몇 가지 특이한 점을 지니고 있다. 라이스와 해리스가 방화광으로 분류된 사람과 일반인들을 비교분석한 결과에 따르면, 방화광들은 우선 외모에 대한 콤플렉스가 일반인들보다 심한 것으로 나타났다. 따라서 바깥에 나다니는 것을 꺼리고 내성적이다. 취미도 남들과 어울려 하는 것들이 아니라 방에서 혼자 할 수 있는 것들을 선호하고, 독신이거나 일반인에 비해 부모와 같이 사는 비율이 높았다. 또 화가 나면 물리적 폭력을 행사하는 경우도 일반인들에 비해 상대적으로 높았다. 사회적으로 성숙하지 못하고 경제적인 독립심도 떨어지는 셈이다. 아울러 가족의 방화 전력이 일반인에 비해 월등하게 높다는 점 역시 방화광들의 특색이라고 하겠다. 방화광들의 평균 연령은 28.2세, 평균 방화 횟수는 3.6회였다. 불을 지르는 요일을 보면, 토요일(21.4%)과 금요일(20.6%)의 비중이 가장 높고 목요일(9.2%), 화요일(7.6%)이 가장 낮았다. 방화 시간은 오후 10시에서 오전 6시 사이의 한밤중이 79%로 압도적이었다.[14]

방화광들은 어려서부터 '불'과 관련된 것, 이를테면 소방차나 소방서 등에 관심이 많고, 화가 나면 불태우는 상상을 하거나 이를 주위에 말하는 습관이 있다. 또 어렸을 때 야뇨증이나 동물학대의 경험이 있는 경우도 많다. 미국의 경우, 전체 방화범죄의 약 10%가 방화광에 의한 방화로 추정된다.[15]

방화를 성적(性的) 요소와 관련짓는 주장들이 꽤 있지만, 실제로 방화광을 포함한 모든 방화범죄 가운데 성적 요소와 관련된 것은 극히 일부에 지나지 않는다. 놀런 루이스(Nolan Lewis)와 헬렌 야넬(Helen Yarnell)이 방화범 1,500명을 대상으로 연구조사한 결과, 1,145명의 남자 방화범 가운데 성적 동기와 연결된 경우는 40명에 불과한 것으로 밝혀졌다. 실제로 20대 청년이 방화현장에서 자위를 하다가 검거된 사례가 있는데, 이런 사례들이 크게 부풀려져 마치 방화, 특히 방화광에 의한 방화가 상당수 성적 동기와 관련된 것으로 확대 해석된 것이라 볼 수 있다.

절도범은 내부에 있다

산업경제의 성장으로 유통시장의 규모가 커짐에 따라 유통업체를 대상으로 하는 범죄 역시 크게 증가하고 있다. 미국의 2015년도 유통시장 규모는 미국 국내총생산의 31%인 5조6,186억 달러였는데, 그해에 단순히 유통과정의 상품 손실로 발생한 손실액만 모두 995억 달러(약 120조 원)로 추정된다. 이는 강도, 절도 등 다른 모든 강력 범죄로 인한 손실액을 모두 합친 것보다도 많은 액수다. 그렇다면 한국은 어떨까?

직원들의 나쁜 손이 문제라고?

1990년대 중반부터 시작된 대형할인점의 급성장에 힘입은 국내 유통시장의 규모는 연간 약 273조 원(2015년도 기준)으로 추산된다. 그러나 유통 범죄로 인한 피해 실태는 아직 제대로 파악되지 않고 있다.

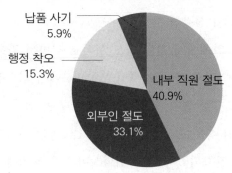

미국 유통 손실의 원인(2012년)

납품 사기
5.9%

행정 착오
15.3%

내부 직원 절도
40.9%

외부인 절도
33.1%

자료: 2012년 전미 소매업 보안조사

일부 백화점과 대형할인점 등에서 적발되는 절도 피해사건으로 인한 개별적 피해가 간혹 알려질 뿐이다. 전국적인 조사는 아직 이루어지지 않고 있는 상황이다. 유통시장의 규모가 커질수록 유통 범죄로 인한 손실도 커지는 것은 우리나라의 경우에도 예외가 아닐진대, 피해 원인을 분석하여 대책을 강구하기는커녕 아직 피해 규모조차 파악하지 못하고 있으니 심각한 문제라고 할 수 있다.

그렇다면 유통산업에 손실을 안기는 가장 큰 요인은 무엇이었을까? 조사 결과, 놀랍게도 '내부 직원의 절도(employee theft)'라고 한다. 2012년 미국유통보안협회 자료에 따르면 전체 손실액의 40.9%가 내부 직원의 절도에 의해 발생하며, 외부인 절도(shoplifting)에 의한 손실액은 33.1%였다. 또한 행정 착오로 인한 손실액이 15.3%를 차지하고, 상품 납품업자들의 부정행위에 의한 손실액이 5.9%에 이른다.

내부 직원의 절도 실태를 유통업종별로 살펴보면, 피해가 가장 심각한 곳은 주류 및 담배 판매점으로, 전체 손실액의 57.5%가 내부 직원의 절도에 의한 것이었다. 아울러 할인판매점(45.7%)과 백화점 (45.3%) 순으로 피해가 심각한 것으로 나타났다.

한편 미국 유통업체에서 직원 절도 혐의로 적발된 경우는 직원 27명당 1명으로 나타났다. 전미 소매업 보안조사에서 백화점 직원들을 대상으로 설문조사한 결과, 조사대상의 63.9%는 회사 자산을 몰래 훔쳐 갈 위험성이 적은(low risk) 직원으로, 18.8%는 위험성이 높은 (high risk) 직원으로 분류되었다. 절도 위험성이 높은 직원의 경우에는 5명당 1명이 실제로 절도행위를 저지르는 것으로 조사되었다.[16]

내부 직원의 절도 수법

내부 직원의 일반적인 절도 수법은 납품업자와 손잡고 구매 비리를 저지르는 방법, 납입 물품을 빼돌리는 방법, 계산원의 경우에는 친구나 가족에게 물건을 판매하고 아예 계산을 하지 않는다든가, 또는 반품 처리나 거래 취소 후에 과다한 돈을 돌려주는 방법 등으로 매우 다양하다. 또 고가 물품을 저가 물품 박스에 넣는 식으로 물품을 바꿔치기하거나, 재고 숫자를 조작하고 수량을 변조하기도 한다.

필자는 범죄예방 수업시간에 편의점 아르바이트를 했던 학생들로부터 빼돌리기 수법에 관한 다양한 목격담을 들을 수 있었다. 이를 테면 손님에게 담배를 판매할 때 일부러 몇 갑 더 꺼내어 다른 곳에 숨겨두었다가 매장에 설치된 CCTV를 피하여 나중에 가지고 나간다든가, 김밥이나 샌드위치처럼 유통기간이 있는 상품을 다른 곳에 숨겨두었다가 시간이 지나면 폐기 상품으로 돌려 가져가는 방법이 있다. 또 손님들이 대부분 적립금이나 포인트를 받아 가지 않기 때문에 이를 자기 적립카드에 입력하기도 하고, 바코드를 찍지 않고 계산한 다음에 그 돈을 빼돌리기도 한다.

> ### 내부 직원의 거액 절도 사건
> 2013년에 부산 사하구의 한 편의점 직원이 현금을 훔치다가 적발됐다. 이 직원은 담배, 주류, 문화상품권 등을 판매하고 현금을 받은 뒤 바코드를 다시 찍어 반품하는 수법으로 1,020만 원을 빼돌린 것으로 알려졌다. 서울 중구에 위치한 백화점의 직원 김모 씨는 심야 시간을 이용해 매장 창고의 등산복을 다섯 번에 걸쳐 모두 3,600만 원어치 훔치다 검거되었다. 김모 씨는 종업원으로 일하면서 알게 된 비밀 출입구로 침입해 범행을 저질렀다.

대형할인점을 비롯한 다른 곳들의 형편도 정도의 차이는 있을지언정 비슷하다. 내부 직원의 절도를 완전히 막을 수 있는 곳은 거의 없다고 해도 과언이 아니다. 내부 직원의 절도가 이렇듯 심각한 수준이니 기업들이 적극적인 대책을 세우고 있을까? 실상은 그렇지 못하다. 대부분의 기업들은 내부 직원의 절도에 의한 손해가 그리 심각한 수준이 아니라는 판단에서 알고도 모르는 척 눈감아주는 경우가 많다. 그런가 하면 절도행위를 방지하기 위해 보안요원을 늘리거나 새로운 보안장치를 설치하는 데 드는 비용이 부담스러워서 그냥 방치하는 경우도 적지 않다.

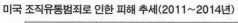

미국 조직유통범죄로 인한 피해 추세(2011~2014년)

2011	2012	2013	2014
94%	96%	93%	88%

자료: 2014년 미국유통보안조사(NRSS)

경영 효율화의 시작은 곳간 관리다

한 가지 특기할 만한 사실은 절도 건수로만 보면 내부 직원보다 외부인의 절도가 더 많다는 점이다. 그럼에도 내부 직원의 절도에 의한 손실액이 훨씬 더 많은 것은 내부 사정을 잘 파악하고 있어서 한 번에 고가의 상품을 많이 빼돌릴 수 있기 때문으로 보인다. 미국의 경우, 적발된 내부 직원의 절도 한 건당 평균 손실액은 1,703달러로, 외부인의 절도에 의한 평균 손실액 295달러의 5배를 넘는다(2012년도 기준). 내부 직원의 절도에 의한 평균 손실액은 2005년에는 1,032.27달러였으나 2012년에는 1,703달러로 늘어났다. 이에 반해 주로 고객을 가장한 외부인의 절도에 의한 평균 손실액은 2005년에는 802.83달러였으나 2012년에는 295달러로 거의 3분의 1 수준으로 줄어들었다. 이는 무엇보다도 유통업체들이 센서 반응 검색대 설치 등 외부 절도에 대비한 보안 대책을 강화했기 때문으로 보인다. 하지만 막상 안에서 새는 것은 제대로 막지 못한 셈이다.

외부 절도는 점차 조직적인 절도로 양상이 바뀌고 있다. 2014년 미국 조직유통범죄 조사자료에 따르면 적발된 조직유통범죄는 건당 범죄액수가 평균 280만 달러(한화 약 31억 원)에 이르는 것으로 밝혀져 충격을 줬다.[17] 미 하원 법사위원회 청문회에 참석한 어느 연방수사국

관계자는 미국 유통업체들이 전문 절도범들에 의해 매년 150억~300억 달러 정도의 손실을 입고 있다고 진술한 바 있다. 이들 전문 절도 집단들은 유통업체로부터 빼돌린 물건을 다시 포장하여 다른 곳의 소매업체에 되팔거나, 심지어 수출까지 하고 있는 것으로 드러났다. 그나마 다행스러운 사실은 56쪽 표에서 보듯이 2012년 이후 조직유통범죄로 인한 피해 비율이 조금씩 감소하고 있다는 점이다.

아무튼 내부 직원이 빼돌리건 외부에서 훔쳐 가건 간에, 이런 손실은 그야말로 순손실이기 때문에 회사 경영상 커다란 부담으로 작용하게 된다. 예컨대 백화점에서 100만 원의 절도 손실이 발생했다면, 국내 백화점의 7~8% 순이익률을 고려해 최소한 1,400만 원 이상을 더 팔아야 하기 때문이다. 그러므로 유통업체들이 영업 손실을 줄이고 경영의 효율화를 기하려면 곳간 관리를 더 철저히 해야 한다. 안에서 새는 것을 막아야 힘들게 번 돈을 지킬 수 있을 테니 말이다.

왜 군대 성범죄자들이 유죄가 아니란 말인가

군복 입은 성범죄자들

새정치민주연합 백군기 의원이 국방부로부터 제출받아 2015년 9월 2일 공개한 자료에 따르면 2011년부터 2015년 6월까지 여군이 피해자인 군 사건은 모두 191건이었으며, 이 가운데 성범죄 사건은 124건(64.9%)에 달했다.

이들 성범죄 가운데 강간·준강간·강간미수는 모두 25건이었다. 강제추행과 강제추행 미수, 추행 등은 83건이나 됐다. 몰래카메라를 비롯한 디지털 기기를 활용한 성범죄는 병영에도 침투했다. 2014년에는 해군 부사관이 화장실에서 여군을 몰래카메라로 촬영했으며 2015년에는 해군 부사관이 여군에게 음란 메일을 보내는 사건이 발생했다. 공군에서는 2014년 병사가 여군 상관에게 카톡으로 음란 메시지를 보내기도 했다. 여군 숙소에 무단으로 들어간 '주거 침입', '숙소 침입' 사건도 11건에 달했다. 2015년에는 공군 부사관이 화장실에서 여군 가방에 있던 속옷을 훔치는 사건이 발생하기도 했다.

성역 없는 취약성

범죄는 저마다 다른 가면을 쓰고 있지만, 그 가면을 벗기기가 유독 어려운 범죄가 있다. 한국 남성 대부분이 거쳐 가지만 여성은 자기 선택에 따라 극소수만 경험하는 그곳, 바로 군대에서의 범죄가 그러하다. 군대 범죄에 대한 취약성으로만 따지자면 군대를 직장으로 선택한 소수의 여성들이 가장 취약하다고 여기지만, 단순히 가해자 남성이 피해자 여성에게 '군대'에서 행한 성폭력만을 이야기하려는 것은 아니다.

군대 내 폭력은 국적과 인종을 막론하고 벌어진다. 1990년 무너져가는 소비에트 연방군 내부에서 인종갈등이 악화되면서 남성 군인 간의 강간, 집단적 괴롭힘, 살인사건 등이 있었다. 보스니아 전쟁에서 남성 군인 3,000~5,000명이 성적인 괴롭힘을 당했는가 하면, 1990년 이라크군이 쿠웨이트를 침공했을 때 후퇴하는 정부 관료와 저항군 가운데 일부가 강간을 당하기도 했다. 전쟁이란 원래 상식이 통하지 않는 상황이기 때문에 성범죄가 벌어져도 이상할 것이 없다는 반론을 펼 수도 있다. 하지만 이런 논리는 전시가 아닌 평시에도 일반 군대에서 성범죄가 발생한다는 사실 앞에서는 설득력을 잃는다.

2015년 미국 국방부의 발표에 따르면 2014년 한 해 동안 군인 간에 발생한 성폭력은 6,236건에 달했다. 물론 여기서 말하는 성폭력은 '폭력적인 성접촉'이다. 반면에 원치 않는 성적 접촉을 경험한 이는 2만여 명에 달했다. 피해자 가운데 여자 군인의 비율은 약 70%로 매우 높았으나 남성의 피해도 적지 않았다. 원치 않는 성적 농담부터 강간에 이르기까지 모든 피해 사례에는 항상 남성 피해자가 있었다.

전시도 아니고 훈련 강도가 높은 것도 아닌 일상적인 근무시간에 일어난 사건이다.

우리나라도 크게 다르지 않다. 2010년부터 2011년까지 2년 동안 군대 내 성범죄 피해자는 480명으로 집계되었다. 이 가운데 135명(27.7%)이 남성이다. 군대 성범죄 피해자 4명 중 1명이 남성인 셈이다. 인권위원회는 일반 사병의 15%가량이 성폭력 피해를 입은 적이 있다고 보고했다.

군대 성폭력과 사회 성폭력은 어떻게 다를까?

군대의 성폭력은 외부의 성폭력과 다를까? 그렇기도 하고 아니기도 하다. 여기서는 군대 성폭력과 사회에서의 성폭력이 어떻게 다른지 살펴보기로 한다.

① 유사점

피해자를 향한 시선에는 성적인 시선도 녹아들어 있다. 때로는 언어적 성폭력도 행해진다. 가해자의 언어에는 성적 농담과 성차별이 담겨 있다. 가해자들은 성폭력을 자신이 직접 행하기도 하고, 후임 병사에게 강요하기도 한다. 피해자가 거절해도 강제로 신체를 만지거나 입을 맞추며, 때로는 진급이나 문제 해결에 대한 대가로 성행위를 강요하기도 한다. 심지어 더 나아가 강간까지도 서슴지 않는다.

이러한 성폭력 행위는 사회에서 발생하는 성폭력과 큰 차이가 없다.

"뚱뚱한 사병의 경우 가슴을 만진다거나 엉덩이를 만지는 경우가 허다했어요."

"예쁘장하게 생긴 후임병을 괴롭히는 선임병들이 있어요."

성폭력에 대한 사회의 잘못된 인식 가운데 가장 대표적인 것은 여성이 매력적이거나 먼저 유혹했기 때문에 성폭력 피해자가 된다는 것이다. 군대에서 남자 성폭력 피해자에 대한 시각도 마찬가지다. 군대에서 남성이 성범죄 피해를 입는다고 하면 사람들은 동성애자 혹은 여자만큼 예쁜 사병을 떠올리곤 한다. 그러나 성폭력 피해자들도, 가해자들도 자신을 동성애자로 인식하지 않으며, '여성적 매력'이 성폭력 원인으로 작용하지는 않는다.

② 차이점

2014년 군인권센터에서 실시한 군 성폭력 실태조사에 따르면 설문에 응한 여군 중 19%가 직접 피해를 입었고, 28%가 목격한 적이 있다고 보고했다. 그리고 성폭력 가해자가 2명 이상인 경우가 단독 범행인 경우보다 많았다.

여기서 군대 성폭력과 사회 성폭력의 차이점이 드러난다. 군대에서는 여군 가운데 30%가 성폭력을 '직접' 목격했을 정도로 공적인 공간에서 일어나지만, 사회에서 발생하는 성범죄는 주로 목격자가 없는 사적인 공간에서 행해지는 차이가 있다. 사실 이 때문에 사회에서의 성범죄는 피해자의 신고가 없으면 범인 체포가 어렵다.

또 하나의 차이점은 범인의 수다. 군대 성범죄는 여러 명이 저지르는 경우가 많지만 사회에서의 성범죄는 대부분 단독으로 행해진다. 군 성폭력 실태조사 결과 가해자의 81%가 군대 내 성폭력 피해 경험이 있었다는 점도 주목해야 한다.

사회의 성범죄에서는 어린 시절 성적 학대를 받은 남성이 성범죄자가 될 가능성이 높아지는 것은 사실이지만 성범죄자들의 80%가량이 성범죄 피해자였던 것은 아니다. 대부분은 여성이 성범죄의 피해자고 이들이 다시 가해자가 되지도 않는다.

가해자 "어리고, 착하고, 순수해 보여서 장난 좀 친 것뿐입니다."

후임병에게 자신의 성기를 빨 것을 강요하고 수십 번에 걸쳐 성기를 애무했던 병사가 자신의 행동을 다음과 같이 표현했다.

> 제 후임병이 대여섯 명 있습니다. 속된 말로 여자를 경험해본 후임병도 있고, 밖에서 사고 친 애들도 있습니다. 그런 애들은 단박에 장난이라고 받아들일 텐데……. 제가 보기엔 그 애가 순수했습니다. 후임병이 말도 없고, 딱 보면 어립니다. 나이가 어립니다. 보면 착하게 생겼습니다."[18]

가해자는 그저 장난이었을 뿐이라고 말한다. 자신에게 성폭력을 당한 피해자를 두고 '어리고, 착하고, 순수하다'고 평했다. 그리고 자신은 그런 어리고 착하고 순수한 '후임병'에게 그저 장난을 친 것이라고 말한다.

"저는 나이 많은 분들한테 잘 당합니다. 예를 들어 수염이 까칠까칠한 분들이 와서 '일루 와, 일루 와봐. (성기가) 얼마나 컸나 보자' 이러고, 이렇게 갖다 대고 막 따갑게 하고……. 제가 또 나이도 어리고 그래서인지 모르겠지만, 아니면 군 생활 20년, 25년 하신 분들이 자기보다 군생활 안 한 저를 귀엽게 보신 건지 모르겠는데……."[19]

또 다른 가해자의 말에서는 가해자가 곧 피해자인 군대의 또 다른 성폭력 현실을 보여준다. 피해자들은 가해자로 선임병을 지목하는데, 가해자로 지목된 선임병들의 80% 이상이 성폭력 피해 경험이 있었다. 범죄 가운데 범죄 피해자가 가해자로 전환되는 비율이 이렇게 높은 범죄는 없다. 이처럼 피해자가 가해자로 전환되는 데 필요한 조건이 있다. 바로 계급의 상승이다.

피해자 "남자친구의 자격이 제게 남아 있을까요?"

피해자의 이야기를 들어보면 장난이었다는 가해자의 진술과 달리 범행 상황은 사뭇 다른 광경이었다는 것을 알 수 있다. 남성성을 강조하는 군대에서 성폭력을 경험한 이들은 자존감과 남성성이 훼손되어 일상생활이 힘들고, 자신을 피해자로 보는 것을 힘들어한다. 본인도, 제3자도 피해자를 비난한다. 가해자는 친한 사이여서 했던 장난이라고 말하지만, 피해자들에게 가해자는 친하지도 않은 사람이었고 장난으로 받아들이기도 힘들었다고 한다.

"내가 여자친구에게 남자친구로서 자격이 있는지 모르겠어요. 여자친구는 날 남자친구로 믿고 있는데, 왜 보통 여자친구들은 남자친구들이 듬직하고 그래야 하는데……. 사실 그 일 이후로 여자친구와 성관계를 잘 안 하고 피하게 돼요."

군대가 아니더라도 남성들은 성폭력 피해자로서 자신을 바라보기 힘들어한다. 군대에서는 남성성을 강조하기 때문에 군대에서의 성폭력 피해는 자신의 남성성을 더욱 평가절하하게 만든다.

"그때 그런 생각을 했어요. '그래, 또라이 같은 사람이다.' 이런 식으로 생각했기 때문에 오히려 아무렇지 않게 '곧 제대할 사람인데, 오래 볼 것도 아닌데, 조금만 견디면 된다' 그랬어요. 오히려 남들이 알면 더 창피했겠죠. 남들 보는 눈도 있으니까."[20]

실제로 피해자가 성폭력 피해 사실을 털어놨을 때 동료의 시선은 매우 부정적이라고 한다. 도와주기보다는 오히려 벌을 준다고 한다.

"으레 그런 사고가 일어나거나 누가 그런 일을 당한다 싶으면, '그래, 그러니까 당하지', '원래 걔가 문제가 있으니까!', '네가 생활 제대로 했으면 괴롭히겠냐?' 식의 반응이 돼요."[21]

가해자는 본래 이상한 놈일 뿐, 오히려 그에 걸려든 군대 성폭력 피해자의 행실을 문제 삼게 되는 것이다.

자유의 강탈이 본능적 욕구를 부채질한다

앞서 인용한 미국 국방부의 조사 자료를 보면 '성폭력 피해자의 30%
는 남성'이라고 한다. 이처럼 남성 간 성폭력은 일상적으로 일어난다.
문제는 일상적으로 벌어지는 성폭력이 친밀감이라는 단어로 포장되
어 사소한 것으로 치부되고 있다는 데 있다. 대체로 남성 간의 성기
만지기 같은 성폭력을 장난으로 무마하거나 으레 있는 일로 당연시
하는 경향이 있다.[22]

　　2004년 국가인권위원회 조사에 따르면 성폭력을 당했는데도 상
관에게 보고하지 않는 이유로 '으레 있는 일이라 문제가 되지 않아서'
라고 답변한 이가 64%에 이르렀다. 실제로 군대 성폭력 연구에 기술
된 가해자들은 단지 장난이고 친근감의 표시일 뿐이라고 주장하는
경우가 많았다. 반면에 피해자에게는 장난이었고 친근감의 표현으로
해석되지 않았다. 그러나 아이러니하게도 피해자도 성폭력을 일종의
장난과 친근감 표현 수단으로 받아들일 수밖에 없었다. 그 이유는 자
신이 당한 일을 성폭력이라고 인정하고 싶지 않기 때문이다. 동시에
'장난' 또는 '친해서'라는 논리는 계급적 권위 속에서 학습되는 측면
도 무시할 수 없다. 자신과 친했던 병장이 장난이라고 하니까 장난으
로 받아들였다는 것이다. 피해자의 감정은 사라지고 가해자의 언어로
재포장되고 재해석된다. 계급이 낮은 본인의 고통이나 분노는 계급사
회에서 내세울 수 없고 계급이 높은 선임병의 논리가 상식이 되는 것

이다.

그렇다면 성폭력은 혈기왕성한 성욕 때문에 발생한다는 주장은 사실일까? 물론 이것도 거짓이다. 그 이유는 성폭력 사건의 가해자와 피해자의 연령분포에서 확인할 수 있다. 학자들은 이를 '권력 행사 욕구'로 해석한다. 교도소와 같은 집단 수용시설에서의 강간을 살펴보면 내부 권력 갈등에서 권위를 세우기 위한 우월감 경쟁에서 비롯되어 발생한다는 것이다. 여기서 우리는 군대라는 특수한 공간에 주목해야 한다. 그 이유는 상명하복의 계급 질서가 매우 중요한 곳이기 때문이다. 군대에서는 권력과 통제에 대한 욕구가 명령의 위계질서를 타고 완충 없이 곧바로 전달되기 일쑤다.

글로벌 인권단체인 휴먼라이트워치(Human Right Watch)의 보고서에 따르면 성폭력의 주요 원인은 성적 욕구나 성적 만족이 아니라 모든 순간에서 자신의 결정권과 자율성이 상실된 무력감이라고 한다. 심리적 무력감과 마주한 인간에게는 자신의 존재 가치를 보강하려는 본능적 욕구가 강하게 작동한다. 힘이 있는 인간이고 싶고, 누군가를 통제하는 인간이고 싶은 것이다. 병사들은 2년 동안 자유를 반납하고 위계질서에 편입되어 지위가 가장 낮은 조직원이 된다. 먹는 것, 입는 것, 일상생활의 매우 소상한 부분까지 제약이 가해진 삶 속에서 이들은 권력과 자율을 박탈당한다. 이들은 박탈당한 자유만큼 보충해야 할 본능을 발견하며 이를 다른 한편에서 채우려는 것이다.

귀엽고 순하며 착한 후임병들이 피해자가 되는 것은 결코 이들이 여성스럽기 때문이 아니다. 소유와 통제가 쉬운 상대이기 때문이다. 결코 친밀해서도 아니다. 가해자의 친밀함은 반발이 적은 상대를 골랐

강력범죄자 연령별 구성

(단위: 건)

	살인	강도	방화	성폭력
계	1,063	2,124	1,451	25,223
18세 이하	33	405	156	2,564
19~25세	72	394	100	4,066
26~30세	48	248	58	2,889
31~35세	83	256	99	2,882
36~40세	118	205	111	2,397
41~45세	167	200	211	2,718
46~50세	158	134	228	2,414
51~55세	134	114	227	2,106
56~60세	97	74	137	1,399
60세 이상	127	59	123	1,684
미상	26	35	1	104

자료: 대검찰청, 〈2015년 범죄분석〉

다는 의미다. 정말로 친밀함이 이유였다면 친한 동료나 선임에게도 가할 수 있어야 한다. 병사 간에 계급을 거스르는 성폭력은 발견되지 않는다.

왜 군대 성폭력은 보이지도 들리지도 않을까?

군대에서 누구누구에게 팔베개를 했다는 이야기는 들리지 않는다. 성폭력 자체의 특성도 있겠지만, 여기에는 군의 특수성이 한몫한다. 이를테면 계급이 올라간다는 특수성 말이다. 즉 피해자는 곧 가해자가 될 수도 있다. 실제로 가해자의 81%가 피해 경험을 보고했다. 계급이 상승하면서 획득되는 권력, 그것이 나름의 해결책이 된 것이다.

계급에 따라 피해자와 가해자로 나뉘는 군대 내 성폭력은 사회의 축소판이다. 사회에서 성별, 나이, 직위라는 권력은 군대의 계급과 같은 역할을 한다. 군대문화는 사회로 옮겨오면서 폭력의 대상을 힘없는 후임병에서 여성, 직장 내 직원으로 바꾼다. '친근감의 표현'이라면서 성폭력을 정당화하는 선임병의 모습은 '딸 같아서', '아끼는 후배라서', '친하니까'라는 말로 자기 행동을 무마하는 직장 상사의 모습과 별반 다르지 않다. 군대에서 계급을 거스르는 성희롱이 있을 수 없듯이, 여성 부하 직원이 남성 상사를 성희롱하는 것도 상상하기 어렵다. 이런 상황에서 단지 친근함의 표현이라는 논리로 성폭력을 합리화해온 사회문화는 군대나 사회에서도 가해자 중심의 언어와 의식이 지배적임을 보여준다.

그렇다면 군대 성폭력 문제는 얼마나 심각할까? '눈덩이 표집'이라는 방식을 통해 성폭력의 눈덩이를 굴려보면 실로 어마어마함을 알 수 있다. 여군은 10%만 신고하겠다고 대답한 반면에 남성은 97% 이상이 신고하거나 대응하겠다고 했다. 하지만 이것은 허상이다. 실제로 대응한 사람은 20%에도 못 미쳤고 대응해도 처벌받은 이는 없었다.[23]

"2012년 1월, 같은 사단에 복무하는 병사로부터 성폭행 및 구타·가혹행위를 수차례 당했고 구강성교를 강요당했다. 그리고 소변기를 핥으라는 위압이 가해졌다."

이 사례에서 도움을 청한 사병은 실제로 구제를 받지 못했다. 대다수의 피해자들은 오히려 따돌림을 당하고, 보복을 당하거나 전출을 당했다. 신고를 할 수도 없다. 그리고 무엇보다 큰 두려움이 있었다. 성폭력에 대응했던 이들이 어떻게 보복을 당하는지 직접 목격했던 경험이다.

　언론에 드러난 사건들 외에 보편적으로 군에서 신고된 성범죄 사건 중에는 가해자가 처벌받은 사건도, 피해자가 불이익을 받지 않은 사건도 없다. 이런 사건은 대부분 종결되거나 가해자에 대한 징계 수준으로 마무리된다. 그들은 침묵한다. 가면은 더더욱 벗기기가 어렵다.

학교 폭력의 비겁한 가해자들

"나 지금 옥상이야" – 은광여고 학교폭력사건

2015년 5월 17일 자정, 은광여고에서 집단따돌림과 SNS에서 계속된 언어폭력, 신체폭력을 견디다 못한 피해자가 자살하는 사건이 벌어졌다. 집단따돌림 가해자들은 SNS게시판과 대화방에 피해자를 비방하는 글을 지속적으로 올렸으며 특히 2012년 6월에는 선배를 자칭한 학생들이 피해자를 SNS 대화방으로 초대해 2시간 동안 수백 개에 달하는 욕설 메시지를 보낸 것으로 확인되었다.

2015년에 피해자는 결국 다른 학교로 전학을 갔고, 자신처럼 집단따돌림을 당하는 학생을 보다 못해 챙겨주려 했으나 이 일로 인해 다시 집단따돌림의 표적이 되고 말았다.

피해자는 35일 동안 중환자실에서 치료를 받다가 6월 22일 결국 사망했다. 피해자의 어머니는 6월 26일 학교로 찾아가 학교의 부실한 대처에 항의했으나 교장은 "학교에서 어떤 일이 있었는지 알려달라. 피해자가 친구들에게 서운했던 것 아니냐"고 말했다. 같은 해 7월, 서울 수서경찰서는 '가해자 없음, 피해자 없음'으로 사건을 마무리했다. 하지만 이

집단따돌림의 내막은 경찰 조사 이후 피해자의 핸드폰 비밀번호가 풀리면서 뒤늦게 드러났다. 피해자는 '꽃뱀'이라는 누명을 쓰고, 계란과 밀가루를 맞았으며, 학교 쓰레기장에서 의자로 폭행당했다.
피해자가 가장 많이 한 말은 "미안해"였다고 한다.[24]

너무나도 당연한 이야기지만, 범죄라는 것이 원래 비겁하다. 자기보다 약하거나 만만한 상대만 골라 피해를 입힌다. 흉기로 위협하거나, 아니면 머릿수로 해결한다. 그래서 조직폭력은 그 자체가 비겁함의 상징이다. 그동안 영화와 TV드라마 등을 통해 미화되어왔을 뿐, 여럿이 뭉쳐 자기들보다 약한 사람을 괴롭히고 착취하는 것이 조직폭력의 본질이다.

가해자의 부모는 생각보다 훨씬 비겁하다

학교폭력이나 이른바 '왕따'도 마찬가지다. 가해자는 건드려도 문제없을 것 같은 상대를 대상으로 삼는다. 그런데 학교폭력이나 왕따의 가해자들을 분석해보면 거의 대부분 심한 피해의식과 불안감을 지니고 있다. 집에서 주로 부모에게 폭행당하는 아이들이 학교에 와서 누군가를 희생양으로 삼는 경우가 많다. 그래야 그나마 자신의 존재 의미를 찾을 수 있기 때문이다. 또 집에서 부모의 폭력을 경험하다 보니 일종의 학습효과가 생겨 폭력의 효과를 일찌감치 배우는 측면도 있다.

'지배하지 않으면 지배당한다'는 강한 강박관념과 피해의식이 학교폭력과 왕따 현상을 만드는 주된 범죄심리학적 요인이다. 왕따당할 가능성이 높은 아이들이 오히려 한 술 더 떠서 다른 누군가를 왕따시키는 데 적극 동참하는 것도, 일단 내가 살고 봐야겠다는 고육책이 아닐 수 없다. 비겁하지만 말이다. 이런 의미에서 왕따의 가해자 역시 피해자일 수 있다. 문제는 피해자가 가해자로 바뀌는 악순환이 되풀이되고 있다는 점이다.

무엇보다도 비겁한 부모가 문제다. 왕따와 학교폭력을 연구하는 많은 학자들은 문제의 원천으로 부모를 지목한다. 왜 부모가 문제인가? 가정폭력 노출은 가정생활 만족도, 학교생활 만족도, 내재화문제를 매개로 간접적으로 학교폭력 가해행동에 영향을 미치는 것으로 나타났다. 이 연구결과는 학교폭력 발생에서 학내 문제나 가해·피해 아동의 개인적 특성뿐만이 아니라 가정환경과 사회환경 역시 유의미한 변인으로 작용하고 있다는 것을 보여준다. 나아가 이러한 결과는 청소년의 가정폭력 노출 경험이 학교폭력으로 재생산되는 과정을 구체화함으로써 가정폭력의 심각성을 다시 한 번 상기시킨다.[24]

예컨대 폭력을 쓰는 부모는 자기가 기분 좋을 때는 아이들이 어떻게 굴든 상관없이 온갖 것을 다 해주다가도 일단 수가 틀리면 눈에 보이는 것이 없다. 머리로는 폭력이 나쁘다는 것을 빤히 알면서도 일단 손부터 나가고 본다. 아이들한테는 욕하는 것이 나쁘다고 가르쳐놓고 자기는 서슴없이 욕을 해댄다. 차마 욕은 안 해도 마음에 상처가 되는 심한 말을 가리지 않고 내뱉는다. 감히 남에게는 하지 못하면서, 가족과 애정이라는 알량한 이름 아래 이런저런 폭력을 정당화하고 합리화한다. 또 어쩌다가 아이가 동네 아이들과 싸워 맞고 들어오기라도 하는 날이면 아주 난리가 난다. 그럴 때면 꼭 '강하게 살아야 한다'는 말이 빠지지 않는다.

아이들도 눈치는 빠르다. "아, 힘센 게 최고구나." 하루 이틀도 아니고 연일 계속되는 가정의 물리적·언어적 폭력은 아이들의 뇌리에 '힘이 최고'라는 인식을 심어주기에 충분하다. 아울러 아이들은 물리적·언어적 폭력을 통해 남들을 지배하고 굴복시킬 수 있다고 생각하게 된다. 부모의 폭력에 넌더리를 치면서도 은연중에 폭력과 지배의 메커니즘을 철저히 학습하게 되는 것이다. 왕따 동영상을 찍어 인터넷에 올리는 것도 바로 원초적인 지배의식을 표현하는 행위라고 볼 수 있다. 자신이 더 힘세다는 사실, 자신이 누군가를 지배하고 있다는 사실을 알림으로써 마음속에 쌓여 있는 불안감을 해소하는 비겁한 행위인 것이다.

2016년 1월 17일 '초등학생 시신 훼손 사건'으로 구속된 최모 씨도 자신이 과거 아버지로부터 심한 폭력을 당했다고 진술한 것만 보더라도 부모의 폭력은 학습효과를 초래해 결국 대물림되는 악순환을 낳는 것이다.

이러니 부모 교육이 필요하다

물론 학교도 문제다. 입시 위주의 교육 같은 근본적인 문제들은 학교 자체적으로 어찌할 수 있는 부분이 아니니까 그렇다 치더라도, 학교 폭력에 대처하는 자세에는 분명 문제가 있다. 극히 일부라고 믿고 싶지만 학교 폭력이나 집단따돌림을 보고도 모른 척하거나 어찌해야 할지를 모르는 교사들이 있다. 학교폭력 대처와 관련한 교육이나 훈련 역시 형식적이기 일쑤다. 또한 학교 체면 등을 고려하여 쉬쉬하고 숨기는 것도 문제다.

그러나 학교 측에서 드러나는 이러한 문제들은 부차적이라고 볼 수 있다. 학교폭력의 본질적 원인은 학교 안이 아니라 학교 밖에 있다고 할 수 있기 때문이다. 학교 밖에서 비롯된 문제는 학교 측의 노력만으로 해결할 수 없다. 그래서 경찰은 '학교폭력 담당 경찰관' 제도와 '원스톱 지원센터'를 운영하고 있으며, 교육부는 '학교폭력대책위원회'를 만들고 '배움터 지킴이' 제도를 확산하고자 노력하고 있다. '배움터 지킴이'란 2005년 부산 지역 7개 학교를 대상으로 시범 실시한 '스쿨 폴리스(school police)'에서 시작된 학생 보호 제도다. 청소년 보호에 관한 지식과 경험을 지닌 퇴직 경찰이나 퇴직 교사들이 주를 이루어, 교내 순찰과 학생 상담 등의 활동을 통해 학교폭력의 피해학생들을 보호하고 가해학생들을 선도하고자 애쓰고 있다.

물론 이러한 대책들도 필요하지만 근본적이고 장기적인 대책도 절실하다. 즉 학교폭력의 가장 큰 원인인 부모, 그리고 초기교육의 실패를 개선할 수 있는 대책이 필요하다는 것이다. 사람이 태어나서 제일 처음 접하고 배우는 대상이 가장 중요하기 때문이다. 세 살 버릇 여든까지 가고, 콩 심은 데 콩 나고 팥 심은 데 팥 나는 법이다. 사람도 석고반죽 같아서, 시간이 지나 굳어지면 다시 뜯어고치기가 어렵다. 트래비스 허시와 로버트 샘슨 같은 권위 있는 범죄학자들은 청소년 범죄의 원인과 관련하여, 초기교육과 초기사회화의 중요성을 한목소리로 강조한다. 심지어 나중에 범죄자가 되느냐 마느냐는 이미 열살 이전에 결정된다고 보는 학자들도 적지 않다.

초기교육과 사회화가 잘못되어 비뚤어진 인간으로 성장하고, 그런 인간이 다시금 아이를 낳아 때리고 학대하면서 제대로 교육을 시키지 못하고, 그리하여 그 자녀들이 또다시 범죄를 저지르는 악순환, 이런 악순환의 고리를 끊지 않는 한은 학교폭력을 비롯한 청소년 범죄의 문제를 해결하기 어렵다. 그 고리를 끊는 것만이 진정한 해결책이다.

이를 위해서는 무엇보다도 어려서부터 '부모 교육'에 관심을 갖도록 해야 한다. 부모가 되는 것만큼 쉬운 일은 없다. 그러나 제대로 된 부모가 되는 것만큼 어려운 일도 없다. 잘못된 부모를 만나 가정 교육을 제대로 받지 못한 아이들은 학교폭력이나 청소년 범죄를 저지를 가능성이 높아진다. 제럴드 패터슨(Gerald Patterson)을 비롯한 많은 학자들은 학교폭력을 포함한 청소년 범죄가 주로 부모의 무지 탓이라고 주장한다. 부모가 양육기술을 제대로 배우지 못했기 때문이라는 것이다. 학자들은 부모가 습득해야 할 일곱 가지 사항을 제시하는데, 그 내용은 다음과 같다. 첫째, 자녀들의 활동을 자세히 파악할 것. 둘째, 자녀들의 행동을 지속적으로 관찰할 것. 셋째, 부모 스스로 올바른 사회활동의 모범을 보일 것. 넷째, 가정생활에 관한 명확한 규칙을 세울 것. 다섯째, 규칙을 위반하면 일관된 처벌을 가할 것. 여섯째, 규칙을 준수할 경우에는 반드시 칭찬과 포상을 할 것. 일곱째, 부모와 자녀 간에 이견이 발생하면 대화와 타협을 통해 해결할 것.[25]

부모들 스스로 악순환의 고리를 끊어야

모두 공자님 말씀 같은 이야기다. 패터슨이 말하는 바람직한 부모의 모습에 이견을 제시할 사람은 많지 않을 것이다. 문제는, 알아도 실행에 옮기기가 어렵다는 점이다. 특히 부모가 된 이후에는 고치기가 더더욱 힘들다. 이미 굳을 대로 굳어져 있기 때문이다. 그래서 교육의 시기가 더없이 중요하다. 가능하면 정규과목으로 신설하여 일찌감치 가르치는 것이 좋다고 생각한다.

너무 굳어버린 이 세상의 많은 부모들에게 큰 기대를 하지는 않지만, 그래도 부모들이 더 이상 비겁하지는 않았으면 좋겠다. 다른 사람에게는 함부로 못 하면서 자기 자식은 아무렇게나 다루는 비겁함에서 벗어났으면 한다. 그 어떤 경우에도, 애정이라는 이름으로 정당화할 수 있는 학대란 존재하지 않는다. 나 자신을 포함한 대부분의 부모들이 스스로의 비겁함을 깨닫고 부끄러움을 느낄 때, 그리하여 자녀들만큼은 더 이상 피해자가 되지 않도록 자신의 선에서 악순환의 고리를 끊고자 할 때, 그때에야 비로소 학교폭력을 비롯한 청소년 범죄의 벽이 무너질 수 있을 것이다.

설마 내가 사이코패스?

연쇄살인범이 등장하면 빠지지 않고 등장하는 용어가 '사이코패스'라고 할 수 있다. 엽기적인 범죄가 발생하면 일단 사이코패스로 진단하고 보는 경향마저 있다. 그러한 여파로 사이코패스는 일약 범죄심리 분야의 '전가(傳家)의 보도(寶刀)'가 되었다. 때문에 사이코패스라는 말을 들어본 적조차 없던 사람들마저 한때 사이코패스란 말이 유행처럼 번지자 인터넷에 떠도는 사이코패스 테스트를 직접 해보는 웃지 못할 일이 벌어지기도 했다.

심리학적 평가의 어려움

사이코패스를 진단하는 테스트로는 범죄심리학자인 로버트 헤어(Robert Hare) 박사의 PCL-R이 대표적인데, 문제는 이 테스트가 달랑 20개의 문항으로 구성된다는 점이다. 질문 내용의 적합성은 차치하더라도, 고작 20개의 문항으로 사이코패스 여부가 가려진다면 과연 정신의학자나 범죄심리학자가 무슨 필요이겠는가 말이다. 헤어 박사 본인도 단순한 판정의 위험성을 경고함과 동시에 조심스러운 관찰이 선행되어야 함을 강조하고 있으며, 따라서 연쇄살인범 강호순이든 그 누구든 간에 단순히 범행 특징이나 PCL-R 결과만을 놓고 섣불리 사이코패스로 판정하는 것은 무리가 아닐 수 없다.

실제로 심리학적 평가는 매우 복잡하고 어려운 과정을 요한다. 평가결과의 신뢰성과 타당성은 물론이요, 객관성과 중립성까지 확보해야 하기 때문이다. 서울대 의대 신경정신과의 김중술 교수와 유성진 교수도 지적하듯이, "일반인이나 전문가를 막론하고 '심리학적 평가'를 마치 일련의 심리검사를 시행하고 점수를 얻는 단순한 작업으로 생각하는 경향이 있는데, 이는 그릇된 생각이다".[26]

심리학적 평가는 우선 제3자 정보를 수집하고, 피의자와 면담을 가지고, 다양한 심리검사를 통해 감정하는 순서로 진행된다. 여기서 제3자 정보란 평가자의 개인적인 주관과 판단이 들어가지 않는 객관적인 정보를 말하며, 피검사자의 범죄행위, 성장내력 등에 관한 정보가 여기에 포함된다. 스티븐 모스(Stephen Morse) 박사는 "피의자가 정신이상인지를 판단하는 데는 피의자의 범행 당시 행위와 관련된 각종 정보만큼 중요한 것이 없다"며 제3자 정보의 중요성을 강조한다.[27] 제3자 정보는 대개 다섯 가지 유형, 즉 감정 자체와 관련된 정보, 범죄행위와 관련된 정보, 성장발달 및 내력에 관한 정보, 문제의 징후에 관한 정보, 그리고 각종 통계에 관한 정보로 나뉜다. 제3자 정보를 수집하는 과정에서 특히 유의해야 할 사항은 습득된 정보가 문제없이

쓰일 수 있는가 하는 점과 타당성을 갖추고 있는가 하는 점이다.[28]

피의자 면담은 대개 여섯 단계로 이루어진다. 먼저 소개 단계로 시작하여, 성장발달 과정과 사회문화적 내력에 관한 진술을 청취하는 단계, 현재의 정신상태를 평가하는 단계, 피의자의 범행 당시 행위와 느낌을 묻는 단계, 만약 다른 감정인이 동석했을 경우에는 피의자가 없는 상황에서 의견을 교환하거나 제3자 정보와 비교하는 단계를 거쳐, 마지막에는 논리적으로 모순되거나 일관되지 못한 답변에 대해 다시 묻거나 답변을 꺼려했던 중요한 문제를 다시 거론하는 것이다.[29]

제3자 정보의 수집과 피의자 면담을 마친 다음에는 심리검사를 실시하는데, 이는 심리학적 평가 절차 가운데 가장 논란이 심한 부분이다. 그러므로 심리검사가 충분한 신뢰성을 지니려면, 레이먼드 캐머런(Raymond Cameron) 박사가 강조하듯이 인성·지능검사, 투사적 검사, 신경심리학적 검사 등을 다양하게 포괄하는 종합적 검사 배터리(test battery)를 사용해야 한다.[30] 이 검사 배터리는 종합 심리검사 세트라고 볼 수 있으며 K-WAIS, MMPI, HTP, 로샤 등 각종 심리검사 방법이 이에 포함된다. 검사 배터리는 실제로 국내에서도 그 중요성을 인정받아 사용되고 있는데, 무엇보다도 "가설들을 서로 교차검증할 수 있어서, 개별 검사들이 지니는 단점을 보완하고 각 검사의 강점을 종합할 수" 있기 때문이다.[31]

심리검사의 한계

그러나 이렇듯 다양한 검사방법을 이용하는 심리검사라도 역시 한계를 지닌다. 일반적인 심리검사는 대상자의 현재 정신상태에 관한 정보만을 제공할 뿐이지, 범행 당시의 정신상태를 알려주는 것은 아니기 때문이다. 물론 성격이나 행위의 어떤 측면들은 시간의 경과에 상관없이 일정한 상태를 유지하지만, 다른 많은 측면들은 특정 장애의 주기적인 발생이나 상황적인 요소, 또는 약물 등에 대한 반응으로 계속해서 바뀌게 된다. 그러므로 심리검사가 제공하는 정보는 단편적인 수준에 머물 가능성이 높은 것이다.

최근 들어 점차 활용의 폭이 넓어지고 있는 EEG, CT, MRI, PETCT 같은 신경심리학적·신경생리학적 방법들 역시 일반적인 정신장애 진단에만 기여할 뿐, 현장에서 범행을 유발한 특정 생각이나 감정, 믿음 등에 관한 정보는 제대로 제공하지 못한다. 최면요법이나 약물요법도 기억상실처럼 꼭 필요한 경우에만 사용될 수 있는 것이지, 이에 의존하여 심리학적 평가를 내린다는 것은 무리한 일이다.

미국 연방대법원은 '도버트 대 메렐 도우 제약회사(Daubert v. Merrell Dow Pharmaceuticals)' 사건[32]의 판결문에서 "전문 감정인의 소견은 과학적인 방법에 기초해야 한다"며, 이를 검증하기 위한 기준으로 감정소견의 이론적 기초에 관한 검증 가능성, 사용방법과 관련한 오차율, 감정방법의 외부검토와 동의, 사용방법의 수용 정도 등을 열거했다. 그리하여 '카마이클 대 삼양타이어(Carmichael v. Samyang Tire, Inc.)' 사건[33]에서는 전문 감정인의 자격요건이 도버트 기준에 맞지 않는다는 이유로 감정결과가 받아들여지지 않기도 했다.

자극적인 일반화의 폐해

일부 언론은 강호순이 불을 많이 지르고 동물을 학대했다는 점에서 사이코패스의 전형적인 특징을 보인다고 보도했다. 여러 차례 화재보험금을 수령하고, 증거를 없애기 위해 승용차와 피해자의 옷가지를 불태웠다는 점이 그 판단의 근거였다. 전문가의 말을 빌리기는 했지만, 보도 내용에는 앞뒤 맥락이 생략된 채 사이코패스와 불의 관련성만 강조되어 있었다.

그러나 증거를 없애려고 불을 지르는 것은 정상적인 사고능력을 지닌 사람의 당연한 선택 가운데 하나다. 그동안 숱한 범죄자들이 범죄증거를 없애려고 자동차나 피해자의 유류품을 불태웠다. 그러면 그들이 모두 사이코패스인가? 동물학대는 더 일반적이다. 기르던 개를 잡고, 또 친자식처럼 애지중지하던 애완동물을 헌신짝처럼 버리는 사람들이 어디 한둘인가? 불에 관심이 많고 동물을 학대한다는 점이 사이코패스의 여러 특징들 가운데 하나일 수는 있겠지만, 이런 특징을 갖추었다고 해서 무턱대고 사이코패스로 단정하는 것은 단편적인 심리학적 평가의 문제점을 고스란히 드러내는 꼴이다.

이처럼 몇 가지의 그럴듯한 특징을 가지고 일반화하는 것은 매우 위험할 뿐만 아니라 학문적으로도 용납되지 않는다. 아울러 사이코패스를 너무 선정적이고 자극적인 측면에서만 접근하는 언론의 보도 태도도 심각한 문제라고 할 수 있다. 실제로는 사이코패스이면서 범죄자가 아닌 경우도 많으며, 사이코패스가 아니면서 범죄를 저지르는 경우도 많기 때문이다.

범죄기회와 범죄동기가 만나면 반드시 범죄가 싹튼다

세상을 떠들썩하게 만들었던 사건들, 예컨대 유영철·정남규·강호순 등의 끔찍한 연쇄살인 사건이나 연구결과를 위조한 황우석 박사 사건, 또는 학위 위조로 허위 학력 신드롬을 불러일으켰던 신정아 사건 등을 바라보고 있노라면 '대체 왜 저런 짓을 저질렀을까' 하는 의문이 든다. 그들은 정말 왜 그랬을까?

범죄는 대체 왜 일어나는 걸까?

이런 궁금증은 단지 일반인들에게만 국한되지 않으며 범죄를 연구하는 학자들 또한 이 문제를 풀고자 오랫동안 노력해왔다. 그러나 비록 그간 몇 차례의 매우 도발적인 시도가 있었음에도, 아직까지 이렇다 하게 속 시원한 해답은 나오지 않고 있다. 마이클 갓프레드슨과 트래비스 허시 같은 학자들이 이른바 '범죄의 일반이론(general theory of crime)'[34]을 들고 나와 '자기통제(self-control)'라는 하나의 개념으로 모든 범죄의 현상과 원인을 설명할 수 있다고 주장했지만, 아직은 논란의 여지가 많은 상태다.

흔히 범죄를 연구하는 것은 꽃을 감상하는 것과 같다고들 한다. 다른 감각들은 다 닫아둔 채 눈으로 바라보기만 해서는 꽃을 제대로 감상할 수 없듯이, 범죄도 다양한 시각과 관점에서 들여다보아야 한다는 말이다. 워낙 다양한 요인이 복합적으로 맞물려 범죄를 구성하다 보니, 어느 한 가지만 떼어내어 원인을 규명하기가 사실상 어려운 것이다.

예를 들어, 어느 30대 남자가 밤길에 칼로 행인을 협박하여 돈을 빼앗았다고 치자. 그럴 경우, 우선 돈이 필요했으니까 강도를 저질렀을 것이라는 추측이 가능하다. 그렇다면 돈이 왜 필요했을까? 유흥비 때문일 수도 있고, 어쩌면 아픈 아들의 병원비 때문일 수도 있다. 또 사회구조와 체제에 대한 비판적인 시각에서 보면, 우리 사회가 지니고 있는 근본적이고 구조적인 모순 때문에 이런 강도행위가 발생했다고 할 수도 있다. 이를테면 '부익부 빈익빈'이나 '물질만능주의'를 초래하는 자본주의 체제의 모순이 범죄를 야기한다는 것이다.

그러나 돈이 필요하다고 누구나 범죄를 저지르는 것은 아니다. 마찬가지로 화가 난다고 누구나 상대방을 때리거나 죽이는 것은 아니며, 또 보는 눈이 없다고 누구나 남의 물건이나 돈을 훔치는 것도 아니다. 그러는 사람도 있고 그러지 않는 사람도 있다. 그렇다면 이런 차이는 왜 생길까? 생물학적·심리학적·사회학적 접근법을 이용한 여러 설명들이 있지만, 가장 간단하게 말하자면 각기 태어나 자라고 성장하는 조건과 과정이 다르기 때문이다. 어떤 부모를 만나고, 어떤 곳에서 자라고, 어떤 친구를 사귀고, 어떤 학교를 다니는지 등등 말이다.

물론 생물적·유전적 요인도 무시할 수 없다. 충동적이고 공격적인 유전형질을 타고난 경우라면, 주어진 사회·환경적 요인에 따라 범죄를 저지를 가능성이 높아진다.

최근에 각광받는 신경심리학적 분석은 세로토닌 같은 신경전달물질의 중요성을 강조하는데, 즉 세로토닌이 부족하면 사람이 공격적이고 충동적으로 변하여 폭행이나 살인 같은 폭력범죄를 많이 저지르게 된다는 것이다. 미국의 중경비 교도소(maximum security prison)에 수감 중인 흉악범들에게 일정 기간 세로토닌을 주입—본인들의 승낙을 얻어—한 결과, 폭력성이 상당히 줄어들어든 것으로 나타났다.[35] 또 여자아이들을 연쇄 성폭행한 소아기호증(pedophilia) 범죄자에게 세로토닌을 주입했을 때도 비슷한 결과가 나왔다.[36] 요컨대 이런 신경전달물질이 유전적인 이유에서 부족한 것이든 환경적인 이유에서 부족한 것이든 간에, 생물적인 요인이 범죄 발생에 중요하게 작용하는 것만큼은 분명한 셈이다.

이에 따라 최근 범죄생물학이나 범죄심리학 모두 신경생리학이나 신경심리학 같은 신경과학에 관심의 초점을 맞추고 있다. 그리고 통섭이론이 강조하듯이 범죄의 정확한 설명을 위해서는 범죄사회학까지 아울러 총체적인 측면에서 고찰할 필요가 있다는 데 인식을 같이하고 있다.

범죄기회가 없으면 범죄도 없다

사람들 간의 생물적·심리적·사회적 차이를 보통 '코딩(coding)'이라는 용어로 설명한다. 즉 사람들마다 유전적 '코딩'이 다르고, 신경전달물질의 '코딩'이 다르고, 보다 중요하게는 성장발달 과정의 '코딩'이 다르다는 것이다. 그리고 그 차이가 범죄 발생의 차이로 이어진다는 것이다. 특히 성장과정 초기의 '코딩'이 핵심적인데, 성장이 다 이루어진 뒤의 '코딩'은 상대적으로 훨씬 더 어렵기 때문이다. 마치 석고반죽이 처음에는 어떤 모양으로든 쉽게 주물러 만들 수 있지만, 시간이 지나면 딱딱하게 굳어 조각칼이나 정 같은 도구를 이용해야만 모양을 바꿀 수 있듯이 말이다.

이런 맥락에서, 에드윈 서덜랜드(Edwin Sutherland)와 로버트 머튼(Rober K. Merton), 트래비스 허시를 비롯한 범죄학의 대가들은 모두 가족이나 이웃 같은 비공식적 사회통제 요인의 중요성을 강조한다. '생애연구'를 통해 특히 비공식적 사회화의 중요성을 강조하는 로버트 샘슨(Robert Sampson)과 존 롭(John Laub) 또한 어려서 제대로 양육되거나 교육받지 못하면, 달리 말해 법규 준수와 같은 사회적 규범에 관한 인식이 어렸을 때 강하게 주입되지 못하면 나중에 범죄를 저지를 가능성이 높아진다고 역설한다.[37] 일종의 브레이크라고 할 수 있는 '내부 금지 장치'가 어린 시절에 제대로 발달되지 않으면 충동적인 성격을 지니게 되고, 결국 범죄를 저지를 가능성이 높아진다는 제임스 윌슨과 리처드 헤른슈타인의 주장도 이와 비슷하다.[38]

그러나 이 역시 자살 폭탄테러범이나 양심적 병역기피자 같은 확신범이나 양심수의 범죄 원인을 설명하기에는 미흡하다. 훌륭한 부모를 만나 좋은 교육을 받았더라도, 오히려 정의감과 양심이 강하여 테러나 반체제 불법저항, 또는 병역기피 같은 범죄를 저지를 수 있기 때문이다. 그리하여 샘슨과 롭도 '상황에 따른 선택', 즉 범죄기회의 중요성을 강조하기에 이르렀다.[39] 요컨대 개인의 범죄성(criminality)만 가지고는 모든 범죄를 다 설명할 수 없으며, 아무리 다른 사람들에 비해 '범죄코딩'이 강력하더라도 범죄기회가 주어지지 않으면 범죄를 저지를 수 없다는 것이다.

범죄도 손뼉이 마주쳐야 일어난다

일상활동이론(routine activity theory)에서 '동기 부여된 범죄자'와 더불어 '적당한 대상'과 '능력 있는 보호자의 부재'를 범죄 발생의 필수요소로 꼽는 것은 바로 범죄기회의 중요성을 강조하는 것이다. 이를테면, 유영철이 아니라 그 어떤 흉악한 연쇄살인범도 무인도에서는 범죄를 저지를 수 없다. 또 은행 본점에 아무리 돈이 많더라도 은행강도는 그곳을 범죄대상으로 선택하지 않는다. 본점에 비해 상대적으로 보안이 허술한 새마을금고 등의 제2금융권, 게다가 이왕이면 쉽게 도주할 수 있는 도로 주변의 금고를 택하는 것이 보통이다. 그리고 납치나 살인의 경우에도, 저항 능력이 떨어지는 여성이나 어린아이들을 주요 대상으로 삼는다.

물론 범죄기회만으로 범죄가 발생하지는 않는다. 아무리 범죄기회가 주어져도 누구나 범죄를 저지르는 것은 아니기 때문이다. 결국 범죄란 코딩에 의해 만들어진 범죄동기와 범죄기회가 만나야만 발생

범죄(C) = 동기(M) × 기회(O)

(C=crime, M=motive, O=opportunity)

한다고 할 수 있다. 달리 말해, 범죄 충동을 억제하고 통제할 수 있는 능력이 제대로 코딩되지 않은 상태에서 범죄기회가 주어졌을 때 범죄가 발생한다는 것이다. 범죄코딩에 의한 동기와 범죄기회, 이 둘 가운데 어느 하나만 없어도 범죄는 일어나지 않는다. 손뼉도 마주쳐야 소리가 나듯이, 범죄 또한 범죄동기와 범죄기회가 반드시 마주쳐야만 발생한다. 그래서 필자는 이를 개인적으로 범죄의 '박수이론(clap theory)'이라고 부른다.

2부

범죄 앞에서 고정관념은 왜 위험한가:
상식을 뒤집는 범죄 대응

'깨진 유리창'을 갈아 끼우면
범죄가 줄어든다

깨진 유리창 실험

1969년 스탠퍼드대학의 심리학자 필립 짐바르도 교수는 매우 흥미 있는 실험을 했다. 자동차 두 대 중 한 대는 범죄가 잦은 뉴욕의 브롱스(Bronx) 지역에 번호판을 떼고 보닛을 열어뒀다. 다른 한 대는 스탠퍼드대학이 있는 캘리포니아의 부촌 팰로앨토(Palo Alto) 지역에 깨끗한 상태로 두었다.

뉴욕 브롱스 지역의 자동차는 곧 마을 사람들이 라디에이터와 배터리를 떼어 갔다. 몇 시간이 지나자 모든 부품이 털리고 유리창이 깨졌다. 1주일 후에는 차체가 박살나 고철이 되어버렸다.

팰로앨토 지역에 놔둔 차는 시간이 지나도 멀쩡했다. 하지만 짐바르도 교수가 일부러 유리창을 조금 깨놓자 부촌인 팰로앨토 사람들도 자동차를 부수기 시작했다.

'깨진 유리창' 이론

짐바르도 교수의 '깨진 유리창 실험'은[1] 평소에 법과 규칙을 그런대로 잘 지키던 사람들도 주위 분위기만 조성되면 얼마든지 폭력과 범죄 행위에 가담할 수 있음을 잘 보여준다. 사회질서라는 것이 정말 지키기는 어렵고, 한번 무너지면 순식간이다.

어느 집에 유리창이 깨졌다. 동네 불량 청소년들이 장난삼아 그 랬을 수도 있고, 꼬마들이 공놀이를 하다가 그랬을 수도 있다. 여하튼 유리창이 깨졌는데도 갈아 끼우지 않고 그대로 놔두면, 얼마 지나지 않아 그 집의 다른 유리창도 깨지게 된다. 그리고 다음에는 다른 집의 유리창도 깨진다. 유리창뿐만이 아니다. 울타리가 망가지고, 세워놓은 자동차가 부서지고, 집이 털리기도 한다. 더 있다가는 몹쓸 꼴을 보게 되거나 집값이 크게 떨어질지도 모른다고 우려하는 사람들은 서둘러 집을 팔고 동네를 떠난다. 때에 따라서는 집이 처분되기도 전에 이사를 간다. 빈집이 생기고, 동네가 지저분하고 황폐해진다. 떠날 형편이 못 되는 사람들만 동네를 지키고, 인근 지역에서 범죄기회를 노리고 원정을 오기도 한다. 한마디로 동네가 슬럼가, 우범지대로 변한다.

앞서 소개한 짐바르도 교수의 실험결과에 착안하여 만들어진 '깨진 유리창(Broken Window)'이론은, 이처럼 초기의 적절한 대응이 부재하는 경우에 얼마나 심각한 결과가 초래되는지를 강조한다.[2] 기초질서를 해치는 행위들—집이나 자동차의 유리창을 깨는 행위, 낙서, 쓰레기 투기, 노상방뇨, 공공기물 훼손, 부랑행위 등—을 별다른 조치 없이 방치했다가는 결국 강력범죄로 이어진다는 것이다.

미국 동부의 대도시인 볼티모어는 '깨진 유리창' 이론을 활용하여 치안을 확립한 경우다. 1980년대 후반에 경기침체와 범죄 증가 등의 이유로 많은 사람들이 이사를 떠나면서 볼티모어 곳곳에 버려진 빈집들이 늘어났다. 그러자 마약중독자와 부랑자들이 그곳으로 모여들었고, 도시는 점점 더 황폐해져갔다.

1993년에 볼티모어의 신임 경찰국장 토머스 프레지어는 환경을 개선해야만 범죄를 줄일 수 있다고 생각했다. 그리하여 볼티모어 시장의 강력한 후원을 바탕으로, 시청의 건축·위생·환경부서와 시민단체들이 환경개선에 나서기 시작했다. 버려진 빈집은 아무도 들어가지 못하게 널빤지로 입구를 막고, 깨진 가로등을 모두 교체했다. 또 곳곳에 쌓여 악취를 풍기던 쓰레기를 깨끗이 치우고, 집집마다 깨진 유리창을 바꿔주었다. 아울러 경찰은 노상방뇨나 쓰레기 투기 같은 행위들을 철저히 단속했다. 그 결과, 불과 2년 사이에 강력범죄가 50%나 감소했다. 주민들이 밤거리를 걱정 없이 다닐 수 있을 정도로 치안상태가 좋아진 것이다.

무법천지 뉴욕

'깨진 유리창' 이론을 활용한 치안전략이 성공을 거둔 또 다른 사례는 바로 뉴욕이다. 20여 년 전만 해도 뉴욕은 범죄의 도시였다. 필자가 뉴욕을 처음 찾은 것은 1985년 겨울이었다. 범죄로 얼룩진 뉴욕의 악명을 익히 들어 알았기에, 뉴욕으로 들어가는 초입부터 잔뜩 긴장했다. 차문을 모두 잠그고 손가방도 모두 발밑으로 감추었다.

뉴욕 맨해튼의 중심부로 들어가려면 링컨 터널을 지나는 길이 가장 빠르다. 그런데 링컨 터널을 지나자마자 만나는 40번가의 포트 오소리티 버스터미널 주변은 범죄가 들끓기로 악명 높은 곳이었다. 우리(필자를 포함한 한국 유학생 3명)는 링컨 터널을 빠져나오자 사거리에서 신호등과 마주쳤다. 제발 신호에 걸리지 않고 통과하길 바랐건만, 우리 바로 앞에서 정지신호가 들어왔다. 순간 혹시 무슨 일이 생기지 않을까 하는 두려움이 일었고, 우려는 끝내 현실로 바뀌었다. 어디서 나타났는지, 10대 후반으로 보이는 흑인 청소년 2명이 우리 쪽으로 다가왔다. 그러더니 그중 1명이 차창에 대고 냅다 침을 뱉었다. 그리고 외투 옷소매로 차창을 닦은 다음, 당황한 우리를 향해 히죽이 웃으며 손을 내밀었다. 우리는 그나마 다행이다 싶어 냉큼 1달러짜리를 건네주고는 신호가 바뀌자마자 얼른 그곳을 떠났다.

그로부터 1년 반이 지난 1987년 봄, 다시 뉴욕을 찾았다. 잠시 들렀던 이전과 달리 그때는 뉴욕에서 살게 되었기 때문에, 뉴욕의 치안 상태를 더욱 피부로 실감할 수 있었다. 주변의 아는 사람은 한 달 사이에 두 번이나 강도를 당했고, 또 다른 사람은 폭행을 당해 목숨을 잃을 뻔했다. 밤늦게 돌아다닌다는 것은 보통 강심장이 아니거나 어쩔 수 없는 경우가 아니면 생각하기 힘들었다. 큰길에서 한 블록만 떨어져 있어도 무법천지나 다를 바 없었다.

환경도 열악했다. 당시 뉴욕 지하철은 노숙자들의 보금자리였다. 술과 마약에 찌든 노숙자들은 아무 데서나 용변을 해결했고, 지하철 역 곳곳에 악취가 배어들었다. 노숙자들이 반쯤 풀린 눈으로 지하철 역내를 어슬렁거리면서 언제 시비를 걸고 무슨 짓을 할지 모를 일이니, 무조건 피해 다니는 것이 상책이었다. 빈 술병들이 여기저기 굴러 다녔고, 구석에서는 마약밀매와 성매매가 공공연하게 이루어졌다. 또 지하철 차량은 낙서투성이였고, 철로에는 쥐들이 가득했다. 그야말로 슬럼이 따로 없었다.

'깨진 유리창'은 곧 '깨진 공동체'다

1993년 한 해 동안 뉴욕에서 발생한 살인사건은 모두 1,952건이었다. 그해에 우리나라 전체의 살인사건이 모두 806건이었음을 고려하면, 뉴욕이 얼마나 심각한 상황이었는가를 짐작할 수 있다. 1994년 1월에 뉴욕의 새 경찰청장으로 임명된 윌리엄 브래튼은, 임명 초기부터 '깨진 유리창' 이론을 치안전략의 근간으로 삼았다. 기초질서 위반사범에 대한 단속을 통해 삶의 질을 높이고자 한 것이었다. 그리하여 노상방뇨, 낙서, 지하철 무임승차 등에 대한 철저하고 대대적인 단속활동이 펼쳐졌다. 아울러 지하철역이나 버스터미널 주변처럼 범죄의 온상이 되기 쉬운 곳에 대한 환경개선 노력도 병행되었다. 그 결과, 2년이 지난 1995년에는 범죄가 40% 이상 감소했고, 채 10년도 지나지 않아 살인사건이 3분의 1 수준으로 줄어들었다(2002년에 580건).

　물론 뉴욕이나 볼티모어의 범죄 감소가 '깨진 유리창' 이론의 활용 때문만은 아니다. 경제호황이나 청소년 인구의 감소 같은 다른 요소들도 무시할 수 없다. 그러나 경찰과 여러 관계기관, 그리고 시민이 합심하여 '무질서를 없애고 삶의 질을 높이는' 치안활동을 벌이지 않았다면, 분명 이처럼 놀라운 결과가 나오지는 못했을 것이다. 무엇보

'깨진 유리창' 이론을 활용하여 뉴욕 시를 범죄의 구렁텅이에서 벗어나게 한 윌리엄 브래튼 경찰청장.

다도 시민의 절대 다수가 이 새로운 전략을 지지하고 만족감을 표했으며, 그 때문에 인권침해의 우려와 같은 비판의 목소리가 강하게 표출되지도 않았다.

　우리나라 경찰도 뉴욕 경찰이나 볼티모어 경찰과 비슷한 치안활동을 하고 있기는 하다. 그러나 질적인 면에서는 큰 차이를 보인다. 물론 경찰의 위신이 서지 못하는 사회적인 여건 탓도 크지만, 우리 경찰의 기초질서 위반 단속은 결코 적극적이거나 단호하지 못하다. 범죄유발적인 환경에 대한 개선의 노력은 말할 것도 없다. 시·구청 및 관계기관과 시민단체, 그리고 시민들이 범죄예방을 위해 적극적이고 자발적으로 협력하는 모습도 찾아볼 수 없다. 범죄를 막고 줄이는 일은 경찰의 임무라고만 생각한다. 그래서 범죄가 늘고 치안이 불안해지면 무조건 경찰 탓으로 돌린다. 그러나 경찰의 노력만으로는 결코 범죄를 막거나 줄일 수 없다. '깨진 유리창' 이론은 공동체의 협력을 강조한다. '깨진 유리창'은 곧 '깨진 공동체'를 의미한다. 공동의 노력만이 범죄의 싹을 자를 수 있다.

2부 범죄 앞에서 고정관념은 왜 위험한가

청소년 범죄자는 엄한 처벌이 답일까?

"청소년 범죄가 엄청난 증가율을 나타내고 있다. 청소년 범죄는 증가도 문제지만 이 가운데 강력범죄의 증가가 두드러지는 것은 더 문제가 되고 있다. 이후 최근 3년간은 감소하는 경향을 나타내지만 지난 10년 동안 전체적으로 강력범죄는 95.1%나 늘어났다. 강력범죄를 죄의식 없이 행하는 청소년들에게 '겁 없는 10대'라는 말 외에는 달리 표현할 방법이 없다."[3]

위 글은 2016년 1월 모 일간지에 실린 사설의 일부다. 청소년 범죄는 항상 심각한 문제로 여겨져왔다. 2009년 보도를 보자. "청소년 범죄가 꾸준히 늘고 있는 가운데 범행도 갈수록 흉포해지고 있다. 특히 최근 들어서는 살인, 강간 등 청소년 범죄수법이 성인 범죄와 별 차이가 없는 것으로 나타났다."[4] 또 한 일간지 사설에서도 '갈 데까지 간 청소년 비행'이라는 제목 아래 "10대 청소년들의 비행이라고는 믿을 수 없는 포악과 잔혹함에 소름이 끼친다. 조폭 문화를 쏙 빼닮은 게

끔찍하기 이를 데 없다"고 청소년문제의 심각성을 지적했다.[5] 언론만이 아니라 일반 국민들의 생각도 큰 차이는 없는 것 같다. 대다수 국민의 머릿속에 '청소년 범죄 = 날로 심각해지는 문제'라는 등식이 자리 잡고 있는 듯하다.

청소년 강력범죄의 실제 추세

'심각한 범죄'라는 것은 정의하기 나름이지만, 일반적으로 '심각한 범죄'라고 하면 흔히 살인, 강도, 강간 같은 강력범죄를 떠올린다. 아마도 신체적·정신적 피해가 가장 심각하니 그런 듯싶다. 따라서 청소년 범죄가 정말 흉포함과 포악함을 더해가며 날로 심각해지고 있다면 당연히 이런 강력범죄들이 크게 늘 수밖에 없다.

물론 그중에서도 가장 심각한 범죄는 살인이다. 우리나라뿐 아니라 세계 어디서나 동서고금을 막론하고 마찬가지다. 따라서 청소년 범죄의 심각성은 우선 살인에서 감지될 수 있다. 그러나 과연 그럴까? 실상을 한번 들여다보자.

오른쪽 표에서 보는 것처럼, 2014년에 청소년이 저지른 살인은 33건으로 전체 살인 범죄의 3.2%를 차지했다. 2001년에 청소년이 저지른 살인은 50건으로, 그해 전체 살인 1,171건의 4.3%를 차지했다. 또 그보다 더 이전인 1995년에는 청소년의 살인이 84건이었는데, 이는 그해 발생한 전체 살인 723건의 무려 11.6%에 해당하는 수치였다. 2014년에는 2001년 기준으로 50건에서 33건으로 34% 감소했다. 1995년 기준을 적용하면 무려 60%나 줄어든 수치다. 가장 흉악하고

청소년 강력범죄(흉악) 추이(2001~2014년)

(단위: 건)

	계	살인	강도	강간	방화
2001	131,059	50	1,922	391	91
2002	115,210	53	1,618	317	53
2003	96,697	24	1,840	299	58
2004	86,861	27	1,409	321	82
2005	83,477	32	1,032	323	146
2006	90,628	30	1,181	472	142
2007	115,661	29	1,399	467	218
2008	123,044	19	1,604	464	235
2009	118,058	23	2,100	454	209
2010	94,862	23	1,198	2,029	178
2011	86,621	12	1,144	1,883	166
2012	107,018	23	861	2,160	199
2013	90,694	21	616	2,303	141
2014	78,794	33	414	2,026	157

자료: 《2014 경찰통계연보》, 경찰청

심각한 범죄인 살인이 이렇게 감소했는데도 갈수록 청소년 범죄가 심각하다는 근거는 무엇일까? 2011년 12건까지 떨어졌다가 2014년 33건으로 늘어난 것은 우려할 만하다. 그럼에도 불구하고 청소년 범죄가 과거보다 훨씬 흉포해지고 심각해졌다는 것은 설득력이 약하다. 당연히 청소년 범죄가 날로 흉포하고 잔혹해진다는 언론보도와 이에 기초한 일반 국민들의 상식은 근거가 없는 셈이다.

이런 뜻밖의 결과에 대해, 한편으로는 "그동안 청소년 인구가 많이 줄어 청소년의 강력범죄가 감소한 것 아니냐"는 의문을 제기할 수도 있다. 그러나 안타깝게도 이 기간에 청소년 인구는 범죄의 감소율만큼 크게 줄지 않았다. 1995년에 약 1,443만 명이던 청소년 인구는 2005년에 약 1,238만 명, 2008년에는 1,173만 명 수준으로 줄었다. 2014년에는 954만 명이니 1995년 기준으로 34% 줄었다. 1995년에서 2014년 사이 청소년 살인 범죄가 60% 감소한 것을 놓고 보면 인구 감소보다 살인 범죄 감소폭이 훨씬 더 큰 것을 알 수 있다.

인구 증감과 관계없이 범죄의 변화를 살필 수 있는 범죄율(인구 10만 명당 범죄 건수)로 보더라도, 청소년의 살인 범죄율은 1995년에 0.58건에서 2008년에는 0.2건으로 50% 이상 줄었다. 2014년에는 0.3건으로 늘었지만 20년 전에 비하면 명백한 감소 추세를 보인다고 할 수 있다. 물론 경찰 통계 같은 공식적인 범죄통계를 개인적으로 크게 신뢰하지는 않지만, 그래도 살인 통계가 그 가운데 가장 신뢰할 만하다는 점을 고려할 때, 이처럼 절반 이상 떨어진 감소 추세는 엄연한 사실이라고 할 수 있다.

그렇다면 다른 강력범죄, 이를테면 강도는 어떨까? 청소년의 강도는 그 감소폭이 훨씬 크다. 표에서 보는 것처럼 2001년 청소년 강도는 1,922건이 발생했다. 2005년에는 1,032건으로 절반 수준으로 떨어졌다. 이후 증가세로 돌아서 2009년 2,100건으로 늘었으나 다시 줄어들기 시작해 2014년에는 불과 414건으로 크게 감소했다. 무려 78%가 줄어들었다. 1998년 4,132건이 발생했던 것과 비교하면 10분의 1 수준으로 떨어진 셈이다. 이 기간 동안 청소년 인구 감소를 감안하더라도 청소년 범죄는 엄청나게 감소했다고 볼 수 있다. 청소년 범죄가 과거보다 훨씬 흉악해지고 심각해지고 있다는 주장은 도대체 무슨 근거에서 나오는지 궁금할 뿐이다.

　물론 형사사법기관에서 발표하는 피상적인 통계 수치를 제시하는 사람들이 있다. 대표적인 것이 단순하게 대검에서 발표하는《범죄분석》통계에서 강력범죄(흉악)라는 항목을 인용하는 경우다. 주로 범죄의 심각성을 부각하기 위해 언론에서 많이 사용하는 수법이다. 이 또한 범죄통계에 대해 잘 모르기 때문에 그대로 인용하는 경우가 많다.

'무서운 청소년'은 강간 범죄 때문일까?

강력범죄(흉악) 항목에는 살인, 강도, 성폭력, 방화 4개 유형의 범죄가 포함된다. 살인과 강도는 이미 설명한 것처럼 크게 감소했다. 방화는 큰 차이가 없을 뿐만 아니라 규모도 크지 않다. 문제는 성폭력이다. 성폭력 발생은 2001년 391건에서 2005년 323건으로 줄었다가 2009년에는 454건으로 증가세로 돌아섰다. 그러나 2010년 강제추행 포함 등 성폭력에 대한 기준이 달라지면서 2,029건으로 크게 늘게 됐고, 2014년에는 2,026건으로 비슷한 추세가 지속된다. 이런 증가세는 실질적인 증가를 반영한다기보다, 성폭력특례법 개정에 따른 적용 기준의 변화 및 신고의 증가 등에 따른 부수적인 효과가 크다고 본다.

　이와 함께 청소년 강력범죄에 대한 통계 왜곡을 불러일으키는 요인은 범죄 발생의 규모다. 이를테면 직원이 10명인 회사에서 1명이 연봉 10억 원이고 나머지 9명은 모두 5천만 원인데도 이 회사 직원의 평균 연봉이 1억4,500만 원이 되는 것과 비슷한 이야기다.

2014년 전체 강력(흉악) 범죄 발생 2,630건 가운데 성폭력은 2,026건으로 무려 전체의 77%에 이른다. 흉악범죄 가운데 성폭력 비중이 워낙 높다 보니 성폭력이 전체 흉악범죄를 대표하는 셈이다. 앞에서 인용한 언론보도에서 "강력범죄가 지난 10년 사이 95% 이상 증가했다"고 주장한 것은 바로 이와 같이 집계 기준 변경과 범죄 유형 간 가중치를 생각하지 않고 단순히 숫자만 보고 판단했기 때문이다.

게다가 강간 같은 성폭력 범죄는 신고율이 범죄통계 집계에 큰 변수로 작용한다. 성폭행 범죄는 신고율이 떨어져 범죄의 암수성이 높은 대표적인 '숨은 범죄'라 할 수 있다. 과거에 비해 신고율이 많이 증가했다고 하더라도 2013년 여성가족부 성폭력실태조사에 따르면, 전체 성폭행 피해자의 1.1%만이 경찰에 신고했던 것으로 밝혀졌다. 강간 등 심각한 성폭행의 경우 6.6%로 나타났다. 하지만 여성의 정조를 강조하는 유교문화의 영향이 컸던 과거에는 성폭행 범죄를 수사기관에 신고하는 비율이 매우 낮았다. 실제로 《2013년 범죄분석》에 따르면 성폭행 범죄의 신고율은 1%에도 미치지 못했다. 이러한 사회문화적 측면 외에도 피해자가 신고를 꺼려한 이유로는 형사사법기관의 조사와 절차 과정에서 심리적·물질적 피해를 당하는 범죄의 제2차 피해의 폐해를 꼽을 수 있다. 범죄 피해 사실을 가족이나 친구, 이웃 등이 알게 될 경우 자신이 비난을 받거나 각종 피해를 당하는 범죄의 제3차 피해도 무시할 수 없다. 물론 최근에는 여성의 사회적 지위 및 성폭행에 대한 국민인식의 개선으로 점차 신고가 늘면서 검거 역시 증가하고 있는 추세다. 따라서 강간이 늘었다고 해도 이는 그동안 신고하지 않아 감춰져 있던 범죄가 서서히 공식 범죄통계에 잡히는 단계로 접어들었다고 보아야 할 것이다. 말하자면 피해자학의 대가인 미국의 앤드루 칼멘(Andrew Karmen) 교수가 주장하는 '범죄 피해의 재발견(rediscovery)' 같은 개념이다. 이미 있던 것이 밝혀졌을 뿐, 새로 생기거나 늘어난 것이 아니라는 뜻이다.

청소년의 강력범죄가 줄어든 이유

그렇다면 청소년 강력범죄가 줄어든 이유는 무엇일까? 범죄가 늘고 주는 데는 수많은 요인이 작용하지만, 우선 청소년 강력범죄가 크게 감소한 시기를 주목하고 싶다. 청소년 범죄는 1990년대 후반부터 급속한 감소 추세를 보인다. 그 시기는 초고속 인터넷이 대거 보급되고 컴퓨터게임이 청소년의 놀이문화로 확실하게 정착한 때라고 할 수 있다. 요컨대 밖에서 놀던 청소년들이 컴퓨터게임을 하러 집이나 PC방으로 들어간 것이다. 최근에는 스마트폰을 이용한 모바일게임에 빠져 있는 청소년들이 많다. 친구와 만나 이야기하는 것보다 메신저나 SNS를 이용하는 경우도 많다. 범죄가 발생하려면 기본적으로 범죄자와 피해자가 마주쳐야 한다. 살인이나 강도 같은 강력범죄는 특히 그렇다. 그런데 범죄자와 피해자의 대면 가능성이 줄어드니, 굳이 일상활동이론이나 생활양식이론 같은 범죄이론을 언급하지 않더라도, 강력범죄가 줄어드는 것은 당연한 일이다.

또 다른 중요한 이유로는 자녀 수가 크게 줄었다는 점을 들 수 있다. 누구나 아는 것처럼 최근 우리나라는 낮은 출산율 때문에 걱정이다. 현재 50~60대 연령층만 하더라도 집안에 자녀가 대여섯 명 되는 것은 드문 일이 아니었다. 지금은 기껏해야 2명이고, 3명 이상만 되어도 다자녀 가정으로 분류된다. 한 세대 사이에 격세지감을 느끼게 될 만큼 큰 변화가 일어났다. 더욱이 최근 청소년 자녀를 둔 부모는 대부분 베이비붐 세대(1955년~1963년생)다. 그러니 부모 숫자는 많고 자녀 숫자는 적은 역삼각형 구조가 만들어진 것이다.

청소년 범죄이론의 권위자인 미국의 로버트 샘슨과 존 롭 교수가 강조하듯이, 청소년 범죄에서 중요한 변수 가운데 하나는 부모의 감시라고 할 수 있다. 자녀 수가 줄면 부모의 감시가 용이하다. 거기에 우리나라만큼 사교육 열풍이 뜨거운 곳이 어디 있는가? 웬만하면 거의 온종일 자녀에 대한 감시가 이루어진다. 정보통신기술의 발달에 따라, 자녀의 동정이 휴대폰을 통해 시시각각 부모에게 보고되기도 한다. 학원을 가지 않았다가는 즉각 연락이 오고, 심지어 정해진 시각에 반드시 지나쳐야 하는 곳을 들르지 않으면 부모의 휴대폰으로 연락이 오는 최첨단 시스템도 개발되었다. 한마디로 과거에 비해 감시가 크게 용이해진 탓에 청소년 범죄가 감소했다는 해석이 가능한 것이다. 여기에 사회복지 여건의 개선, 청소년 범죄 예방 활동의 강화 등이 청소년 범죄의 감소를 가져왔다고 볼 수 있다.

청소년 범죄의 착시효과

이처럼 청소년의 강력범죄가 줄고 있음에도 일반 국민들이 그와 상반된 관념에 사로잡혀 있는 것은 무엇보다도 언론의 탓이 크다. 일반인들이 청소년 범죄의 추세에 관한 정보를 얻는 곳은 거의 대부분 언론이다. 그런데 대다수의 언론은 청소년 강력범죄의 감소 추세를 보도하지 않는다. 물론 일부 언론에서 청소년 강력범죄가 줄고 있다는 사실을 보도한 적은 있다. 눈에 띄지 않게, 조그맣게 말이다. 그러니 일반 국민들이 알 턱이 없다.

왜 언론은 이 같은 청소년 범죄의 감소 추세를 제대로 보도하지 않을까? 아마도 언론의 자극적이고 상업적인 속성 때문이 아닌가 싶다. 흔히 언론의 보도 태도를 이야기할 때, "개가 사람을 물면 기사가 되지 않지만 사람이 개를 물면 기사가 된다"는 말을 많이 한다. 중대하기로야 물론 사람이 개에 물려 다치는 쪽이지만, 특이하고 자극적인 면으로는 단연 사람이 개를 무는 쪽이다. 기사의 '가독성'이 높아진다는 말이다.

청소년의 강력범죄가 늘거나 급증한다고 보도해야 사람들이 관심을 보인다는 것이다. 범죄가 줄어든다는 사실은 기사 가치가 떨어지는 셈이다. 누가 크게 다쳤다고 하면 주목을 받지만, 다친 사람이 서서히 회복하고 있다는 사실은 잘 보도되지 않는 것과 비슷하다. 실제로 미국에서 1980년대에 범죄가 한창 극성이었을 때 미국 언론들은 하루가 멀다 하고 잔인한 강력범죄 기사로 신문 지면과 TV 뉴스 프로그램을 장식했다. 하지만 1990년대 중반 이후에 강력범죄가 크게 줄어들었을 때는 범죄 감소 보도를 거의 찾아볼 수 없었다. 여하튼 청소년 범죄가 갈수록 심각해진다는 생각은 언론의 탓이 크다.

청소년 범죄, 처벌이 능사일까?

2014년 김해에서 여고생이 두 20대 남성을 따라 가출한 뒤 시멘트로 가득 찬 드럼통에 암매장되어 발견됐다. 여고생은 20대 남성에 의해 성매매를 강요받았고, 그 과정에서 가출한 여중생 3명에게 감금되어 온갖 학대를 받다가 숨졌다. 이른바 '김해 여고생 살인사건'이다. 사건에 가담한 두 20대 남성은 각각 무기징역과 징역 35년을 선고받았다. 그렇다면 나머지 여중생 3명은 어떤 처벌을 받았을까?

살인사건에 가담한 두 여중생에게는 각각 장기 9년 단기 6년형, 그리고 장기 7년 단기 4년형이 확정됐다. 단기형은 수감 태도 등에 따라 추가 복역이 결정된다. 사실 성인 2명이 받은 형과 비교하면 살인사건이라는 것을 감안했을 때 매우 가벼운 형으로 보일지도 모른다.

청소년 범죄를 보도하는 미디어는 학교폭력부터 성인 강력사건 못지않은 잔혹한 살인사건까지 광범위한 분야를 다루며 빈번히 이들의 심각성을 부각한다. 심각성에 대한 인식이 높아지면 높아질수록 대중은 이들 청소년 범죄자에 대한 강력한 대처, 즉 엄격한 처벌을 요구한다.

그러나 과거 미디어를 통해 보도된 수많은 청소년에 의한 사건들도 사실 큰 처벌은 받지 않았다. 위에서 말한 김해 여고생 살인사건은 여중생이 단기 6년의 실형을 선고받았지만 이러한 판결이 결코 흔한 사례는 아니다. 소년사건은 소년법에 의해 보호사건으로 다뤄지고, 성인과 같이 형사사건으로 다루어지는 경우는 흔치 않다. 우리가 알고 있는 소년원 역시 교도소가 아닌 소년법에 의한 처우일 뿐이다.

그렇다고 소년 범죄자가 소년원이 아닌 교도소에 수감되는 일이 아예 없는 것도 아니다. 소년 범죄 통계를 통해 처우와 처벌의 추세를 살펴보면, 소년교도소의 인원은 2008년 156명, 2009년 169명, 2010년 146명, 2011년 114명, 2012년 170명, 2013년 152명이었다. 2013년 기준으로 62.5%(95명)의 소년 수형자들은 3년 미만의 실형을 받았지만, 5% 이상을 차지하는 8명은 10년 이상의 장기형을 선고받았다.[6]

청소년을 엄벌하라는 이데올로기에 대하여

성인은 범죄가 발각되면 바로 형법이 적용된다. 그러나 청소년 범죄는 범죄 사실을 포함한 비행 사실이 인정되는 경우에도 곧바로 형사처벌로 이어지지는 않는다. 대개 소년보호사건과 소년형사사건이라는 이원적 구조로 진행되는데, 최근에는 검찰의 기소가 아닌 소년보호사건으로 처리하는 비율이 계속 높아지고 있다.[7]

12세기 이후 영미법은 소년 범죄자를 성인과 분리하여 다루고 있지만, 분리하여 재판하는 소년법원의 역사는 그리 오래되지 않았다. 20세기 법률 개정은 국가친권사상 철학(parens patriae, 법의 도덕적 의무는 국가가 스스로 보호할 능력이 없는 시민을 보호하는 데 있다는 것)에 기반을 두고 형벌의 역할 변화를 낳았다. 당시 사회개혁가들은 인간의 행동이 갱생 가능하다는 인본주의적이고 실증주의적 믿음을 강조한 진보적 이상에 영향을 받았다. 또한 형사법의 처벌적 반응보다는 치료·감독·통제를 강조했다.[8] 사회개혁가들은 형사사법 시스템의 절차 속에서 청소년 범죄자에 대해 판결을 내리고 벌하는 것의 어려움을 인지하고, 청소년에게 개별화된 치료(treatment)를 제공하는 분리된 법적 토대를 제안했다. 즉 갱생이 주요 목적이고 처벌은 부차적이라는 뜻이다.

이러한 목적을 갖고 탄생한 소년법원은 소년을 범죄자라기보다는 일반 시민으로 본다. 그 때문에 비난의 정도가 훨씬 덜할 뿐만 아니라[9] 나아가 처벌의 방향도 소년이 앞으로의 범죄를 피하기 위해 필요한 것을 결정하는 방향으로 제안될 수밖에 없다. 그러므로 청소년의 가족 문제, 사회적·개인적 문제를 해결하는 방식을 취하게 되고, 청소년이 건강하고 건실한 법을 지키는 성인으로 준비할 수 있도록 도와주는 방식으로 운영된다.[10]

소년법원 자체가 필요 없다고 주장하는 이들도 있다. 성인 범죄자도 관대하게 처벌받는 판국이고 더욱이 아이들은 처벌조차 받지 않는다면서 소년법 자체를 반대한다. 실제 범죄를 저지르는 아이들은 끼리끼리 정보를 공유하고, 너무나 영악하여 본인이 처벌받지 않을 것을 안다는 것이다.

청소년 범죄자를 엄벌해야 한다고 주장하는 이들은 청소년이 형벌의 무서움을 알아야 재범을 저지르지 않는다고 생각한다. 이 주장의 시비를 가리기 위해서는 엄벌이 재범을 억제하는지 아닌지 알아보면 된다.

그럼 먼저 엄벌과 재범의 관계를 살펴보자. 미국에서는 1980년대와 1990년대에 청소년 범죄가 미디어를 통해 크게 보도되면서 온정주의적이었던 소년 범죄에 대한 시각이 엄벌주의로 바뀌었다. 소년법상 형벌을 늘리는 데 한계가 있기 때문에 소년사건을 소년법원이 아닌 성인 형사법원에서 재판하도록 했다. 즉 소년 범죄를 성인과 동일하게 취급하여 처벌한 것이다.

이와 관련하여 주목할 법은 형사이송제도(juvenile transfer 혹은 waiver, certification)라고 불리는 소년 범죄자 처벌에 대한 개정이다.[11] 이 개정의 주된 내용은 형사법원으로 이송되거나 형사처벌을 받을 수 있는 청소년의 범죄행위와 소년 범죄자 기준을 확대하는 것이다. 조금 더 구체적으로 살펴보자면, 첫째로 형사법원으로 이송할 수 있는 청소년의 최소 연령을 더욱 하향 조정했고, 둘째로 형사이송 자격이 되는 범죄 유형의 수를 늘렸다. 셋째로 검사의 기소 재량권과 판사의 추정적 재량권, 그리고 기준 연령과 정해진 범죄 유형 기준에 따라 자동적으로 형사법원으로 이송하게 하는 내용도 확대되었다.[12] 예를 들어 1979년에는 14개의 주가 형사자동이송법령을 시행하고 있었고, 1995년에는 21개의 주로 증가했으며 2003년에는 31개의 주가 자동이송제도를 채택했다.[13] 더욱이 소년법원에서 다루는 연령의 최대 연령 한계점을 15세 혹은 16세로 낮춘 주의 수도 증가했다. 다행히 2004년 이후 많은 주들이 그 연령의 한계점을 다시 올리고 형사자동이송의 범위를 축소하는 방향으로 갈등이 해소되었다.[14]

이러한 법률의 개편으로 인하여, 많은 소년들이 성인 형사법원에서 중범죄자(felonies)가 되었고, 이에 따라 형사이송된 미국의 소년 범죄자들은 소년교도소에 수감되는 한국과 달리 성인교도소에 함께 수감되어 동일한 처우를 받게 되었다. 그리고 이러한 현상은 1990년대 중반에 최고조에 이르렀다. 그리고 자동적으로 형사법원으로 이송된 강력 소년 범죄자들은 동일한 범죄를 저지른 소년법정에서 재판받는 소년범에 비하여 더욱 엄중한 형을 선고받았다.

엄벌을 받은 청소년은 다시는 범죄를 안 저질렀을까?

앞서 소개한 미국의 소년 범죄자 형사이송제도는 입법 취지에 맞게 재범 억제효과를 발휘했을까? 청소년 범죄에 대한 형사이송을 허용한 법들이 궁극적으로 추구했던 목표는 넓게는 일반인이건 범죄를 저질렀던 청소년이건 간에, 범죄가 줄거나 발생하지 않는 것이다.

　이러한 소년범의 형사이송제도가 목표했던 효과를 거두었다고 판단하기 위해서는 두 가지 상황이 충족되어야 한다. 첫째, 궁극적으로 처벌이 엄격해져야 한다. 둘째, 재범이 억제되어야 한다. 미국에서 진행된 형사이송에 관한 경험적 연구들은 형사이송된 청소년들이 더 엄격하게 처벌받고 있음을 확인해주고 있다. 형사이송된 청소년은 소년법원의 다른 청소년과 비교하여 엄격한 처벌을 받은 것은 물론이고, 유사한 범죄를 저지른 성인 범죄자와도 동등하거나 더욱 엄격한 처벌을 받는 경향이 보고되었다. 즉, 소년법원과 비교하여 형사이송이 형벌의 엄격성 측면에서는 기대효과를 보았다.[15]

　그러나 엄벌을 위해 형사이송된 사건이라 여겨질지라도 이것이 범행 비례적으로 부과된 적절한 형벌인지, 그리고 그러한 처벌이 기대하는 범죄(재범) 억제효과로 연결되었는지를 반드시 평가해봐야 한다.

　결론부터 말하자면 안타깝게도 과거 소년법원과 형사법원에서 재판받은 이들의 재범율 연구부터 최근의 성향점수매칭 분석(propensity score matching analysis)을 통한 연구[16]까지, 형사법원을 거쳐 엄격한 처벌을 받은 소년범들의 재범률은 오히려 높았음을 보고했다. 한마디로 엄벌을 이용한 재범 억제 제도는 실패했다.

미국에서 소년이송제도를 가장 적극적으로 활용했던 주 중의 하나인 플로리다 주의 경험을 살펴보자. 플로리다대학 연구팀은 이송된 소년 범죄자들이 이전에 범한 범죄 유형에 따라 재범률이 다르다고 보고했다. 마약·강도 등의 범죄를 저지른 소년범들은 형사이송된 경우 재범률도 높고 차후 재범까지 걸리는 시간도 매우 짧게 단축되었다.[17] 다만 재산범들의 경우는 기존의 연구결과와 달리 형사법원으로 이송된 소년들이 오히려 낮은 재범률을 보였다.[18]

엄벌로 인한 재범 억제가 어렵다면, 다른 방법은 무엇이 있을까? 형벌을 통해 범죄를 억제하려면, 기본적으로 형벌이 세 가지 요건을 충족해야 한다. 죄에 맞는 엄격성도 가져야 하고, 죄의 경중을 떠나 잘 붙잡혀야 하고(확실성), 처벌이 주어지는 시간이 빨라야 한다(신속성). 세 가지 요건 중 범죄자로 하여금 재범을 단념하게 하는 것은 무엇일까? 그건 바로 엄격성이 아니라 확실성이다. 붙잡히는 것 자체가 큰 의미가 있는 것이다. 그렇다고 해서 엄격성이 중요하지 않다고 말하는 것이 아니다. 다만 청소년에 대한 형벌이 지나치게 가혹할 필요는 없다는 것이다.

엄벌에 처해진 청소년들은 왜 다시 범죄에 빠져드는가?

범죄학자들은 엄격성을 추구하는 형사이송제도가 소년 범죄자들로

하여금 개별화된 갱생프로그램을 받을 기회를 박탈하기 때문에, 결국 갱생교육을 받지 못한 소년범들의 높은 재범은 매우 당연한 결과이며 범죄감소 효과는 기대할 수 없다고 본다.[19] 실제로 미국의 경우 소년 법원에 의한 처분 결과는 상담과 교육을 통해 위법 행위에 대한 인지 능력을 향상시키고 소년들의 재사회화를 위한 준비 과정을 돕는다고 본다. 반면에 성인과 동일하게 취급되는 청소년들은 이러한 기회를 박탈당한다. 교도소 내에서 갖게 되는 추가적인 학습 기회도 문제다.

그러나 더욱 우려되는 것은 교도소에서의 또 다른 피해다.[20] 이들은 사회에 있을 때보다 성인들에게 5배가량 높은 빈도의 성적 괴롭힘을 받았고, 성인 교도관들에게 신체적 구타를 당하는 빈도도 높았다. 다른 교정시설의 청소년과 비교했을 때 자살률은 8배가량 높았다.[21]

소년 형사이송의 문제점은 높은 재범률과 단기간의 재범기간만이 아니다. 유사하거나 동일한 범죄를 저지른 소년범들이 소년법원에서 재판받는 것에 비해 불공정한 대우를 받는 것도 간과해서는 안 되는 사안이다. 법원이나 검사의 재량권에 맡겨진 형사이송의 형태가 보편적이기 때문에 일반 성인을 대상으로 한 형사사법 시스템에서 발생하는 불균형성의 문제가 소년 형사이송에서도 똑같이 반복된다.

형사법원으로 이송되어 재판받은 청소년들은 10대 후반의 흑인 청소년에 편중되었고, 형사이송되는 소년들의 인종적 차이를 살펴보면 흑인과 백인은 1994년에 약 1.5배의 차이를 보였다.[22] 또한 이송된 청소년들은 재판과정상 구금 결정 비율도 높고 구금 기간도 길었다. 그러한 와중에 가난하거나 가정이 제대로 기능을 하지 못하는 소년범들은 더욱 불공정한 처우를 받는 경우가 빈번했다. 이는 보석이나 벌금에서도 마찬가지였다. 마지막으로 형사이송된 소년범이 받는 처벌의 수준은 29세의 다른 성인 범죄자들보다 엄격하기도 했다.[23]

전관예우나 유전무죄 무전유죄 같은 말들은 어제오늘의 일이 아니다. 청소년 범죄자들 사이에도 계층에 따라 처벌받는 이와 그렇지 않은 이가 나뉘는 경우가 있다. 우리의 형사사법체계가 공정하지 않다면, 특정 집단에게만 가혹한 시스템이 과연 옳은가에 대한 의문을 가져봐야 한다.

청소년은 처벌하지 말아야 하는가?

답은 간단하지 않다. 이에 대한 답을 이야기하기 위해 범죄학에서 생애주기이론(Life Course Theory)을 빌려오면 좋을 듯하다. 생애주기이론이란 많은 범죄자는 일생의 중요한 사건에 의해 범죄가 억제된다는 이론이다. 범죄자들의 삶의 궤적을 살펴보면 결혼, 학업, 군대 입대, 취업 등 사회와의 유기적 작용이 재범을 억제한다는 것이다. 물론 모든 범죄자가 그러한 것은 아니다. 여전히 끊임없이 범죄를 저지르고 전과 기록을 높여가는 범죄자도 있다.

청소년 범죄자도 마찬가지다. 대다수의 청소년은 나이가 들면서 범죄를 저지르지 않는다. 어른들의 눈에는 이들이 저지른 범죄가 믿기지 않을 정도로 심각하게 보이지만 이 시기의 범죄성향은 대부분 일시적인 현상이다. 말썽을 피운다고 학교를 다닐 기회를 박탈하거나 교도소로 보내버린다면, 이들이 온전한 성인으로서의 역할을 할 수 있을 리 만무하다. 기회를 박탈당한 아이들은 성인이 되면 더 큰 괴물이 되어 있을 것이다.

반면에 모든 청소년을 성인과 같이 엄격하게 처벌할 수는 없지만 엄격한 처벌 혹은 엄격한 관리감독이 필요한 청소년 집단도 있다. 테리 모핏(Terrie Moffit)의 발전범죄학(Developmental Theory of Crime)에 따르면 청소년 범죄에는 이중경로(dual pathway)가 있다고 한다. 대부분의 경로에 속하는 10대 범죄자는 친구의 영향을 받은 일시적인 범죄자지만, 어린 나이에 강력범죄를 저지르는 특별한 경로에 서 있는 아이들에게는 더욱 특별한 관심을 기울여야 한다. 언어능력이 부족하거나 과잉활동성향이 강하고 충동성이 강한 청소년 범죄자는 친구의 영향에 의한 범행이었다고 보기도 어렵다. 어린아이가 보이는 잔인한 동물학대를 부모와 사회가 간과할 경우 폭력성과 비행성, 그 잔인한 행동이 사람에게 행해지기까지는 그리 오랜 시간이 걸리지 않을 것이다. 무관심 속에 생애지속 범죄자는 그 뿌리를 계속 깊게 내린다. 적절한 사회적 훈육은 필요하지만 과할 필요는 없다. 단지 그보다 조금 더 과한 관심과 강도 있는 사회복귀 프로그램이 필요할 뿐이다.

미디어의 허상: 무서운 아이들

청소년 범죄가 증가함에 따라 범죄에 대한 두려움이 커져가는 게 사실이다. 하지만 두려움은 사실 현실과 상관없이 돌아간다는 것도 잊지 말아야 한다.

20세 미만의 범죄자는 전체 범죄자의 4% 수준이다(2014년 기준). 그러나 60세 이상의 범죄자는 8.8%다. 강력범죄 종류별로 살펴보면 더욱 그렇다. 살인의 경우 18세 이하의 청소년이 저지른 살인은 33건, 61세 이상의 범죄자는 127명이다. 18세 이하의 청소년이 저지른 방화는 156건, 61세 이상의 방화는 123건이다. "문제의 청소년과 취약한 노인"이라는 상식은 통계만 보더라도 쉽게 뒤엎을 수 있다. 그러나 우리는 통계를 보지 않는다. 미디어를 접할 뿐이다. 잘못된 정보를 전달받고 잘못된 처방을 내리는 실수를 하지 말자.

청소년의 비행과 범죄는 잘 다뤄져야 한다. 증가하고 있으니 처벌을 강하게 하는 것이 아니라, 억제될 수 있으니 잘 관리해야 한다. 엄벌을 통해 잠시 교도소에 구금될 뿐 재범에 재범을 하는 청소년과 관리를 통해 건전한 성인이 되는 청소년이 있다면, 누가 더 당신의 안전을 위협하겠는가?

마리화나를 합법화하라?

20세기 초 미국의 형사사법제도를 연구하면서 당시 발간된 〈뉴욕타임스〉 기사를 꼼꼼히 살펴볼 기회가 있었다. 마이크로필름으로 보관되어 있는 신문자료를 들여다보는 일은 꽤나 힘든 작업이었다. 1900년부터 1901년까지 2년치 〈뉴욕타임스〉를 살피다가 아주 흥미로운 사실을 발견했는데, '마약 광고'가 신문에 크게 실려 있었던 것이다.

마약은 왜 불법이 되었는가

그 마약 광고는 강한 마약의 일종인 코카인을 섞어 만든 술을 남성 정력제처럼 포장하고 있었다. 또 당시 약국에서는 치통 등을 완화하는 진통제로 코카인 성분이 들어간 드롭스를 팔았는데 그런 제품을 선전하는 '코카인 광고'가 신문에 버젓이 실렸다. 그 외에도 사탕, 껌, 캐러멜 등의 다양한 상품에 코카인 성분이 사용되었으며 영국의 빅토리아 여왕도 한때 이런 상품을 애용했다고 전해진다.

코카인은 미국의 상징처럼 여겨지는 '코카콜라(Coka-Cola)'와도 밀접한 관련이 있다. 코카콜라가 처음 등장한 것은 1880년대 말이었다. 탄광의 광부들이 코카인 성분을 함유한 음료를 마시고 쉽게 원기를 회복하는 데 착안하여, 조지아 주 애틀랜타의 존 펨버튼이라는 약사가 코카인과 카페인을 섞어 팔기 시작한 것이다. 마약 성분이 들어간 코카콜라는 통증을 쉽게 가라앉히고 기운을 북돋아주었기에 마치 만병통치약인 양 팔려나갔다. 실제로 코카콜라라는 이름은 코카인의 원료인 '코카' 잎과 카페인, 콜라닌의 원료인 '콜라' 열매에서 따온 것이다. 코카콜라는 코카인 성분에 관한 논란이 일면서 코카인 성분을 제외하고 제조하게 되었다.

이처럼 불과 100년 전만 해도 미국에서 마약은 범죄가 아니었다. 캘리포니아 주 샌프란시스코를 비롯한 일부 지역에서 19세기 말부터 마약 사용을 금지하기도 했지만, 미국 전역에서 마약을 금지한 최초의 연방규정인 '해리슨 마약 법안'이 제정된 것은 1914년이었다. 또한 마약 단속이 본격적으로 강화되기 시작한 것은 금주법이 폐지된 1930년대 중반부터라고 할 수 있다.

1920년 1월 1일을 기하여 발효된 금주법은 제정 과정에서 헌법이 수정되는 일까지 거쳤지만, 애초부터 지켜지기 어려운 법이었다. 그 바람에 오히려 밀조와 밀매가 크게 늘었고 마피아 같은 조직폭력이 전성기를 맞이하는 결과만 초래했다. 이에 따라 시카고와 뉴욕 등지의 대도시에서 활개 치는 조직폭력배들을 단속하기 위해 FBI 같은 연방수사기관이 대폭 확충되기도 했다.

1933년에 금주법이 폐지되자 이미 덩치가 커질 대로 커진 수사기관들은 새로운 대상을 찾아야만 했다. 이때 눈에 띄었던 것이 바로 마약이었다. 마약이야말로 수사기관들의 입맛에 딱 맞는 대상이 아닐 수 없었다. 1937년에 대마(마리화나) 금지법이 공포된 것도 물론 대마 산업의 발전에 위협을 느낀 섬유업계와 제지업계의 강력한 로비 탓이라고 할 수 있지만, 연방수사기관의 새로운 업무 필요성과도 무관하지 않다는 지적이 많다.

　　이후 제2차 세계대전의 발발로 소강기에 들어갔던 마약 문제는 1960년대의 이른바 '히피 문화'와 함께 심각한 사회문제로 대두하기 시작했다. 수천만 명의 목숨을 앗아간 제2차 세계대전의 악몽이 끝나자마자 세계는 이념대립에 따른 냉전시대로 접어들었고, 미국과 소련의 핵무기 경쟁은 전 세계에 핵전쟁의 공포를 드리웠다. 이런 상황에서 히피 문화로 대표되는 염세적인 문화의 탄생은 당연한 것이었다. 모든 것을 잊게 해주는 마약은 곧 히피 문화의 상징이 되었고, 너도 나도 마약 복용을 거리낌 없이 받아들였다. 이처럼 확산된 마약 문화는 범죄를 증가시킴과 동시에 각종 사회문제를 일으켰는데, 이에 미국 정부는 1973년에 마약수사국(DEA)을 발족시켜 정면대응에 나서기 시작했다.

　　미국은 마약과의 전쟁을 선포하고 마약을 강력히 규제했는데, 특히 로널드 레이건 대통령과 조지 부시 대통령 시절에 극에 달했다고 한다. 하지만 마약과의 전쟁은 몇 가지 이유로 '가장 실패한 정책'이라는 평가를 받는다. 그 이유는 먼저 마약 사범을 수감하기 시작하자 감옥 수감자 수가 폭증했고, 노동자 수가 감소했으며, 재활의 기회가 사라져 경제적 독립은커녕 전과자가 되어 다시 마약에 손을 대는 악순환이 이어졌기 때문이다. 이에 더해 흑인들과 히스패닉들이 대체로 백인보다 더 강력한 처벌을 받았으며, 흑인이 자주 하는 마약에 무거운 형량을 부가하여 마약 단속 문제는 인종차별 문제로까지 번지고 말았다. 이처럼 마약은 오늘날까지도 미국의 가장 암적인 사회문제로 인식되고 있다.

한국도 마약의 청정지역은 아니다

우리나라의 경우에는 마약 문제가 아직 심각한 수준에 이르지 않았지만, 일부 연예인과 부유층에 국한되었던 사용자층이 일반 회사원과 주부 등으로 점차 보편화되는 문제점이 나타나고 있다. 특히 마약범죄에는 적발과 단속이 어려운 암수성(暗數性)이 있다. 여기서 암수성이란 피해자가 신고하지 않는 등의 이유로 범죄가 겉으로 드러나지 않아 공식 범죄통계에 기록되지 않는 것을 말한다. 성범죄와 마약범죄 등이 대표적인 경우다. 이 때문에 어찌 보면 공식적인 통계에 잡히는 마약범죄는 빙산의 일각이라고도 할 수 있다.

특히 주목해야 할 것은 과거에 주로 마약 수출의 경유지였던 우리나라가 이제 주요 소비지로 변모하고 있다는 점이다. 과거에는 골든트라이앵글(golden triangle)―태국과 라오스, 미얀마의 국경이 접해 있는 세계 최대의 헤로인 생산지대―에서 생산되는 헤로인을 미국이나 일본으로 직접 보내면 적발될 위험성이 높기 때문에 우리나라를 경유했다. 하지만 이제는 그 헤로인을 우리나라에서 직접 소비하는

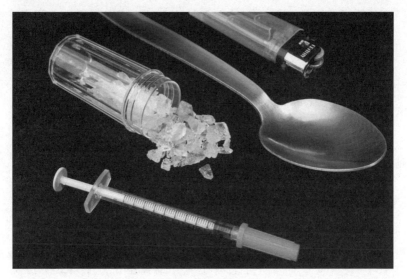

메스암페타민과 투약용 주사기.

경우가 늘고 있다. 그리고 무엇보다도 필로폰의 주요 소비지인 일본의 판로가 막힌 점이 크게 작용하고 있다. 그러니 우리나라도 더 이상마약 문제의 청정지역은 아닌 셈이다.

우리나라에서 사용되는 하드 드럭(hard drug, 강성 마약)은 주로 필로폰이다. 물론 최근에는 서구에서 애용되는 코카인이나 헤로인 등의사용이 늘고 있고, 또 엑스터시 같은 신종 마약류의 소비도 급증하고있지만, 아직까지는 필로폰 사용이 가장 심각한 문제로 인식된다.

필로폰은 식물 잎에서 추출한 헤로인이나 코카인 같은 천연마약이 아니라, 염산에페드린 같은 화학물질로 만드는 향정신성의약품이다. 우리는 흔히 헤로인이나 코카인, 필로폰, 대마초 등을 모두 마약이라고 부르지만, 정확하게는 '마약류'라는 용어를 사용해야 한다. 즉

좁은 의미의 '마약'은 아편·헤로인·코카인 등의 천연마약과 합성마약만을 가리키고, '마약류'라고 하면 필로폰·엑스터시·LSD 등의 향정신성의약품과 아편·헤로인·코카인 등의 마약, 그리고 대마초·해시시 등의 대마를 통칭하는 것이다.

다시 필로폰으로 돌아오면, 필로폰은 메스암페타민의 상품명이다. 메스암페타민은 1888년에 일본 도쿄대학교 의학부의 나가이 나가요시(長井長義) 교수가 에페드린을 추출하는 과정에서 처음 발견했다. 이후 1941년에 대일본제약주식회사가 이를 피로회복용으로 개발하여 '필로폰(philopon)'이라는 이름으로 판매하기 시작했다. 필로폰은 그리스어의 '필로포노스(philoponos)', 즉 '일하기 좋아하다'라는 말에서 유래했는데, 피로(일본어로 '히로')를 한 방에 '뿅' 날린다는 의성어적인 의미도 지닌다고 한다. 필로폰을 복용하면 아무리 일해도 피로감을 느끼지 않았기 때문이다. 그래서 제2차 세계대전 기간에는 이를 대량생산하여 군수공장 근로자와 군인들에게 투여하기도 했다. 그러나 이후 중독자가 늘어나는 등의 후유증과 폐해가 커지자 일본 정부는 1951년부터 필로폰의 제조·판매·소지·사용을 금지했다.

마약의 합법화가 범죄를 줄일까?

미국을 비롯한 대부분의 국가들이 마약을 불법화하고 단속을 강화하다 보니 오히려 마약의 폐해를 키운다는 비판의 목소리도 적지 않다. 마약 단속의 강화로 마약 가격이 올라가고, 그리하여 마약으로 인한 음성적인 수익이 높아지고, 그러니 마피아를 비롯한 조직폭력이 개입하여 마약을 대규모로 생산·판매하고, 그에 따라 결국 마약중독자들이 양산된다는 것이다. 마약 단속에 소요되는 미국의 정부 예산은 연간 300억 달러가 넘는다. 그렇다 보니 이를 빈곤층 감소나 교육을 위해 활용한다면 마약 수요를 훨씬 줄일 수 있을 것이라는 지적도 설득력을 얻고 있다.

아울러 중독성이 강하지 않은 대마초의 합법화 및 비범죄화를 주장하는 목소리도 나온다. 네덜란드는 이미 오래전에 대마초를 합법화했다. 미국도 오리건 주를 비롯해 콜로라도, 워싱턴 주 등 몇몇 주에서 이미 대마초를 합법화했다. 캐나다는 G7 가운데 최초로 정부 차원에서 대마초 합법화를 검토 중이다. 대마초 같은 연성 마약(soft drug)을 허용하면 헤로인이나 코카인처럼 중독성이 강한 마약을 찾지 않도록 할 수 있다는 취지였다. 더욱이 대마초는 중독성이나 의존성이 술이나 담배보다도 약하다는 연구결과들이 나오면서, 이 같은 주장이 더 강한 설득력을 지니게 되었다. 미 국립약물중독연구소가 니코틴·헤로인·코카인·알코올·카페인·대마초의 의존성과 금단성 등을 조사한 결과에 따르면, 니코틴의 의존성이 가장 높았고, 대마초의 의존성과 금단성, 내성 등은 알코올이나 카페인보다도 낮은 것으로 나타났다.

그러나 이에 반대하는 주장도 있다. 대마초처럼 중독성이 약한 마약을 허용하면 이후 관문을 통과하는 효과를 불러일으켜 결국 필로폰이나 코카인처럼 중독성이 강한 마약의 사용으로 이어진다는, 이른바 '관문이론'을 펴는 이들이다. 마약을 금지하는 대부분의 국가들은 관문이론을 신뢰하여 마약의 제조와 판매, 사용을 강력하게 단속하고 있다.

불과 얼마 전까지만 해도 담배 흡연은 어디서나 볼 수 있는 자연스러운 광경이었다. 영화나 드라마에서도 흡연 장면이 아무렇지 않게 방영되었으며 식당이나 대합실, 사무실을 비롯한 그 어느 곳에서도 흡연이 아무런 제재 없이 이루어졌다. 그러나 최근 몇 년 사이에 간접흡연의 해악이 강조되면서 다른 사람들이 있는 장소에서는 금연이 당연시되고 있으며 흡연자들은 마치 죄지은 사람처럼 건물 밖으로 나와 구석진 곳에 웅크린 채 담배 연기를 들이마시고 있다. 일부에서는 아예 담배 흡연 자체를 법으로 금지해야 한다는 주장까지 내놓고 있다.

이렇듯 담배마저 점차 설 자리를 잃어가는 마당이다. 일부에서 주장하는 것처럼 제아무리 나름의 논리와 과학적인 증거를 갖춰도 우리나라에서의 마약 비범죄화나 합법화 요구는 가까운 시일 내에 실현되기는 힘들어 보인다.

여성 범죄자들의 실체

여성 범죄자는 어떤 모습일까? 영화 〈친절한 금자씨〉처럼 우아하면서 싸늘한 여자일까? 영화 〈하모니〉처럼 모성과 사랑이 넘치는 수형자들의 모습일까? 혹은 영화 〈더블 크라임(Double Jeopardy)〉처럼 복수심에 찬 애슐리 쥬드의 모습일까? 여성 범죄자에 대한 우리의 편견은 어떠하고, 실제 모습은 상상과 얼마나 다를까?

'여성 범죄자', 어떤 모습이 떠오르나?

여성 범죄자는 모습이 잘 드러나지 않는다. 그 이유는 첫 번째로 남성과 비교해 수가 매우 적기 때문이며, 두 번째로 진실이 매우 왜곡되어 있기 때문이다. 미디어에 등장하는 여자 범죄자는 간통을 저질렀거나 꽃뱀이거나, 도박판을 벌이다 잡히는 모습이 많다. 그렇다면 여성 범죄자의 실체는 어떤 모습일까?

2015년 여성 범죄자는 모두 33만 6,748명이었다. 여성 10만 명당 1,330명이 범죄를 저지른 셈이다. 여성 100명당 1.3명이라고 치면 더 와 닿을 것이다. 가장 많은 범죄 종류는 재산 범죄로 모두 8만 2,249명이 적발되었다. 구체적인 죄명으로 따지면 사기가 4만 9,147명으로 가장 많았다.

2015년 한 해 동안 발생한 모든 범죄 가운데 여성 범죄자 비율은 18.2%인 것으로 나타났다. 지난 10년 동안 여성 범죄자 비중은 15~16% 수준이었으나 2015년에는 교통 범죄가 크게 증가했으며 예년에 비해 2~3%p가량 증가한 이유는 이 때문으로 보인다.

교통 범죄를 제외한 다른 항목에서는 10년 전에 비해 여성 범죄가 오히려 감소한 것으로 집계됐다. 주요 범죄군 중 재산 범죄는 3%p, 폭력·살인 등의 강력범죄는 0.7%p 감소했다.[24]

교도소에 복역하고 있는 수형자 중 여성의 비율은 5%다. 이 비율역시 과거로부터 크게 변화하고 있는 수치는 아니다.

여성 범죄자의 대중적 이미지는 도박이나 간통과 연관되어 있지만 사실 도박은 4,604명이었고, 대법원의 위헌 결정으로 법적 효력을 상실한 간통은 2013년 당시 1,600여 명에 불과했다. 종합해보자면 꽃뱀과 도박꾼으로 상징되는 여성 범죄자의 모습은 분명 편견에 불과하다는 것이다.

그럼 한번 대략적인 모습을 다시 잡아보자. 앞서 말했듯 사기죄를 저지른 여성은 4만 9,147명, 폭행죄 3만 1,288명, 그리고 절도죄가 1만 9,949명이었다. 여전히 이들은 간통 범죄를 저지르는 여성의 10배가 넘는 수치다.

여성 범죄자, 이들은 평범한 중년 어머니의 모습이다. 나이는 40대와 50대에 집중되어 있고, 40대와 50대만으로도 전체 여성 범죄자의 50%를 차지한다. 고등학교 졸업의 학력 수준을 가지고 있으며, 기혼자가 대부분이다. 참고로 대학 졸업 이상도 15%를 상회한다. 또한 80%가 기혼 상태이니 5명 중 4명은 기혼자인 셈이다.

즉, 이제 "여자가 범죄를 저질렀다"라는 뉴스를 접하게 되면, 간통, 도박이 아닌 사기죄를, 40대~50대의 중년 여성을, 고등학교 수준 학력의 기혼여성을 그릴 수 있을 것이다.

여자니까 온정을? vs 여자가 감히 범죄를?

사실 35만 명 중 60%가량은 불기소되었다. 남성 범죄자를 포함한 전체 범죄자의 기소유예율이 17.7%인 것과 비교하면 엄청난 불기소 비율이다.[25] 그렇다면 여성의 기소유예가 남성보다 현저히 적은 이유는 무엇일까?

여성 범죄자의 낮은 기소유예 비율을 두고 '여성이어서 선처를 받았다'는 시각이 존재하는 게 사실이다. 이 질문에 적절한 답을 찾기 위해서는 몇 가지 질문을 추가적으로 던져봐야 한다. 여성은 왜 배려를 받았을까? 모든 범죄에서 공통적으로 나타나는 현상일까? 진짜로 배려받는다면 이는 우리나라에서만 발생하는 현상일까?

앞으로 설명되는 상황에서 모두 동일한 범죄가 저질러졌다고 가정해보자.

① 20대 남성과 여성.

2부 범죄 앞에서 고정관념은 왜 위험한가

② 20대 남성과 여성. 여성은 아이의 엄마다.

③ 20대 남성과 여성. 여성은 성매매 종사자다.

④ 30대 2명의 여성. 재벌 가정의 딸과 극빈층 가정의 딸.

⑤ 40대 2명의 여성. 남편이 사회적으로 성공한 여성과 미혼 여성.

유감스럽게도 다섯 개의 사례는 다섯 개의 서로 다른 판결을 만들어낼 것이다. 그리고 그 차이에서 오히려 역차별의 억울함을 호소하는 이들도 있을지 모른다. 그렇다면 이 모든 상황에서 여성은 항상 관대한 판결을 받게 될까? 비교집단에서 남성이 사라지고 같은 여성끼리 비교하면 어떻게 될까? 이러한 범죄처리과정에서 발생하는 차별을 설명하는 가설은 네 가지가 있다.

범죄처리과정의 네 가지 차별

① 동등처우 가설(equal treatment hypothesis): 사법처리과정에서 성차별은 존재하지 않는다.

② 기사도주의 가설(chivalry hypothesis): 남성과 비교했을 때 여성은 사실상 더 관대하게 다루어지고 처우된다.

③ 온정주의 가설(paternalism hypothesis): 기사도와 유사하게 여성이 더욱 관대한 처우를 받는다는 것을 주장하나 온정주의는 힘없고 의존적인 사람을 돌봐주는 행위기에 보호가 필요한 사람에게 행해진다.

④ 악녀 가설(evil woman hypothesis): 남성보다 여성이 더욱 가혹하게 취급받는다. 악녀 가설의 근거는 여성 범죄자는 법률을

위반한 것뿐만 아니라 사회에서 기대하는 여성으로서의 성역할까지도 위반했기에 그 죗값이 더 무겁게 평가된다는 것에 있다. 남성중심적이고 가부장적 사고가 강한 사회에 적용 가능한 가설이다.

미성년인 소년과 소녀가 경범죄를 저지르다가 경찰에게 적발되었다고 가정하자. 이때 소녀는 귀가 조치하고 소년은 소년법원으로 회부시킨다면 이는 기사도 혹은 온정주의의 관점에서 해석이 될 것이다. 하지만 전과 없는 소년이 집으로 훈방 조치되는 반면 소녀가 괘씸죄로 소년법원으로 회부된다면 이는 악녀 가설이 적용된 결과일 것이다.

사실 범죄학자는 물론이고 일반 시민도 기사도주의 혹은 온정주의 가설을 가장 일반적인 법집행방식이라고 여기는 경향이 있다. 또한 이 때문에 동일한 범죄를 저질러도 여성이기 때문에 실질 형량이 감소될 것이라 여긴다. 혹은 여성은 여성이라서 구속률과 기소율이 남성보다 낮을 것이라고 생각하는 것이다. 앞에서 말했듯이 여성 범죄자 통계에서 일반적인 기소율과 비교하면 여성의 불기소율이 월등히 높은 게 사실이다. 그러나 이는 단순히 성별에 따른 기소율의 통계치만으로 해석해서는 안 되며, 범죄군에 따라 비교해야 정확히 알 수 있다. 단적으로 말해 여성의 기소율이 낮은 이유는 여성이 남성에 비해 강력범죄를 저지는 비율이 월등히 낮기 때문이다.

기사도주의라는 용어는 중세유럽에서 출현했다. 이는 봉건영주와 신성한 주권, 그리고 여성에 대한 십자군적 복종을 묘사한 용어다.

기사는 마왕과 악마로부터 연약한 여성을 보호하겠다고 맹세하고 여성 중에서도 귀부인은 기사도의 봉사를 받는 특권층이 된다. 그러나 봉건시대가 끝난 뒤에도 세상에는 여성에 대한 수많은 기사도주의적 봉사가 여전히 존재하고 있다.[26] 그리고 형사사법 절차에도 그 흔적이 남아있는 것처럼 보인다. 그러나 기사도주의가 적용되는 대상은 모든 '여성'이 아님을 인지해야 한다. 그 대상은 특권층에 속한 여성이다. 중산층 이하의 여성에 대해 관대한 처우가 내려진다면 이는 기사도주의가 아니다.

중산층 이하의 여성, 가난하고, 보호하고 싶은 여성에게 관대한 모습을 보여줄 경우 우리는 이를 온정주의라 부른다. 기사도주의는 받들어 모시고 존중을 표하는 것이지만, 온정주의는 측은지심의 표현이다. 힘없고 유약한 사람에 대한 안쓰러운 마음으로 돌보아주는 것이다. 남성을 기준으로 한다면 기사도주의와 온정주의가 모두 약자를 포함하고 보호가 필요한 집단을 배려하는 것이지만, 이 보호 집단이 속한 계층은 매우 다르다. 그리고 이 관점 그대로 형사사법 시스템에 들어와 의사결정에 영향을 미치는 경우는 사실 쉽게 발견된다.

왜 여성은 남성보다 관대한 처분을 받는가?

미국 펜실베이니아에서 진행된 법원의 의사결정과정을 보면 전반적으로 기사도주의가 드러났다.[27] 여성일 경우에 동일 범죄를 저지른 남성에 비해 조금 더 관대한 처벌을 받았는데 가장 엄격한 처벌을 받은 집단은 '젊은, 흑인, 남성(Young, Black Male, YBM)'이었다. 그러나 여성 집단 내에서도 처벌의 관대함은 차이를 발견할 수 있었다. 같은 여성일지라도 교육 수준이 낮은 여성일수록 더 긴 장기형을 선고받았고 유색인종, 빈곤 여성, 어린 여성, 이민 여성, 그리고 성적소수자(레즈비언)들은 다른 여성에 비해 엄격한 처벌을 받는 것으로 나타났다.

그러나 범죄유형을 통제했을 경우 조금 상이한 모습들이 나타난다. 계속해서 미국의 사례를 살펴보면 절도를 한 청소년 여성은 청소년 남성에 비해 기사도주의적으로 처벌된 반면에 지위비행을 저지른 여자 청소년은 오히려 악녀로 간주되어 더 엄격하게 처벌받았다. 여기서 지위비행이란 특정 연령이나 집단에게만 금지된 행동을 거스르는 비행으로서 주로 미성년자들에게 규정되는 금주, 금연 등의 제약을 어기는 비행행위를 뜻한다.

예를 들어 뉴욕에서 발생한 매춘사건에서는 같은 여성이더라도 매춘에 연루된 백인 여성이 흑인 여성이나 라틴계 여성에 비해 관대한 처벌을 받았다. 마약 범죄에서는 라틴계 여성이 백인에 비해 훨씬 더 무거운 처벌을 받았다.[28]

우리나라 절도 범죄자들의 양형 연구에 따르면 여성이 남성에 비해 눈에 띄게 관대한 처벌을 받았다.[29] 하지만 이는 기사도주의의 적용으로 판단하기는 어렵다. 전체 여성 범죄자의 6.9%에 해당하는 여성 절도범들의 경제적 수준이 낮은 편에 속했기 때문이다. 이들에 대한 관대한 처벌은 온정주의의 발현이지 기사도는 아닌 것이다.

가끔은 의사결정권자가 특정 집단의 여성에게만 형평에 어긋날 정도로 기사도주의적인 처우를 확대 적용하는 모습을 보인다(선택성 가설). 그 예를 들어보겠다.

대한항공 KE 086편 이륙지연 사건과 조현아

이른바 '땅콩회항'으로 유명한 사건이다. 사건 당시 영국 일간지 〈가디언〉은 '땅콩(미친) 분노(nuts-rage)'로 조사를 받게 된 대한항공 임원'이란 제목의 기사로 상황을 전했다. 〈월스트리트저널〉도 한국발로 조 부사장 사태를 보도하면서 "조 부사장의 행동은 한국 항공법에 따라 최대 징역 10년형에 처해질 수도 있다"고 설명했다. 이렇듯 외신까지 큰 관심을 보일 정도의 사안이었다. 자세한 사건 개요는 생략하며, 여기서는 조현아 대한항공 전 부사장과 공판 과정 및 공판 결과만 서술하겠다.

1. 대한항공 KE 086편 이륙지연 사건은 이륙을 앞둔 민항기의 항로를 되돌리고 승무원을 폭행한 심각한 사건이다. 피의자 조현아 전 부사장은 국토해양부 항공안전감독관인 김모 조사관에게 '심각한 증거 인멸'을 지시했다. 김모 조사관은 이를 실행한 혐의가 있다.

2. 검찰은 조현아 전 부사장에게 증거 인멸 혐의를 적용하지 않았다. 객실 담당 임원이 증거 인멸 사실을 보고한 것은 맞지만, 이를 보고받은 조현아 부사장에게는 죄가 없다고 판단한 것이었다.

3. 김모 조사관은 구속 결정 50시간 만에 구속되었으나 조현아 전 부사장은 변호인이 방어권을 이유로 심사일을 늦춰줄 것을 요청했다. 법원은 이를 받아들여 6일이라는 이례적인 기간을 허용했다. 일선 변호사들은 이를 두고 "사실상 특혜에 해당한다"고 비판했다.

4. 1심 판결(2015년 2월 12일)에서 조현아 전 부사장은 항공보안법 제42조 '운항 중인 항공기의 항로를 변경'한 것으로 1년 징역형을 선고받았다.

5. 약 두 달 뒤의 2심 판결(2015년 4월 1일)에서 징역 1년은 1개월로 줄었고 1심에서 선고되지 않았던 집행유예 2년, 그리고 항로 변경 사항은 무죄가 인정되었다.

6. 재판부는 "항로는 적어도 지상 계류장에서의 이동은 배제하는 것으로 해석되며 계류장에서의 비교적 자유롭게 허용되는 특수성을 감안하면 이 사건의 지상 이동을 항로 변경으로 보는 것은 죄형법정주의 원칙에 어긋난다"고 판시했다. 또한 "피고인은 2살 쌍둥이 자녀의 엄

마이고 범죄 전력이 없는 초범이며 대한항공 부사장 지위에서도 물러났다. (중략) 새로운 삶을 살아갈 한 차례의 기회를 더 주는 것을 외면할 정도의 범죄행위가 아니라면 이런 처지를 고려해야 한다"고 덧붙였다.

여대생 청부피살사건

2002년 3월 6일, 이화여자대학교 법과대학생이었던 하지혜 씨가 대기업 회장 부인인 윤길자 씨의 지시를 받은 살인 청부업자들에게 무참하게 살해당하는 사건이 벌어졌다. 이 사건은 잔혹성도 심각했지만 가해자인 윤 씨가 보인 '가진 자의 도덕적 해이'가 더 큰 이슈를 몰아왔다. 그 내용은 다음과 같다.

1. 윤 씨는 건강상의 이유로 형집행정지를 인정받아 하루 입원료가 200만 원이 넘는 의료시설의 VIP 입원실에서 생활했다.

2. 주치의 소견서에는 모두 12가지 질병이 기재되어 있었지만 2007년 7월부터 2012년 12월까지 10회에 걸쳐 총 2년 5개월에 달하는 형집행정지를 받았다.

3. 윤 씨는 병원 입원 중에도 수시로 외출과 외박을 다녀왔다.

4. 윤 씨의 남편이자 영남제분(현 한탑)의 회장 류원기 씨는 주치의인 연세대 세브란스병원 박병우 교수에게 허위진단서 작성을 부탁하며 1만 달러를 건넨 혐의로 징역 2년을 선고받았다. 박 교수는 징역 8개월을 선고받았다. 류 회장은 보석신청을 했고 "1심에서 유죄로 판단된 횡령과 배임에 대한 피해회복이 상당 부분 이뤄져 양형규정상 집행유예 기준을 충족한다"는 재판부의 판단에 따라 9개월 만에 풀려났다.

이러한 기사도주의의 처우는 사실 양형선고 시보다 가석방이나 형집행종료와 같은 비공식적 의사결정에서 이루어지는 경우가 많아서 세상에 잘 드러나지도 않는다. 여대생 청부피살사건은 몇몇 시사프로그램의 집요한 취재를 통해 드러났을 뿐이다. 윤 씨에 대한 형집행 정지와 의료기록의 허구성을 최초 고발한 프로그램은 MBC 〈시사매 거진2580〉이었다. 이 프로그램의 기자는 2013년 4월 '의문의 형집행 정지'라는 꼭지를 통해 윤씨의 호화 병실 생활을 고발했고, 파킨슨병 등 중병을 앓고 있어 수감 생활이 불가능하다는 의료기록의 허구성을 탄탄한 취재로 폭로했다. SBS 〈그것이 알고 싶다〉가 2013년 5월 방 송한 '사모님의 이상한 외출' 편도 큰 반향을 일으켰다.

이러한 기사도주의의 관점과 달리 여성 범죄자가 악녀 취급을 받 는 경우도 있다. 주로 아동을 유괴하거나, 아동을 성추행하거나, 아이 를 학대할 경우 해당 여성 범죄자는 악마로 취급된다. 2014년 칠곡 계 모 의붓딸 살인사건, 2014년 인천 어린이집 보육교사 아동학대사건 이 이에 해당한다. 즉, 사회적으로 부여된 여성의 역할을 저버린 범죄 가 발생했을 때 여성에게 괘씸죄가 더해져 악녀로 취급된다.

그러나 사실 모든 범죄자의 처벌 과정에 성별에 따른 불균형적 모습이 발견되는 것은 아니다. 일부 범죄들은 동등하게 처리되고 있 는 경우도 발견되는데, 비교적 가벼운 범죄(misdemeanor)의 경우 그 빈도가 더 높다.

형사사법기관, 무엇을 선고하는가?

형사사법 시스템이 여성에게 우호적으로 운영된다거나 남성에게 역 차별이라고 주장하기에는 아직 이르다. 기사도주의, 온정주의라는 말 처럼 여성에게 우호적인 모습은 사실 그 안에 교환 가치를 숨기고 있다. 그 교환 체계는 인종, 계급, 연령, 성적 지향, 품행, 적절한 성역할 충실도를 기준으로 삼고 특정 유형에게만 그 기준을 적용하거나 배제하기도 한다.

악녀 가설과 기사도주의 가설을 살펴보면 무엇이 거래되고 있는지 명확하게 알 수 있다. 남성 법집행관과 여성 범죄자 사이에는 '형법'을 가운데 둔 상호작용이 아닌, 남성과 여성 간의 교환으로 변형된 가치가 거래되는 것으로 보인다. 어머니나 아내로서 여성에게 주어진 '자연적'인 역할을 잘 이행한 여성은 비교적 관대한 처벌을 받는다. 또한 부양 자녀가 있을 때 구금형이 아닌 대안적 사회 내 처우나 보호관찰을 선고받을 가능성이 높다. 실제로 부양가족이 없는 여성은 부양가족이 있는 여성에 비해 징역형을 받을 가능성이 2.5배 높다는 연구가 있다.[30] 그러나 이는 엄밀히 따져보면 여성이 아닌 여성이 속한 가정의 피해를 최소화하려는 노력이다.

최초 여성 교도소의 기원은 '감화원'이었다. 감화원이란 여성의 행실을 교정하는 기능을 담당하는 곳이었다. 이에 비추어보면 가정과 부양가족이 있는 여성을 선처하는 일을 크게 이해 못 할 것도 아니다. 여성에 대한 관대한 처벌은 여성이 있어야 할 곳은 가정이고, 이들이 사회에서 행해야 할 올바른 역할이 무엇인지에 대한 답이다. 동등처우 가설을 제외하고 악녀 가설과 기사도주의는 그곳이 바로 '집'이라고 말하고 있다. 온화한 배려를 내밀며 형사사법 체계는 여자 범죄자에게 가부장제를 선고하고 있는 것이다.

〈CSI〉와 과학적 수사에 대한 환상들

2015년 6월, 〈CSI: 라스베가스 시즌 15〉를 끝으로 종영된 미국 드라마 〈CSI〉. 이 범죄 수사 드라마는 2000년 방영 시작과 동시에 미국 사회에 엄청난 인기를 불러일으켰다. 닐슨 조사에 따르면 〈CSI〉는 방영 이후 매해 2,000만 명이 넘는 사람들을 TV 앞으로 불러 모았다. 2015년 초 시청자는 1,100만 명으로 방영 초기보다 절반가량 감소했으나, 미국을 제외한 전 세계의 시청자 수는 꾸준히 증가했다. 미국 역사상 일곱 번째 장수 프로그램이자, 세계 5대 최다 시청 프로그램에 꼽히기도 했다. 〈CSI〉의 시리즈가 거듭되면서 사람들은 범죄수사와 과학을 연결시켰고, 해결 과정은 호기심의 대상이 되었다.

과학수사에 환상을 심어준 〈CSI〉
〈CSI〉는 단순히 TV방송을 넘어 일반 시청자들의 생각은 물론 범죄자, 검사, 변호사, 판사의 생각도 바꾸어놓았다. 사실 우리 일상생활을 함께 하는 TV가 인간의 생각과 문화를 변화시킨다는 말이 그다지 놀랄 만한 일은 아니다. 커뮤니케이션 분야의 문화배양이론(Cultural Cultivation Theory) 또는 문화규범이론(Cultural Norm Theory)은 이를 조금 더 구체적으로 설명해준다. 이를테면 TV 시청을 많이 하는 사람일수록 현실 세계를 TV 속 세계로 인식하게 된다는 것이다. 이들은 세상의 모든 간접정보를 TV로부터 얻는다. 경험하지 않은 범죄에 대한 불안과 위협에 대한 공포도 TV에게서 얻는다. TV를 과다 시청하는 사람일수록 범죄에 대한 빈도도 역시 실제보다 과대평가하는 경향이 있다. 이들에게는 세상이 더욱 불안한 공간으로 인식될 것이다. 미디어가 공포심이나 폭력성뿐 아니라 사람들에게 왜곡된 심상을 갖게 하는 것이다.

이처럼 많은 사람들이 시청했던 〈CSI〉. 하지만 〈CSI〉의 영향력을 우려하는 목소리는 없을까? 예상할 수 있듯이 〈CSI〉는 단순한 TV 속 드라마가 아니었다. 배양효과로 이들은 시청자들에게 과학수사에 대한 환상과 기대를 만들어주었다. 가장 대표적인 예가 〈CSI〉에 등장하는 첨단 포렌식 장비다. 많은 이들이 과학수사가 곧 첨단장비를 이용한 수사이며 미국은 물론 우리나라도 첨단장비를 동원해 모든 증거를 수집하고 분석하리라 기대한다.

하지만 실상 작품 속에 등장하는 첨단장비들은 기업의 간접광고(PPL)다. 기업은 〈CSI〉를 통해 전 세계의 경찰청에 자사의 첨단 수사 장비를 사라고 광고하는 것이다. 물론 첨단장비를 갖추면 없는 것보다 좋겠지만 우리나라를 비롯해 미국 경찰에서 과학수사대의 예산

배정은 하위권이라는 사실을 잊지 말아야 한다. 실제로 〈CSI: 라스베가스〉의 주인공 길 그리섬을 연기한 배우 윌리엄 피터슨은 미 상원 법사위에서 미국 과학수사대가 드라마와 달리 적은 예산과 부실한 장비로 고생하고 있다는 내용의 연설을 한 바 있다.

현실을 감안하지 않은 〈CSI〉로 대표되는 과학수사에 대한 환상과 기대가 실제 범죄 사건 재판에도 영향을 미치지 않았을까? 〈CSI〉와 법정의 만남은 'CSI효과(CSI effect)'라는 용어를 만들어냈다. CSI효과란 범죄 및 과학수사 관련 드라마 시청 빈도가 높은 배심원들이 실제 재판에서 과도하게 과학 증거에 의존하는 현상을 말한다. 한 예로 미국의 지역 법정은 배심원을 심사할 때 〈CSI〉를 시청한 경험이 있는지 물을 정도다. 이처럼 CSI효과는 범죄자의 유무죄 판단에 영향을 미칠 수 있기에 실제로 일반인보다 법조인이 더욱 주시하고 있다.

국민참여재판에서의 배심원 권한

CSI효과를 이야기하기에 앞서 국민참여재판이 무엇인지 살펴봐야 한다. 왜냐하면 CSI효과는 판사와 검사와 변호사의 판단이 아닌 비전문 법조인인 국민의 판단에 의해 판결이 달라지는 것을 의미하기 때문이다. 우리나라는 국민참여재판이라는 용어를 사용하고 있지만, 다른 나라에서는 배심제 혹은 참심제라고 부른다.

배심제는 일반 국민으로 구성된 배심원이 재판에 참여하여 판사와 별개로 유무죄의 판단에 해당하는 평결을 내리고 판사는 그 평결에 따르는 제도다. 참심제는 판사와 국민인 참심원이 함께 사실문제 및 법률문제를 판단하는 제도다. 두 재판 모두 국민이 참여하는 모습은 유사하지만 판사와 별개로 독립적으로 판결을 내리는지, 아니면 함께 고민하여 판결을 내리는지에 따라 차이가 있다. 또 유무죄만 판결하는지, 양형결정(유뮤죄 결정은 물론 형량 판단)까지 함께 다루는지가 다르다. 배심제는 주로 미국과 영국에서, 참심제는 독일과 프랑스에서 시행 중이다.

우리나라가 시행하는 국민참여재판의 경우 배심제와 참심제를 혼합·수정한 제도인데, 만장일치로 평결에 이르고 판사와 양형을 토의하며 양형에도 의견을 밝힐 수 있다. 그러나 그 결과가 권고적 효력만을 가진다는 것이 특징이다. 굳이 판사가 배심원들의 선택을 따를 필요 없이 참고만 해도 된다는 뜻이다. 판사와 함께 토의하는 참심제나 국민참여재판과 달리 배심원들에 의해 유무죄가 판결되는 배심제는 배심원들의 생각이 판결에 큰 영향을 미치는 탓에 CSI효과는 미국에서 주로 연구되어왔다.

CSI효과, 누구에게 이득인가?

CSI효과는 검사의 기소는 물론 판사의 판결에도 부담감을 준다. 사건을 해결할 만한 결정적인 물적 증거가 없어서 정황적 요인들에만 의존할 경우 판사의 부담감은 더욱 커진다. 예를 들어 매우 유력한 정황적 증거가 있기 때문에 법조인들의 누적된 경험에 비추어 판단했을 때 피고인의 유죄가 거의 확실한 사건이 있다고 가정해보자. 우리나라의 경우 배심원들이 과학적 증거의 필요성을 제기하며 재판부와 다른 결정을 내린다 해도, 이는 권고 수준이기 때문에 판사는 배심원이 잘못된 판단을 내렸다고 생각하여 독자적인 판결과 양형을 선고할 수 있다.

반면에 미국과 영국의 배심원 제도에서 배심원은 유무죄를 선고할 권한이 있다. 이들의 선택에 따라 피의자에 대한 처벌이 결정된다. 전문 법조인에게는 있고, 배심원에는 없는 게 있으니 바로 '법조계 경험치'다. 다시 말해 배심원들에게는 오늘의 사건은 단지 오늘 새로이 접한 사건일 뿐이다. 배심원이 법정에서 증거를 요청할 때 검사는 물리적인 과학적 증거가 아닌 정황적 증거만을 제시하여 배심원으로부터 유죄판결을 이끌어낼 수 있을까? 그 증거가 과학적 증거가 아니라면 유죄판결을 이끌어 내는 과정은 결코 쉽지 않을 것이다.

이것이 CSI효과다. CSI효과 연구에 따르면 검사가 과학적 증거를 제시하지 못할 경우 배심원들이 유죄평결을 내릴 가능성이 낮다. 검사의 입장에서는 받아들이기 힘든 상황일 수도 있다. 실제 이러한 부당함을 비판하기도 한다. 실제로 존재하지도 않고 명확하지도 않은 소설 속 증거라고 말이다. 그러나 여전히 배심원들은 검사가 설명하는 정황보다 〈CSI〉 수준의 과학적 증거를 요구한다.

구체적 상황으로 판단해보자. 정말 확실한 심증은 있지만 증거가 없어서 살인죄가 인정되지 않는 경우가 왕왕 있다. 바로 '시신이 없는 살인사건'이다. 가장 대표적인 것이 바로 '예비신랑 김명철 씨 실종사건'이다.

예비신랑 김명철 씨 실종사건

2010년 당시 김명철 씨는 기업 연수회 이벤트 진행업체에서 일하고 있었고, 빚은 학자금대출금이 조금 남아 있는 수준이었으며, 실종된 날은 약혼한 여자친구에게 밤에 함께 축구를 보자며 문자까지 주고받은 상황이었다. 이때 여자친구의 지인이었던 이관규는 김명철 씨에게 최 실장이라는 사람과 함께 행사를 의뢰하고 싶다고 하여 자기 사무실로 유인했다. 김명철 씨는 혹시 술접대를 해야 할지 몰라 여자친구에게서 한도가 높은 신용카드를 빌렸다. 이 카드로 현금인출기에서 돈을 인출하는 CCTV 화면이 김명철 씨의 마지막 모습이었다.

경찰은 이관규와 최 실장이 김명철 씨를 살해했을 것이라고 심증을 굳혔다. 정황증거는 다음과 같다. 첫째, 이관규와 최 실장은 김명철 씨와 술을 마시고 바로 헤어졌다고 했지만 만취한 김명철 씨를 이관규와 최 실장이 업고 가는 것을 봤다는 상가 주변인의 목격 진술이 있다. 둘째, 김명철 씨가 실종된 날로부터 닷새 후 핸드폰이 사용된 흔적이 발견되었다. 장소는 이관규의 사무실 인근이었다. 셋째, 이관규의 사무실에서 나온 소파에 혈흔이 있었고 조사 결과 김명철 씨의 것이었다. 넷째, 이날 이후 이관규의 사무실에서는 한 달에 89톤이라는 비정상적인 양의 물을 쓴 흔적이 있다. 다섯째, 실종 직후 김명철 씨의 핸드폰에서 여자친구에게 결별을, 가족에게는 이관규에게 돈을 빌렸다는 문자가 발송되었다. 그러나 이 문자는 조사 결과 이관규가 쓴 것으로 드러났다.

〈CSI〉 드라마 속에서는 현장에서 발견된 증거나 법정에 제시된 증거들이 사건 해결에 늘 결정적인 역할을 하는 것으로 그려진다. 위에서 언급한 김명철 씨 실종사건에서도 혈흔은 발견되었지만 그것이 폭행이었을지 살인이었을지 알 수 없다. 이와 비슷한 사건으로 '부산 시신 없는 살인사건', '산낙지 보험 사망사건'이 있다.

〈CSI〉는 배심원에게 법정에서 제시되는 과학적 증거가 항상 사건과 어떠한 관련성을 가질 것이라고 오해하게끔 만든다. 그 때문에 검사는 배심원들이 과학적 증거를 제대로 구분하지 못하며 설사 증거를 이해한다 하더라도 언제 어떠한 증거를 활용해야 하는지에 대한 이해가 없기에 오판이 나올 가능성이 높다고 우려한다.

검사가 두려워하는 것은 자신이 제시하지 못한 과학적 증거나, 반대로 제대로 과학적 증거를 제시했음에도 배심원들이 잘못 이해해 무죄가 선고되는 것이다. 그러나 검사들만 이러한 우려를 표시하는 것은 아니다. 오판이 두려운 것은 판사도 마찬가지다. 미국 애리조나 주 마리코파 카운티의 앤드루 토머스(Andrew Thomas) 판사는 재판하기에 앞서 검사가 배심원들에게 과학적 증거를 제시할 수 없는 사건이 존재할 수 있다고 사전에 고지하는 것을 허락했다. 아울러 배심원들이 재판과 관련되지 않은 외부의 기준을 법적 근거로 삼지 못하도록 가이드라인을 제공해야 한다고 주장했다. 증거가 무엇이든 간에 객관성이 흔들릴 수 있다면 바로잡아야 하니 말이다.

그렇다면 변호사는 CSI효과에서 자유로울까? 아니다. 변호사 역시 CSI효과라는 무거운 짐을 어깨에 메고 있다. 이들은 CSI효과에 의한 잘못된 무죄판결뿐만 아니라 유죄판결도 우려한다. 검사는 과학적 증거를 찾아 제시하는 것에 큰 부담을 느끼지만, 반대로 말해 제대로 제시할 수만 있다면 변호사 측 피의자는 유죄판결을 받을 가능성이 높아질 뿐 아니라 지나치게 무거운 형량으로 이어질 수도 있다.

강간사건을 예로 들어보자. 검사가 과학적 증거를 제시하지 못할 경우 피의자의 강간 혐의는 무죄판결을 받을 가능성이 높다. 반면에 피고인의 정액, 혈액, 체모, 지문과 같은 과학적 증거가 제시되면 유죄는 말할 것도 없고 유사 사건의 평균 형량보다도 선고형이 훨씬 높아질 수 있다. 그 이유는 무엇일까? 일단 〈CSI〉를 시청하는 집단은 과학은 항상 옳고 객관적이라고 믿는 경향이 강하기 때문이다. 이들은 최종적으로는 자기 확신에 찬 평결을 내린다. 피고인을 변호해야 하는 변호사는 불리한 과학적 증거가 하나하나 제시될 때마다 재판에서 승소할 가능성이 더욱 요원해질 것이다.

범죄드라마는 유무죄 판결에 영향을 줄까?

검사나 변호사가 CSI효과에 부담을 느끼는 것도, 판사들이 법정내 CSI효과에 조심스럽게 접근하는 것도 납득 못 하는 바는 아니다. 그러나 우리는 정작 판단의 주인공인 배심원들에게 묻지 않았다. 정말 CSI가 어떠한 영향을 주었냐고 말이다. 실제로 CSI효과를 검증한 몇 가지 연구들이 미국에서 진행되었다. 그 가운데 유명한 실험 두 가지만 살펴보자.

미국 애리조나주립대학에서는 학생들을 대상으로 배심원과 CSI 드라마의 관련성 실험을 실시했다. 〈CSI〉를 비롯한 다양한 범죄드라마를 시청하는 학생들과 그렇지 않은 학생들을 골고루 섞은 후, 가상의 범죄 시나리오를 주고 유무죄 판결을 해보는 실험이었다. 이 실험은 범죄드라마 시청과 과학적 증거에 대한 신뢰의 관계, 그리고 범죄에 대한 유무죄 판결 경향을 주로 살폈다.

실험 결과, 범죄드라마를 본 학생들이 재판 과정에서 과학적 증거에 가중치를 두는 현상이 뚜렷하게 나타났다. 범죄드라마 시청 빈도가 높을수록 과학적 증거에 대한 이해도 빨랐고 정확했다. 그리고 이는 확신에 찬 평결로 이어졌다. 다만 범죄드라마 시청이 유무죄 판결에 결정적 영향을 미친다고는 할 수 없다. 범죄드라마 시청은 과학적 증거에 대한 요구와 이해도에 영향을 미치지만, 유무죄 평결을 바꿀 정도로 결정적인 요인은 아니라는 것이다. 배심원은 드라마 시청과 관심도에 상관없이 전체적인 맥락을 살핀 이후에 종합적인 결론을 내리는 경향을 보였다.

미국 미시건 주 워시트노 카운티에서도 1,027명의 배심원들에 대한 설문조사가 진행되었다. 워시트노 카운티의 연구는 범죄드라마 시청 여부, 인구학적 요인, 사고 패턴과 평결 결과를 조사했다. 그 결과 배심원이 참여한 사건이 심각할수록 과학적 증거를 강도 있게 요구하거나, 제시된 과학적 증거에 의존하는 경향이 큰 것으로 보고되었다. 또한 애리조나 실험과 마찬가지로 범죄드라마를 많이 보는 배심원일수록 과학적 증거에 의존하는 경향이 관찰되었다. 살인, 강간, 침입절도와 같은 강력사건일수록 과학적 증거에 대한 기대감이 높고, 유죄 조건으로 과학적 증거를 요구하기도 했다. 그러나 그 밖의 일반 사건에 대해서는 정황상 매우 정확한 판단을 내리는 모습이 발견되었다.

이 두 실험을 통해, 범죄드라마를 시청하는 사람들은 과학적 증거를 중요하게 생각하며 확신에 찬 평결을 내린다는 사실을 알 수 있다. 하지만 동시에 오롯이 과학적 증거에만 의존하지 않고 종합적 상황을 고려하여 정확한 판단을 내린다는 것도 알 수 있다. 즉, 범죄드라마 시청이 직접적으로 배심원들의 유무죄 평결에 영향을 미쳤다고 볼 수는 없다. 배심원들은 도대체 왜 평결에 유의미한 영향을 끼치지도 않는 과학적 증거를 요구하는 것일까? 이는 〈CSI〉 때문이 아니라, 현대 과학기술의 일상화 때문이라고 볼 수 있지 않을까?

왜 법조인들은 배심원을 불신하는가

CSI효과에 대한 관심과 연구는 법조인은 물론 일반인들에게도 분명 흥미로운 부분이다. 그러나 유쾌한 일이라고 볼 수만은 없다. 배심원을 향해 '비전문적'이라는 단어를 붙이는 법조인 집단을 만날 때면 더욱 그렇다. 이들 집단은 배심원이 인기 있는 범죄드라마에 호도당하거나, 과학적 증거의 가치나 의미도 제대로 판단하지 못하면서 과학적 증거에 집착한다고 말하기 일쑤다.

사실 CSI효과를 통해서 본 배심원의 능력에 관한 선입견은 전적으로 〈CSI〉 드라마의 등장 때문이라고 볼 수는 없다. 또한 〈CSI〉 방영 이후 최초로 제기된 것도 아니다. 〈CSI〉가 방영되기 전에도 미국 사회에서는 배심원에 대한 불신을 드러내는 용어들이 존재했다. 그 가운데 두 가지만 소개하자면, 바로 흰 가운 신드롬(white coat syndrome)과 페리 메이슨 신드롬(Perry Mason syndrome)이다.

흰 가운 신드롬이란 배심원들이 전문적인 지식이 필요한 재판에서 해당 분야의 전문가가 의견을 제시할 경우, 전문가의 의견을 비판 없이 기계적으로 수용하는 현상을 말한다. 이는 법조인들이 CSI효과라 칭하며 배심원들의 실질적인 증거 판단 능력을 의심하는 것과 다르지 않다.

그러나 1995년에 미국 듀크대학교 로스쿨 교수인 닐 비드마르

(Neil Vidmar) 박사는 "재판에서 볼 수 있는 배심원들의 책임감은 우리 혹은 법조인들의 선입견 이상이다"라고 주장했다. 비드마르 박사에 따르면 배심원들은 재판에서 전문가의 의견을 더 까다롭게 경청하고, 전문가에게 맡기기보다 스스로 판단하려 했다고 한다.

또한 비드마르 박사에 따르면 배심원은 진짜로 '흰 가운을 입은' 전문가의 조언이 필요한 의학적인 내용도 기대 이상으로 정확하게 이해하고 재판과 제대로 연관 지었다고 한다. 나아가 때로는 전문가 집단을 매우 비판적으로 평가하기도 했다. 그는 단적으로 말하건대 흰 가운 신드롬은 없었다고 주장한다. 흰 가운 신드롬은 법조인들의 기저에 깔려 있는 배심원에 대한 불신이 낳은 용어라는 것이다.

두 번째로 페리 메이슨 신드롬도 법조인이 갖는 배심원 판결에 대한 우려를 고스란히 드러내주는 용어다. 〈페리 메이슨〉은 1957년부터 1966년까지 미국에서 방송된 법률 드라마다. 유능한 메이슨 변호사가 살인사건에 연루된 의뢰인의 무고함을 밝히는 내용인데, 드라마 속에서는 늘 진범이 법정에서 새로운 고백을 하면서 사건이 매번 새롭게 전개된다. 페리 메이슨 신드롬에는 배심원이 법률 전문가가 아니기 때문에 드라마 속의 현실과 법정 내 현실을 혼동한다는 법조계의 우려가 담겨 있다.

〈페리 메이슨〉이 방영되면서 가장 속이 타 들어간 이들은 변호사 집단이었다. 〈페리 메이슨〉 속의 변호사는 새로웠다. 작품 속 법정에서 변호사들이 던지는 질문에는 참신함이 더해진 논리가 존재했고, 그 새로운 방식은 범인의 고백을 이끌어냈다. 점차 현실의 변호사들은 압박감을 느끼게 된다. 그러고는 "〈페리 메이슨〉을 보고 법정에 온

배심원들은 드라마와 실제 사건을 혼동한다. 실제 재판은 드라마와 매우 다르다. 배심원들은 브라운관 밖의 변호사가 TV에서 보던 것과 사뭇 다르다고 생각한다. 또한 변호사가 던지는 질문과 변론을 지켜보며 배심원들은 그들이 무능하다고 생각한다"고 혀를 찼다.

당시 변호사들의 눈에 비친 배심원이란, 드라마를 보며 작품 속에 등장하는 유능한 변호사에 의해 설득당하고, 현실에서도 드라마처럼 제3자의 극적인 자백을 통해 무죄가 밝혀지기를 기다리는 어리석은 사람들인 것이다. 그러나 배심원에 대한 이 같은 불신이나 편견과 달리 경험적 연구를 통해 살펴보면 흰 가운 신드롬 혹은 메이슨 신드롬은 존재하지 않는다는 것을 알 수 있다. 배심원들은 판사만큼이나 현실을 엄밀히 판단하는 능력을 보였다. 결과적으로도 판사의 판결과 크게 다르지 않다는 것이다. 오히려 〈페리 메이슨〉을 보고 머릿속으로 멋진 변호사를 상상한 쪽은 배심원이 아닌 근심 걱정이 많은 법조인 당사자가 아니었을지 의심스럽다.

〈CSI〉는 매우 흥미로운 드라마다. 일반 사람들 사이에서 범죄와 수사의 거리를 좁힌 것이 사실이다. 다양한 문화산업도 창출했고 형사사법 분야에서 괄목할 만한 CSI효과라는 용어까지 꿰찼다. 그러나 우리의 지식은 〈CSI〉에서 오지 않았다는 사실을 기억하자. 〈CSI〉가 법정 안으로 들어온 것도 아니다. 그저 과학기술이 삶의 도처에 있을 뿐이다.

범죄학자가 알려주는 진짜 프로파일링

미치광이 폭탄마와 프로파일링의 태동

1940년부터 1956년까지 16년간 무려 50여 차례나 미국 뉴욕 인근의 공중전화부스, 도서관, 극장 등에 폭탄을 설치하여 수십 명의 희생자를 낳은 일명 '매드 바머(Mad Bomber)' 사건이 미궁에 빠지자, 뉴욕 경찰은 범죄 프로파일러인 제임스 브러셀(James Brussel)에게 도움을 청했다. 이에 그동안의 수사 자료를 정밀 검토한 브러셀은 폭탄테러범의 윤곽(프로파일)을 다음과 같이 상세하게 밝혔다.

"폭탄테러범은 세심한 성격의 중년 독신 남성이고, 고졸 학력의 동유럽계 가톨릭 신자일 가능성이 높습니다. 전력회사나 그 비슷한 회사를 다녔을 테고, 만약 범인을 만나게 된다면, 단추가 두 줄로 달린(double-breasted) 양복 상의를 입고 단추를 모두 채운 모습일 겁니다."

범죄 프로파일링의 탄생

실제로 경찰이 범인을 검거하자 브러셀이 말한 것과 똑같았다. 심지어

미치광이 폭탄마 조지 메테스키.

상의 단추를 모두 채운 것까지 맞아떨어졌다. '매드 바머' 사건은 범죄 프로파일링 이야기가 나오면 흔히 인용하는 대표적인 성공 사례다.

범죄 프로파일링은 최근 들어 크게 주목받고 있지만, 역사가 그 렇게 짧은 것은 아니다. 탐정 하면 떠오르는 셜록 홈즈가 많은 사건 을 해결한 열쇠도 바로 범죄 프로파일링에 있었다. 셜록 홈즈는 나중 에 친구가 되는 왓슨 박사를 처음 대면하자마자, 그가 아프가니스탄 에서 군의관으로 복무하다가 왔다는 사실을 알아맞혔다. 손목 색깔, 안색, 동작 등의 여러 특징을 순간적으로 분석하여 그가 아프가니스 탄에서 왔다는 사실을 추리해낸 것이다.

셜록 홈즈는 많은 범죄사건을 해결할 수 있었던 추리의 비밀을 이렇게 털어놓는다.

"내 앞에 증거를 다 늘어놓으면 나는 범죄사에 관한 지식을 바탕으로 추리를 발전시킬 수 있습니다. 무릇 악행에는 강한 가족적 유사성이 있답니다. 그래서 1,000가지 범죄행위를 시시콜콜한 부분까지 꿰고 있으면, 1,001번째 범행의 비밀을 푸는 것은 식은 죽 먹기지요."[31]

앨런 핀커턴(Allen Pinkerton)은 소설 속 인물인 셜록 홈즈의 탄생에 결정적인 영향을 미친 인물이다. 실존했던 사립탐정 가운데 최고로 일컬어지는 핀커턴은 1850년에 세계 최초로 사립탐정회사를 차렸고, 이후 1884년에 사망할 때까지 우정국 4,000달러 절도사건을 비롯하여 경찰이 해결하지 못한 수많은 사건들을 해결했다. 그는 자신의 활약상을 담은 책을 18권이나 발간하기도 했다. 더욱이 경찰을 비롯한 그 어느 곳에서도 범죄자들에 관한 정보와 기록을 관리하지 않았을 때, 핀커턴은 범죄자들의 기록을 유형별로 정리하여 '범죄 프로파일링'의 전형을 세웠다. 범죄자들에 관한 각종 신상정보는 물론이고 범죄수법, 증거까지 상세히 기록한 그의 자료는 경찰 수사가 벽에 부딪힐 때마다 상당한 도움을 주었다.

범죄 프로파일링을 활용한 수사기법

범죄 프로파일링을 활용한 수사기법은 자연스럽게 FBI의 관심을 끌었고, 로버트 레슬러(Robert Ressler)와 존 더글러스(John Douglas) 같은 걸출한 범죄 프로파일러를 낳았다. 최근에는 컴퓨터와 데이터베이스 시스템의 도입으로 더 방대한 정보를 이용한 분석이 가능해졌고, 정

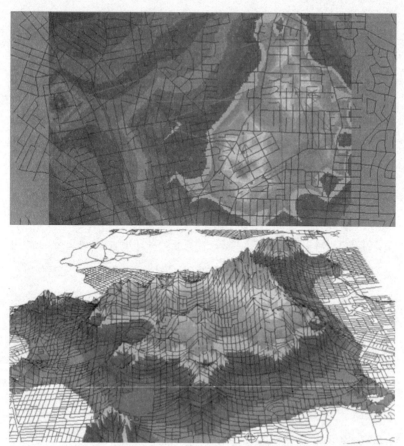

지리적 프로파일링 프로그램을 이용하면 범인의 주거지를 추정할 수 있다.

확도 역시 높아졌다. FBI의 ViCAP과 캐나다의 ViCLAS 등이 컴퓨터를 활용한 대표적 범죄 프로파일링 기법들이라고 할 수 있다.

또 GIS(지리정보체계) 기술이 발달하면서 지리적 특성을 분석 기반으로 하는 지리적 프로파일링(Geographical Profiling) 기법도 새롭게 활용되고 있다. 지리적 프로파일링은 범행 장소나 증거물 유기장소 등의 정보를 통해 범인이 살고 있을 가능성이 높은 장소를 추정하는 것이다.

최근에는 150쪽 그림과 같이 컴퓨터 프로그램을 이용하여 범인이 은신해 있는 곳을 추정한다. 빨간색 부분이 가장 높은 가능성을 보이는 지역이고, 주황색, 노란색 순으로 가능성이 낮아진다. 또 3D 지도를 통해 범인의 은신처를 구체적으로 지목해주기도 하는데, 이 정보를 토대로 탐문수사를 벌여 범인을 체포하게 된다. 이 같은 지리 정보의 유용성은 두말할 필요가 없다. 경찰 수사력을 집중시켜 수사력의 낭비를 막을 수 있을 뿐만 아니라 빠른 시일 내에 범인을 검거하여 또 다른 추가 범죄를 예방할 수도 있기 때문이다.

범인은 범행 장소에서 멀지 않은 곳에 있다

지리적 프로파일링의 중요한 연구결과 가운데 하나는 범죄가 주로 범인의 주거지와 비교적 가까운 곳에서 일어난다는 점이다. 범인의 주거지는 일반적으로 범행 장소에서 반경 5킬로미터를 벗어나지 않는다. 일부 연구자들은 전체 범죄의 90% 이상에서 그 반경을 2킬로미터로 볼 수 있다고 주장하기도 한다. 2007년 크리스마스에 실종·피살되어 국민들의 비상한 관심을 끌었던 안양 혜진·예슬 양 사건의 범인은 두 소녀의 집에서 불과 130여 미터 떨어진 곳에 살고 있던 사람으로 밝혀졌다. 마찬가지로 2007년 4월에 발생한 제주 초등학생 살해사건도 유괴된 학생의 집에서 50미터 떨어진 과수원에 사는 40대 남자의 소행이었고, 2006년 2월의 용산 초등학생 성폭행 살해사건 역시 같은 동네에 사는 신발가게 주인이 범인이었다.

국내의 한 연구는 침입절도의 경우에 평균 이동거리가 약 4킬로미터고, 폭력의 경우에는 평균 이동거리가 약 2킬로미터라고 밝힌 바 있다. 폭력이 우발적인 데 반해 침입절도는 나름대로 계획을 가지고 실행하는 경우가 많기 때문에 이런 차이가 발생했다고 볼 수 있다. 외국의 연구결과도 이와 비슷하다. 데이비드 캔터(David Canter)와 폴 라킨(Paul Larkin)은 범인의 주거지와 범행 장소 사이의 평균거리가 1.53마일(약 2.5킬로미터)에 불과하다는 사실을 밝혀냈다.[32]

이처럼 범죄가 주로 범인의 주거지 인근에서 발생하는 것은 무엇보다도 범인이 주변지역을 잘 알기 때문이라고 할 수 있다. 어느 곳의 방범상태가 특히 취약한지, 그리고 도주는 어디로 해야 하는지 등을 쉽게 파악할 수 있는 것이다.

연쇄살인의 경우에는 범행 장소의 변화를 통해 범죄자의 은신처를 추정해낸다. 20명 넘게 살해한 연쇄살인범 유영철의 경우, 처음에는 주거지와 멀리 떨어진 곳에서 범행을 저지르다가 점차 그 장소가 주거지와 가까워지는 경향을 보였다. 그리고 급기야 일곱 번째부터는 피해자를 집 안으로 불러들여 범행을 저질렀다. 집 근처에서 범행을 저지르면 아는 사람의 눈에 띌까 봐 조심하다가 범행이 계속되면서 대담성이 커졌고, 경찰이 자신을 잡을 수 없을 것이라는 자신감이 넘치다 보니 피해자를 집으로 불러들이기까지 했다는 분석이 유력하다. 현재 우리나라 경찰도 경찰청 과학수사센터의 범죄정보지원계에서 프로파일링 업무를 담당하고 있다. 2008년 경기도 군포 여대생 강도·살인사건에서도 '범죄 프로파일링' 기법이 동원된 바 있다.

범죄 프로파일링이 만능은 아니다

한편 범죄 프로파일링이 수사에 별로 도움을 주지 못한다는 의견도 있다. 범죄 프로파일링이 영화나 드라마에서 보는 것처럼 모든 사건을 해결하는 만병열쇠는 절대 될 수 없다는 것이다. 심지어 범죄 프로파일링의 90%는 쓸모없다고 주장하는 학자들도 있다. 또 프로파일링의 효용성을 인정하더라도, 이는 연쇄범죄 같은 특정 범죄에만 해당된다는 비판도 제기된다. 실제 프로파일러로 활약하기도 했던 뉴욕경찰의 버넌 거버스(Vernon Gerberth)도 "프로파일링이 우수한 수사기법이기는 하지만 그것은 수사기법의 하나일 뿐이며, 프로파일링만으로 범인을 체포할 수는 없다"고 잘라 말했다.[33]

CCTV, 파수꾼과 빅브라더 사이에서

살인범의 팔자걸음과 CCTV

2015년 4월 23일, 윤모 씨가 실종된 지 18일 만에 금호강 둔치에서 주검으로 발견됐다. 윤 씨는 머리를 17번 이상 가격당해 사망한 것으로 밝혀졌다. 피해자의 사망 보험금을 타게 된 이는 가족이 아니라 피해자의 15년 지기 박모 씨였다. 검찰은 박모 씨를 유력한 용의자로 지목하고 수사를 했지만 박씨는 "사건 당일 나는 대구에 간 적이 없다"고 알리바이를 댔다. 사건의 결정적 단서는 CCTV 영상이었다.

검찰은 피해자가 숨진 날 둔치 방향으로 누군가와 함께 걸어가는 CCTV 영상을 확보했다. 하지만 화질이 흐려 얼굴을 분간하기 힘들었다. 이때 전문가들은 CCTV 영상에 담긴 용의자의 걸음걸이와 경찰서에서 박모 씨가 걷는 모습을 찍은 영상을 비교했다. 결과는 'O자형 휜 다리, 팔자걸음, 원 회전 보행'이 정확히 일치한다는 것이다. 재판부는 전문가와 주변인들의 법정 증언을 받아들여 박모 씨에게 무기징역을 선고했다. 범인의 독특한 걸음걸이를 찍은 CCTV가 없었다면 미궁에 빠졌을지도 모를 사건이었다.

강력범죄에서 더욱 빛나는 CCTV의 위력

CCTV는 여러 건의 범죄수사에서 그 위력을 여실히 나타내고 있다. 2005년 10월부터 2008년 12월까지 8명 이상을 죽인 연쇄살인범 강호순을 검거하는 데도 CCTV가 1등 공신 역할을 했다. 경찰은 피해 여대생이 마지막으로 모습을 보인 군포 보건소 앞에서부터 범인의 예상 이동경로인 안산 건건동과 안산 성포동까지 12km 구간에 설치된 CCTV를 모두 분석했다. 그리하여 범행이 발생한 시간대에 그 지역을 통과한 차량 7,200여 대의 소유자들을 확인했고, 그들의 행적을 일일이 조사함으로써 마침내 강호순을 검거할 수 있었다.[34] 몇 년간 경찰의 수사망을 따돌리던 그도 우리 사회 곳곳에 설치된 CCTV는 피해 갈 수 없었던 것이다.

서울 강서구 제과점 여주인 납치사건의 경우에도 그랬거니와, 최근에 벌어진 강력사건의 상당 부분은 사실상 CCTV의 도움이 없었다면 해결하기 어려웠을 것이다. 경찰 통계에 따르면 서울 강남경찰서의 경우 2011년 CCTV를 활용한 범인 검거가 23건이었으나 2013년에는 49건으로 늘어났고 2014년에는 무려 414건을 CCTV를 활용해 해결할 수 있었다. 또한 얼마 전 세상을 떠들썩하게 했던 어린이집 보육교사의 아동학대 사건 역시 CCTV가 설치돼 있지 않았다면 발각되기 어려웠을 것이다. 이처럼 CCTV는 감시자가 아무리 24시간 지켜보고 있어도 생길 수밖에 없는 방범 사각지대를 메우면서 제 역할을 톡톡히 하고 있다. 그렇다 보니 CCTV를 설치하는 데 따른 여러 부작용을 우려하는 목소리가 있음에도, 그 수가 점점 더 빠르게 늘어나고 있다.

물론 CCTV의 범죄예방 효과에 관해서는 아직 논란의 여지가 많다. 일부에서는 CCTV를 설치하고 유지하는 데 따르는 제반 비용에 비해 범죄를 예방하는 효과가 별로 크지 않다고 주장한다. 또 범죄의 전이 효과(displacement effect)를 거론하면서, CCTV가 설치되어 있지 않은 지역은 범죄가 상대적으로 늘 수밖에 없다고 비판한다. 이를 이른바 '풍선 효과'라고도 하는데, 풍선의 한 곳을 누르면 다른 부분이 팽창되듯이, 한 지역에 CCTV가 설치되고 나면 CCTV가 설치되어 있지 않은 다른 지역으로 범죄가 집중된다는 것이다.

그러나 범죄예방 이론의 대가(大家) 가운데 한 명인 로널드 클라크(Ronald Clarke)는 범죄의 전이 효과가 그렇게까지 우려할 만한 수준은 아니라고 주장한다. 실제로 많은 연구결과들을 보아도, CCTV 설치로 인한 범죄의 전이 효과보다는 감소 효과가 적지 않은 것으로 나타난다. 브랜던 웰시(Brandon Welsh)와 데이비드 패링턴(David Farrington)은 영국 내무부의 지원을 받아 CCTV의 범죄감소 효과와 관련한 22건의 연구를 대상으로 메타분석을 실시했는데, 그에 따르면 CCTV의 범죄감소 효과가 훨씬 큰 것으로 밝혀졌다.[35] 또 마틴 길(Martin Gill)을 비롯한 몇몇 학자들이 영국에 설치된 CCTV의 범죄감소 효과를 조사한 결과에 따르면, 비록 전체 13개 지역 가운데 감소 효과를 나타낸 지역이 6곳에 불과하여 그 효과가 크지는 않았지만, 전체적으로 보았을 때 범죄의 증가나 전이 효과보다는 감소 효과가 큰 것으로 나타났다.[36]

학문적으로 엄밀히 말하자면, 범죄의 증감에 영향을 주는 많은 요인들, 이를테면 실업률이나 인구 증감률, 경찰 수, 순찰 활동의 질을 비롯한 여러 요인들을 모두 통제하면서 CCTV의 범죄감소 효과를 측정해야 한다. 그러나 그런 식의 통제가 쉽지 않기 때문에 어느 연구 결과에든 늘 비판이 따르게 마련이다. 그럼에도 이미 여러 사건들에서 드러났듯이, CCTV는 자칫 미궁으로 빠질 뻔한 사건들을 해결하는 데 분명 톡톡한 역할을 했다. 말하자면 범죄자 검거를 통해 처벌의 확실성을 높였다고 할 수 있는데, 사실은 바로 이것이 범죄를 예방하는 가장 중요한 방법이다. 아울러 CCTV는 범죄의 감소 효과를 넘어 범죄의 두려움을 줄여준다는 장점도 지닌다.

우리를 감시하는 이들을 감시하자

최근 정보통신기술의 발달로 CCTV 또한 점점 더 첨단화되고 있는데, 문제는 사생활과 인권을 침해하는 요소들이다. 공공장소에 CCTV를 설치하는 것이 '빈대 잡으려다 초가삼간 다 태우는' 꼴인지 아니면 단지 '몸에 좋은 약이 입에는 쓰니' 참고 견뎌야 할 일인지는, 범죄통제를 강조하는 입장이냐 아니면 인권보호를 강조하는 입장이냐에 따라 그 판단이 달라진다.

　　그러나 어떤 정책이라도 양면성을 지니며 수혜자와 피해자가 생기게 마련임을 고려한다면, 장점을 최대한 살리고 단점을 보완하는 것, 달리 말해 피해자를 최대한 줄이면서 수혜자를 늘리는 방안을 모색하는 것이 가장 바람직한 자세가 아닐까 싶다. 대기오염을 줄인다고 무턱대고 자동차 사용을 금지하거나 공장 문을 닫을 수는 없듯이, CCTV 설치를 무조건적으로 반대하는 것 역시 결코 현실적인 대안은 아니다. 생명과 신체, 재산권의 보호야말로 사실은 가장 중요한 인권이니 말이다.

거리 곳곳에 설치된 CCTV로 인해 감시받는 느낌이 든다거나, 또 사생활을 침해당한다고 느낄 수도 있다. 그러나 밤거리에서 강도를 당하는 것과 비교한다면 어떨까? 아마도 많은 사람들은 (집 안도 아니고) 공공장소에서 사생활을 보호받기보다, 더욱 근본적인 인권, 즉 안전을 원할 것이다. 납치와 유괴, 그리고 이른바 '퍽치기'나 '아리랑치기' 등의 노상강도가 횡행하는 우리의 치안 현실에서, 늘 불안에 떨며 밤거리를 지나다니기보다는 차라리 CCTV에 찍히는 편이 나을 수 있기 때문이다. CCTV 설치와 관련한 여러 여론조사 결과들도 이를 입증한다.

물론 사생활을 보호받을 권리 또한 매우 중요하며, 결코 소홀히 다루어져서는 안 된다. 무엇보다도 CCTV 기록을 철저히 관리해야 하는데, 공공장소의 CCTV 기록을 함부로 이용하는 것은 현행법상으로도 명백한 불법행위다. 그것은 이를테면 영장 없이 집을 수색하거나 함부로 수갑을 채우는 것이나 똑같은 짓이다. 따라서 감시자를 철저히 감시할 수 있는 '역감시 시스템'을 제대로 운용하는 것이 중요하다. 그러니까 결국 권력기관과 국민이 서로를 동시에 감시하는 일종의 시놉티콘(Synopticon) 시스템이 필요한 셈이다.[37] 이처럼 CCTV 설치에 따른 부작용을 최대한 줄여나가는 법적·제도적 보완을 병행한다면, 우리는 커다란 인권침해 시비 없이 범죄의 두려움에서 자유로울 수 있을 것이다.

2부 범죄 앞에서 고정관념은 왜 위험한가

경찰을 더 뽑으면 범죄가 줄어들까?

자동차를 몰고 가다가 교통경찰을 발견하면 괜히 움찔거리게 된다. 딱히 어떤 잘못을 저지르지 않았어도 말이다. 경찰이 가까이 있는데 신호위반이나 과속 등의 교통법규 위반을 저지를 사람은 별로 없다. 또 길거리에 순찰차들이 자주 지나다니면 왠지 마음이 놓이고 조금 더 안전한 것처럼 느껴진다. 아무래도 경찰이 많으면 범죄를 저지르기가 쉽지 않다고 생각하기 때문이다. 그런데 정말 그럴까?

경찰이 파업을 한다면

경찰력을 늘릴 경우에 실제로 범죄 예방의 효과가 나타나는지를 명확히 검증하기란 쉽지 않다. 경찰력 외에도 다른 많은 요인들이 범죄 발생에 영향을 미치기 때문이다. 예컨대 설령 경찰력을 늘린 후에 범죄가 줄었더라도, 이는 경제상황의 호전으로 인한 실업률 감소, 또는 범죄를 많이 저지르는 청소년 인구의 감소에 따른 결과일 수 있다.

경찰력과 범죄 발생의 관계가 가장 잘 드러날 때가 있다. 바로 경찰이 파업할 때다. 경찰 파업의 경우처럼 경찰력이 부재하는 상황에서는 범죄가 늘었을까? 물론 아직까지 경찰의 파업을 상상하기 어려운 우리나라의 경우에는 가능한 방법이 아니지만, 1919년에 발생한 미국 보스턴의 경찰 파업과 1969년에 발생한 캐나다 몬트리올의 경찰 파업, 그리고 1979년에 발생한 핀란드 헬싱키의 경찰 파업은 좋은 연구 사례가 된다.

세 경우 모두, 파업 직후에 범죄율이 크게 높아졌다. 헬싱키의 경우, 공공장소에서 발생한 폭행 및 폭행 관련 응급실 접수 건수 등을 비교했더니, 경찰 파업 기간—더구나 겨울철이었는데도—에 폭행 건수가 급증한 것으로 나타났다. 또 몬트리올의 경우에는 은행 강도가 50배, 상점 절도가 14배나 증가했다.[38] 경찰이 손을 놓으니 도시 전체가 무법천지가 되어버렸다.

경찰 수와 범죄 예방이 상관없다고?

그러나 경찰 파업처럼 극단적인 경우를 제외하고는 경찰력의 증가가 범죄 감소에 별다른 영향을 미치지 못한다는 분석이 지배적이다. 무엇보다도 경찰 활동이 범죄를 크게 예방하지 못한다는 판단 때문이다. 경찰력을 어지간히 증강하지 않고서는 호수에 잉크 몇 방울 더 떨어뜨리는 것과 다를 바 없으며, 따라서 경찰 활동을 통해 범죄 예방 및 감소의 효과를 거두기는 쉽지 않다는 것이다.[39] 경찰 활동의 가시

성(visibility)을 높이려면 적어도 현재 수준의 경찰력을 몇 배 이상으로 늘려야 하는데, 이는 현실적으로 가능하지 않다.

더구나 경찰 활동이 점차 치안 서비스 위주로 전환되면서 범죄 예방과 관련한 활동이 큰 비중을 차지하지 못한다는 점 또한 경찰력 증강이 범죄 감소로 이어지지 않는 원인으로 지적된다. 요컨대 범죄 예방과 통제에 투입되는 경찰 활동의 내용이 문제지, 경찰관의 수는 중요치 않다는 것이다.[40]

1973년에 미국 캔자스시티에서 실시한 순찰 실험조사 역시 경찰력 증강과 범죄 예방 및 감소 사이에 별다른 관련성이 없음을 보여준다. 순찰구역을 셋으로 나누어, 한 곳에는 순찰을 평소의 두 배 이상으로 늘리고, 다른 한 곳에는 아예 순찰을 실시하지 않고, 나머지 한 곳에는 평소와 똑같은 수준의 순찰을 실시했는데, 세 구역 모두 범죄율의 차이를 보이지 않았다.[41]

경찰력이 잠깐 줄어든 사이에

경찰력이 일시적으로 얼마간 감소한 경우에도 결과는 비슷하게 보인다. 스콧 데커(Scott Decker)와 숀 버라노(Sean Varano), 그리고 잭 그린(Jack Greene)은 2002년 동계올림픽대회가 열렸던 미국의 솔트레이크시티와 그 주변지역을 대상으로 올림픽 같은 대규모 국제행사에 차출로 인한 경찰력 감소가 지역 치안에 미치는 영향을 실증적으로 연구했다. 그 결과 여러 가지 상쇄효과 때문에 범죄의 증감효과는 미미한 것으로 나타났다. 다만 경찰력의 감소로 인해 범죄에 대한 두려움

은 어느 정도 증가했다.[42]

우리나라의 경우, 경찰력의 일시적인 감소는 주로 집회시위와 관련하여 발생한다. 해당 지역의 경찰력만으로는 대규모 집회시위에 대처하기가 곤란하다 보니 다른 지역에서 경찰력을 차출·동원하게 되고, 그로써 경찰력의 일시적인 감소 현상이 나타나는 것이다. 이런 식의 일시적인 경찰력 감소가 범죄에 어떤 영향을 미치는지는 필자가 직접 연구한 바 있다.

대규모 집회시위로 인한 경찰력 감소와 중요 5대 범죄—살인, 강도, 강간, 절도, 폭력—의 관계를 분석한 결과, 양자 간에는 통계적으로 유의미한 관계가 존재하지 않는 것으로 나타났다. 즉 집회시위로 인한 경찰력 감소는 범죄의 발생 및 검거에 어떤 영향이나 효과도 미치지 않았던 것이다.

그 이유로는, 우선 경찰력의 차출·동원이 대부분 하루에 그칠 정도로 아주 일시적이었다는 점을 꼽을 수 있다. 만약 동원이 일주일 이상 계속되었다면 영향을 주었을 가능성이 크다. 게다가 일반 시민들은 지구대 경찰관이나 형사들이 집회시위 대처에 차출되는지 어떤지를 알 길이 없다. 설사 일부 경찰관이 차출된다는 사실을 알았다 하더라도, '지금이 바로 범죄를 저지를 좋은 기회다' 하고 범죄에 착수하는 경우는 극히 드물다.[43]

상당수 범죄가 경찰의 존재와 상관없이 즉흥적이고 순간적인 판단에 의해 발생한다는 점 또한 경찰력 증대와 범죄의 관련성이 크지 않음을 뒷받침한다. 제임스 윌슨과 리처드 헤른슈타인이 강조하듯이, 범죄자들은 시간의 할인을 통해 앞으로 닥쳐올 처벌의 고통과 비용

보다는 현재의 쾌락과 이득을 더 중시하기 때문에, 경찰력 증대는 범죄 감소로 이어지지 않는다.[44]

경찰이 많아져서 오히려 범죄가 늘었다?

한편 경찰력의 증감이 범죄의 증감과 별로 상관없다는 입장을 넘어, 경찰력 증강이 범죄 증가로 이어진다는 주장도 제기된다. 새뮤얼 캐머런(Samuel Cameron)의 연구에 따르면, 경찰관을 증원한 지역에서 오히려 범죄 발생이 증가한 것으로 나타났다. 경찰력이 늘어남에 따라 자연스럽게 범죄 단속이 증가하면서 범죄 증가의 효과를 낳는다는 것이다. 경찰력이 증가하면 순찰과 불심검문, 기획수사 등이 강화되어 경찰의 인지범죄가 증가하게 마련이다. 또 경찰력 증강에 따른 검거율의 증가로 경찰 수사에 대한 신뢰성이 높아지면서 시민들의 범죄신고도 증가하여, 결국 범죄 발생이 증가하는 효과를 낳는다.[45]

그러나 '경찰의 생산성 효과(police productivity effect)'라고 불리는 이런 현상은 범죄의 실질적인 증가라기보다 숨은 범죄가 경찰의 공식 범죄에 포함됨으로써 나타나는 현상일 뿐이다. 말하자면 인과관계를 상관관계와 혼동한 것이다.[46] 경찰력을 증강했는데 범죄가 증가한다는 것은 논리적으로도 말이 안 된다. 경찰력 증원으로 경찰 활동이 활성화되면서 숨은 범죄들이 공식 범죄통계에 산입되었다고 보는 편이 옳다.

이렇게 볼 때, 결국 경찰관을 아주 많이 늘리거나 줄이지 않는 한, 경찰력의 증감은 범죄 발생과 검거에 별다른 영향을 미치지 않는다고 할 수 있다.

억울한 옥살이와 국가의 보상

24년간의 진실 공방 – 유서 대필 조작사건

1991년 5월 8일, 김기설 전국민족민주연합 사회부장의 분신자살 사건이 있었다. 검찰은 자살한 김기설의 친구였던 대학생 강기훈 씨를 유서 대필과 자살방조 혐의로 기소했다. 강기훈 씨는 당시 국과수의 필적 감정 결과와 정황에 따라 자살방조 및 국가보안법 위반으로 징역 3년에 자격정지 1년 6월을 선고받았다. 그리고 1994년 8월 17일에 만기 출소했다. 그러나 사건이 발생하고 16년이 지난 2007년, 대한민국 진실화해를위한과거사정리위원회가 강기훈 유서 대필 의혹사건에 대한 진실규명 결정을 내리고 국가의 사과와 재심 등의 조치를 취할 것을 권고했다. 이에 따라 대법원은 이 사건을 재심했고 2015년 5월 15일 판결이 내려졌다. 강기훈 씨는 무죄였다.

아무도 주목하지 않는 억울한 이들의 옥살이

무죄와 유죄, 판사의 선고 이후 희비가 엇갈린다. 판결은 혐의를 받았던 이의 삶의 공간은 물론 삶의 방식까지 바꿔놓는다.

유죄를 선고받고 복역하다가 훗날 무죄판결을 받는 경우는 어떠한가? 유죄가 선고되었을 당시에는 경우에 따라 언론에서 크게 다뤄진다. 억울한 옥살이와 가족의 고통, 기회비용의 상실은 말할 것도 없다. 하지만 유죄를 선고받았던 때에 비해 억울한 옥살이를 하고 풀려난 이들에게는 사회적 이목이 그리 집중되지 않는다.

'유서 대필 조작사건' 때문에 강기훈 씨는 3년 동안 옥살이를 했고 그 이후 20년 동안 전과자로 세상을 살았다. 그런데 진실을 규명해보니 그는 무죄였다. 그의 억울함은 어떻게 풀어줘야 할까?

억울한 옥살이, 보상은?

범죄 사건도, 증거도, 판단도 모두 신이 아닌 인간에 의해 만들어지기 때문에 오판의 가능성은 늘 존재한다. 그 오판이 실제 몇 건이었는지는 크게 중요하지 않다. 단지 '0건'이 아니라는 것이 중요할 뿐이다. 다행히 국가에 의한 형벌권 행사의 한계는 이미 인정된 듯하다. 억울한 형벌을 받은 이들을 보상해주는 제도가 마련되어 있기 때문이다.

우리나라 헌법은 제28조에서 "형사 피의자 또는 형사 피고인으로 구금되었던 자가 법률이 정하는 불기소 처분을 받거나 무죄판결을 받은 때에는 법률이 정하는 바에 의하여 국가에 상당한 보상을 청구할 수 있다"고 규정하고 있다. 그리고 형사소송법에서는 이를 "형사보상 및 명예 회복에 관한 법률"로 칭하고 보상 기준과 방법을 제시한다.

앞에서 이야기한 강기훈 씨는 이 형사보상제도에 의해 억울한 과거를 국가에 의해 보상받게 된다. 그러나 무고하다고 여겨지는 사람이 감금되는 상황은 교도소에 수감되었던 상황에만 한정되지 않는다. 범죄 혐의를 받고 구속된 상태로 수사를 받고 재판 후 무죄로 풀려난 이들도 구속된 기간을 보상받을 수 있다.

이러한 강기훈 씨의 억울함이 언론을 통해 사람들에게 알려졌다면, 그는 국가에 의해 자동으로 보상을 받게 될까? 그렇지는 않다. 형사보상제도에 따라 실질적 보상을 받는 과정은 ① 형사보상금 청구 ② 법원에 의한 보상 결정 ③ 보상금 지급 청구 ④ 검찰에 의한 보상금 지급 절차로 이루어진다.

강기훈 씨가 보상을 받기 위해서는 형사보상청구를 해야 하고, 법원에 의해 보상청구 결정을 받고 난 이후에 또다시 검찰에 실질적 보상금을 받기 위한 지급청구를 해야 한다. 즉, 법원에도 검찰에도 억울함을 다시 한 번 알려야한다. 강기훈 씨가 법원에 형사보상청구를 하여 보상을 받았기를 바라지만, 실상 형사보상청구를 했다 하더라도 보상 결정이 언제쯤 내려질지, 그리고 검찰에 보상금을 달라고 신청한 후 언제쯤 보상금이 지급될지 예측하기도 어렵다. 그 이유는 형사보상금을 규정하는 '형사보상 및 명예 회복에 관한 법률'은 물론이고 시행령 어디에도 형사보상결정 '심사 기간'에 대한 규정이 없기 때문이다. 쉽게 말하면 그들의 재량권과 그들 조직의 사정에 따라 그때그때 다른 것이다. 실제로 2013년 국민권익위원회 실태조사 결과 보상 여부 판결에 걸리는 시간은 1개월부터 1년 5개월까지 제각각이었

| 1단계 | 형사보상청구 ⟶ 형사보상결정(법원) ⟶ 결정서 송달 |
| 2단계 | 보상금 지급 청구 ⟶ 보상금 지급(검찰) |

다. 이 가운데 형사공판사건의 1심 평균 처리 기간은 3.4개월에서 3.5 개월에 불과했다. 결국 보상 여부 판결까지의 과정 중 보상결정심사 가 장기화되는 게 문제인 것이다.

억울한 이, 그 보상금은 얼마인가?

억울한 구금과 옥살이 문제는 언론을 통해 잘 다뤄지지 않는다. 하지 만 실제로 억울하게 형사처벌을 받고 구금된 이들은 생각보다 많다. 《2014년 사법연감》에 따르면 지방법원에서 무죄판결을 받은 인원 은 2010년 2만 2,382명, 2011년 4만 9,006명, 2012년 6만 1,429명, 2013년 3만 3,540명이다.[47] 고등법원에서의 무죄판결 인원은 2010 년 204명, 2011년 186명, 2012년 193명, 2013년 442명에 이른다. 이는 10년 전인 2002년 지방법원 무죄선고 인원이 2,057명, 고등법 원 115명에 불과했던 것과 비교했을 때 최대 30배까지 증가한 수치 다.

　실제로 2000년에서 2009년까지 10년간 형사보상청구 건수는 매년 300건 내외에 불과했다. 그러나 2010년 이후에는 무죄 인원이 증가하면서 형사보상청구도 나란히 폭발적으로 증가한 것이다. 무죄

인원이 증가한 요인으로는 2008년 국가보안법 사범에 대한 재심청구사건의 무죄선고, 2009년 이후 양벌규정 위헌결정에 의한 재심청구사건 무죄선고 때문에 형사보상금 지급 건수 및 금액이 대폭 증가한 것을 들 수 있다.

그렇다면 이들은 모두 국가로부터 보상을 받았을까? 앞서 설명했듯이 무고함이 밝혀져도 자동으로 형사보상 절차가 진행되는 것이 아니기 때문에, 무죄판결을 받은 이와 형사보상을 청구한 이의 수는 차이가 난다. 무죄판결 이후 형사보상을 청구한 사건 수를 살펴보면 2002년 지방법원의 경우 2,057명의 무죄선고 인원 중 195명만이 형사보상을 신청했다. 10명 가운데 1명 꼴로 형사보상을 신청한 것이다.

다행히 10년이 지난 2013년의 경우 무죄선고 인원 3만 3,540명 중 82.7%에 해당하는 2만 7,072명이 국가에 보상을 신청했다. 10여 년 전과 비교하면 매우 증가한 수치이나 여전히 3만 3,540명 중 약 18%에 해당하는 6,468명은 아무런 보상을 받지 못했음을 의미한다. 더욱이 항소를 통해 판결이 뒤바뀐 고등법원의 판결을 보면 절반 정도만이 보상을 신청했음을 알 수 있다.

구금이나 구속되었던 이들이 마침내 무죄판결을 받고 명예를 회복함과 동시에 억울함을 보상받았다는 것을 증명하는 위의 자료는 우리에게 슬픔과 안도감을 동시에 안겨준다. 여전히 많은 이들이 진실과 거리가 있는 재판을 받고 있다는 사실, 반면 또 많은 사람들이 억울함에서 벗어나고 있다는 사실, 그리고 그 안에서 무죄판결을 받은 이들이 적극적으로 보상신청을 하고 있다는 긍정적인 변화를 통해 말이다. 물론 이러한 오판 사건이 0건이 되는 것이 가장 바람직하

2002~2013년 형사보상청구 건수

	지방법원		고등법원	
	무죄 인원	청구 인원	무죄 인원	청구 인원
'02	2,057	195	115	64
'03	2,938	250	139	46
'04	3,304	233	134	47
'05	2,965	251	121	43
'06	3,151	215	98	42
'07	4,193	235	152	54
'08	5,110	309	149	57
'09	7,389	289	181	52
'10	22,382	11,956	204	63
'11	49,006	33,025	186	98
'12	61,429	44,413	193	111
'13	33,540	27,072	442	258

자료:《2014년 사법연감》, 법원행정처

지만 그것은 불가능에 가깝다. 오른쪽 표는 2002년부터 2013년까지 10년 동안 형사보상이 청구된 자료를 종합한 것이다. 이 표는 구금뿐 아니라 구속구공판 피고인까지 포함한 수치다. 특히 2003~2012년까지 10년간 신체, 재산, 정신적 피해가 큰 구속구공판 피고인에 대한 1·2심무죄판결이 2,912건(2013년 2월 대검찰청)에 달한 것에 주목해야 한다.

억울한 옥살이를 한 이들에게 주어지는 돈의 무게

그렇다면 형사보상을 청구한 무고한 이들은 보상으로 얼마를 받게 될까? 보상받는 금액은 형사보상법에 따라서 결정되며, 기준은 보상청구 원인이 발생한 연도의 일급 최저임금액이다. 물론 사안에 따라서는 1일 최저임금액의 5배까지도 보상이 가능하다. 예를 들어, 2016년에 구속수사를 받았는데 무죄판결을 받은 사람이 있다고 가정하자. 이 사람이 10일 동안 구속되었다고 하면 이 사람은 1시간에 6,030원, 하루 4만 8,240원, 10일 동안의 최저 보상금액은 48만 2,400원이 된다. 상황에 따라 최대 5배가 가능하기도 하니 241만 2,000원까지도 보상받을 수 있다는 말이다. 지급이 지연될 경우 발생하는 연 5%의 이자까지도 말이다.

그렇다면 예산은 얼마나 보상에 쓰였을까? 2012년은 251억 원, 2012년은 433억 원이 사용되었다. 2013년에 실제로 집행된 형사보상을 한번 살펴보자. 가장 많은 신청건수는 사기와 공갈의 죄로 132건이 접수되었고 4,721일에 대한 보상이 이루어졌다. 국가보안법 위반의 경우 8건에 불과했지만 보상된 일수는 5,133일로 1건당 평균 644일, 거의 1.5년에 해당하는 시간을 보상한 것이다. 그리고 그 보상액은 36억4,254만 8,398원으로 이를 계산해보면 1인당 하루 33만 4,793원이 보상되었음을 알 수 있다.《2014년 사법연감》을 기준으로 어림잡아 계산하면 형사보상법에 의하여 1건당 평균 3달 이상에 해당하는 기간에 대하여 1일 평균 보상금액으로 19만 원가량이 보상되었다. 물론 고등법원의 형사신청건수와 보상규모는 지방법원 판결과 약간 차이가 있기는 하다.

형사보상과 관련하여 집계된 통계를 살펴보면 형사보상이 상대

지방법원처리 형사보상 사건과 보상금액(2013년)

죄명	건수	보상일수	평균보상일수	보상금액	평균보상금액	1일 평균보상금액
무고의 죄	19	1,286	68	185,455,619	9,760,822	144,211
살인의 죄	4	448	112	61,650,000	15,412,500	137,612
상해와 폭행의 죄	25	442	18	82,580,000	3,303,200	186,833
강간과 추행의 죄	13	1,196	92	154,843,600	11,911,046	129,468
절도와 강도의 죄	26	973	37	171,844,000	6,609,385	176,613
사기와 공갈의 죄	132	4,721	36	1,016,459,460	7,700,450	215,306
횡령과 배임의 죄	38	1,116	29	218,701,000	5,755,289	195,969
계엄법 위반	4	1,176	294	165,445,200	41,361,300	140,685
국가보안법 위반	8	5,153	644	2,513,786,664	314,223,333	487,830
국가안전과공공질서의수호를위한대통령긴급조치 위반	59	10,880	184	3,642,548,398	61,738,108	334,793
성폭력 특별법 위반	20	2,129	106	282,504,272	14,125,214	132,693
성폭력 범죄의 처벌및피해자보호등에관한법률 위반	4	549	137	67,265,000	16,816,250	122,523
아동청소년의 성보호에관한법률 위반	11	1,080	98	152,083,200	13,825,745	140,818
특정범죄가중처벌등에관한법률 위반	22	1,655	75	246,781,145	11,217,325	149,112
특정범죄처벌에관한특별법 위반	20	12,244	612	4,175,213,843	208,760,692	341,001
폭력행위등처벌에관한법률 위반	39	900	23	159,513,900	4,090,100	177,238
전자금융법거래 위반	1	304	304	30,400,000	30,400,000	100,000

자료:《2014년 사법연감》, 법원행정처

적으로 많이 신청되는 범죄군은 우리나라에서 발생하는 범죄군과 큰 상관관계를 보이지 않는다. 실제 범죄 발생건수로만 따져보면 상해와 폭행에 관한 범죄가 훨씬 빈번히 일어나지만 형사보상이 신청된 범죄군은 강간, 추행 그리고 성폭력이 상당히 빈번하고, 가장 많은 죄명은 사기와 공갈의 죄다.

보상제도의 근원, 그리고 다른 보상

우리나라의 보상제도는 일본의 보상제도를 기초로 삼아 만들었고, 과거 일본은 유럽의 형사보상제도를 뼈대로 삼아 발전했다. 유럽의 형사보상제도는 전체주의와 국가 절대주의를 극복한 17~18세기 계몽주의에서 영향을 받았다.[48] "무고한 백성을 처벌하는 것은 크고 작음을 불문하고 모두 자연법을 위반하는 일"이라는 토마스 홉스의 말에서도 알 수 있듯이 이러한 형사보상제도는 자연법사상과 긴밀한 관련성을 갖고 있다.

보상제도는 1789년 시민혁명 이후 유럽에서 실질적으로 입법에 반영되기 시작했다. 초반에는 재심 판결로 무고함이 증명된 사건만을 인정했지만 미결구금도 포함하게 되었고, 그 보상 범위도 점점 넓어졌다. 현재 우리나라도 수사를 위해 구속된 기간까지 보상 범위에 포함한다. 형사보상청구 신청 기한은 무죄 재판이 확정된 사실을 알게 된 날로부터 3년, 무죄 재판이 확정된 때부터 5년 이내다.

앞서 일본이 유럽 형사보상제도의 뼈대를 빌린 것이라 했지만 우리나라와 일본 그리고 유럽이 동일한 제도를 운영하고 있는 것은 아니다. 일본의 형사보상제도 구조는 우리나라와 상당히 유사하다. 지급 절차, 방식 그리고 금액까지도 말이다. 일본은 1일 1,000~1만 2,500엔의 보상금을 지급하고 있다. 무고함이 밝혀졌는데 안타깝게 사형이 이미 집행된 경우에는 3,000만 엔 이내에서 보상금이 지급된다. 독일과 프랑스의 보상제도는 일본보다 더 선진적이다. 국가에서 보상하는 범위가 단순히 재산상의 손해에 그치지 않는다. 억울한 구속, 구금에 따른 정신적 손해까지 포함하고 있다. 우리나라는 1일 최대 보상금을 한정하지만 보상금 자체에 상한선을 두지 않는 국가도 있다. 이에 따라 손해의 정도에 따라 엄청난 금액이 보상금으로 지급될 수도 있는 것이다.

미국에서는 상한이 없는 엄청난 보상금 판결이 왕왕 선고되기도 한다.

2007년 미국에서는 무죄판결에 사용될 수 있는 증거를 FBI가 의도적으로 법정에 제출하지 않아 4명이 억울하게 살인죄의 누명을 쓰고 30년을 복역한 사건에 대한 보상판결이 내려졌다. 매사추세츠 주 연방 판사는 이들에게 1억 달러(약 1,200억 원) 보상금을 지급하도록 결정했다. 또한 최근 2015년에는 20년의 억울한 시간을 보낸 일리노이 주 남성이 2,000만 달러(약 240억 원)의 보상금을 받게 된 판결도 있었다.

우리와 비교하여 엄청난 보상금액이 먼저 눈에 들어올 수도 있다. 하지만 미국은 각각의 주마다 보상법이 다르기 때문에 모든 주가 위와 같은 엄청난 보상금을 지급하지는 않는다. 우리가 더욱 눈여겨

볼 제도는 금전적 보상 이외의 지원이다. 루이지애나 주는 보상제도의 일환으로 1년간 직업훈련과 취업정보를 제공하고, 의료 서비스와 상담 서비스 그리고 대학교 등록금을 추가로 지원한다. 텍사스 주는 취업지원, 의료지원, 교육지원에 더해 자녀들에 대한 지원금도 마련했다. 교도소에서 출소한 이들은 사회 적응의 첫 단계로 취업을 꼽는다. 하지만 그 취업 단계에서 가장 큰 좌절을 느끼게 된다. 이런 상황은 또 다른 사회 문제로 이어질 가능성이 높다. 국가에 의해 억울하게 처벌받은 이와 이들의 가족에 대한 보상이 단순한 물질적 보상에 그치지 않고 의료복지, 가족복지, 교육복지, 노동복지제도와 함께 톱니바퀴처럼 물려 돌아가는 것은 매우 인상적이다.

결백과 증거불충분, 누구를 보상해야 하는가?

현재 형사보상제도의 대상은 '무죄판결을 받은 자'로 규정된다. 하지만 무죄판결을 받은 이들은 두 집단으로 나뉘며, 이들 가운데 누가 보상을 받아야 하는지 알아보기 위해서는 먼저 '무죄판결'이라는 개념을 이해해야 한다. 무죄판결이라는 단어에는 두 가지 상황이 있다.

첫째는 범죄와 전혀 상관이 없는 상황(innocent)이며 둘째는 범죄와 연관은 있으나 범죄 사실의 증명이 어려울 때(not guilty)다. 두 번째 상황을 2종 오류라고 부른다. 혐의는 있지만 적극적으로 유죄라고 하기에는 관련된 증거가 부족한 상황인 것이다. 물론 법조인 입장에서 보자면 첫 번째와 두 번째 피고인 모두 무죄다. 하지만 보상과 연결될 때는 두 집단이 과연 같을까 싶다.

미국 변호사협회에 따르면 2010년에 유죄판결과 무죄판결은 각각 93%와 7%였다. 유죄판결 가운데 범죄와 전혀 상관이 없는 상황(1종 오류)은 0.027%였다. 무죄에 해당되는 사람의 수는 1종 오류(즉, 무고)에 해당하는 0.027%와 비교하면 600배가량 된다. 즉, 형사보상제도는 범죄와 전혀 상관없는 이를 위한 것이라고 언급되지만, 실제로는 대부분 범죄를 입증할 증거가 충분하지 않아 무죄판결을 받은 이들에게 그 보상이 돌아가고 있는 실정이다. 2012년에 우리나라에서 형사보상으로 지급된 433억 원도 주로 충분한 증거가 없어 무죄판결을 받은 이들이 받은 것이다.

미국에서는 '이노센스 프로젝트(Innocence Project)'가 진행 중이다. 무죄판결을 받은 무고한 사람들, 즉 억울한 옥살이를 한 사람들이 재심청구를 하고 보상을 받을 수 있도록 돕는 프로젝트다.[49] 1992년에 시작된 이 프로젝트를 통해 총 344명의 무고가 증명되었다. 이들 중 337건은 DNA 검사 결과로 무고함이 증명되었고 7건은 DNA이나 생물학적 이외의 증거에 의해 무죄판결이 내려졌다.

이노센트 프로젝트에서는 DNA 검사 결과를 통해 무죄선고를 받은 사건을 대상으로 법정에서 오판이 발생하는 원인을 분석했다. 오판이 발생하는 이유로는 잘못된 목격증언, 유효하지 않거나 부적절한 과학수사 증거, 잘못된 자백과 자백의 인정 그리고 잘못된 정보원 혹은 밀고가 꼽혔다. 실제 사건에서는 각 해당 사항의 수치가 서로 연관되어 더욱 높을 것으로 예상된다고 한다. 또한 형사사법기관의 잘못과 부적절한 변호 등도 오판 원인에 포함되어 있다고 경고한다.

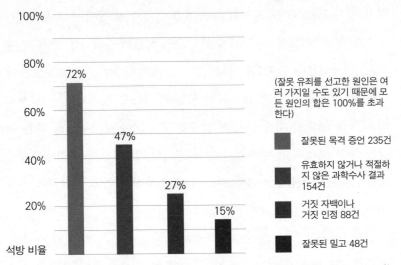

무고한 사건의 결정적 원인(총 325건의 DNA 분석 결과)

(잘못 유죄를 선고한 원인은 여러 가지일 수도 있기 때문에 모든 원인의 합은 100%를 초과한다)

■ 잘못된 목격 증언 235건

■ 유효하지 않거나 적절하지 않은 과학수사 결과 154건

■ 거짓 자백이나 거짓 인정 88건

■ 잘못된 밀고 48건

자료: 〈Innocence Project, 〈http://www.innocenceproject.org/causes-wrongful-conviction〉〉

누가, 무엇을 보상받아야 하는가?

보상의 대상은 당연히 무죄판결을 받은 이들이다. 그리고 그 무죄는 혐의와 증거 사이에서 줄다리기를 하는 사건이 아니다. 혐의가 전혀 없음에도 불구하고 잘못된 목격증언, 잘못된 과학증거, 잘못된 자백과 이에 대한 인정, 잘못된 밀고자 등에 의하여 재판에 서게 된 사람이어야 한다. 이는 결코 무고한(innocent) 이들에게만 보상을 하자는 뜻이 아니다. 무고한 이들을 포함해 위의 이유로 무죄판결을 받은 이들에게 집중된 차별적 보상제도가 필요하다는 취지다.

우리나라의 보상제도와 비교해봤을 때, 가장 이상적인 제도를 시행하는 곳은 물질적 손해뿐만 아니라 그 이외 범위까지 포괄하여 보상의 범위로 설정하고 있는 미국의 주(states)와 금액의 제한을 두지 않는 독일과 프랑스다. 이들 국가, 혹은 주에서는 단순 무죄판결과 달리 억울한 이의 인생까지 보상해주는 시스템이 마련되어 있는 것을 눈여겨볼 필요가 있다. 단순히 최저임금에 기초한 상한선에 따른 금전적 보상이 아니라, 무고하게 사회와 격리되어 살아온 이에게 직업의 기회, 교육의 기회 그리고 평균 소득의 보장뿐만 아니라 물리적·정신적 치료비용까지 고민하는 보상제도가 그에 속한다.

한 20대 대학생이 누명을 쓰고 억울한 옥살이를 했다. 전과자가 되어 세상에 나와 무죄판결을 받기 위해 20년간 국가 형벌권과 처절한 투쟁을 벌였다. 젊은 날을 형무소에서 보내고 이마에 깊은 주름이 파였을 때 마침내 진실이 밝혀졌지만, 그의 인생은 이미 처참히 무너진 후였다. 국가는 이 무고한 젊은이에게 무엇을 보상해야 할까? 단순히 일당을 계산해서 돈을 입금해주는 것만으로 충분할까? 결코 그렇지 않다. 경제적 지원은 최소한의 보상이다. 억울한 이와 그의 가족이 국가의 잘못으로 잃어야 했던 삶과 행복을 회복하도록 도와야 한다. 마지막으로 아직 제도가 미비하여 무죄가 입증되고도 충분한 보상을 받지 못하는 이의 사례를 살펴보자.

국가의 폭력에 빼앗긴 7년- 간첩단 사건

강 씨는 1975년 중앙정보부에 영장 없이 불법체포돼 국가보안법 위반 등 혐의로 법원에서 징역 5년을 선고받고 만기출소를 했다. 하지만 법무부가 구(舊) 사회안전법상 '다시 죄를 범할 현저한 위험성이 있는 자'로 분류해 보안감호 처분을 받았다. 이 처분은 수차례 갱신되었고 강 씨는 7년간 추가로 감호소에 수용되었다가 1988년에야 풀려났다.

> 그는 간첩단 사건의 재심을 청구해 39년 만에 무죄판결을 받았다. 강 씨는 12년의 구금생활을 보상해달라며 형사보상청구를 냈지만 법원은 청구액 중 일부만 받아들여 "3억9,800만 원을 지급하라"고 결정했다. 감호 기간 7년의 보상은 끝내 받지 못했다.

재판부는 "명백하게 판시된 선례는 없고 보호감호 처분 집행의 경우 형사보상을 청구할 수 있다는 대법원 판례가 있지만, 보안감호 처분은 이와 다르고 보상청구 근거나 방식에 관해 관계 법령상 아무런 규정이 없다"고 밝혔다. 그는 사실 1983년에 법무부를 상대로 행정소송을 냈으나 패소했던 것이다. 재판부는 보안감호 처분은 법무부의 행정처분이고, 강 씨가 이미 이에 불복한 행정소송에서 패했으므로 그 효력이 무효라는 법적 근거가 없다고 지적했다.

이는 사실 그동안 보안감호 처분을 받고 재심으로 무죄를 선고받은 후 형사보상을 청구한 사례가 없었고, 관련 법 규정도 없어서 벌어진 일이다. 이들이 보상을 받으려면 관련 법의 입법이 필요하지만 지금으로서는 요원한 일이다.

법도 유전무죄 무전유죄?

1843년 1월 20일, 영국 런던에서 로버트 필(Robert Peel) 당시 영국 총리의 비서가 총에 맞았다. 그리고 중상을 입은 채 몇 달간 고생하다가 결국 같은 해 4월 25일에 숨졌다. 범인은 대니얼 맥너튼이라는 피해망상증 환자였다. 맥너튼은 원래 로버트 필 총리를 노렸는데, 비서를 총리로 착각하여 잘못 쏘았던 것이다. 저격 후 곧바로 경찰에 잡힌 맥너튼은 "가는 곳마다 토리당(보수당의 전신) 당원들이 나를 못살게 굴고 박해하는 데다가 죽이려고까지 했다"며, "토리당 당수인 필 총리를 죽이지 않으면 나는 도저히 살 수 없다"고 나름대로 저격 동기를 밝혔다.

돈이 만들어낸 기념비적 판결
재판이 벌어지자 맥너튼의 변호인단은 무죄를 주장했다. 온전한 정신상태에서 총을 쏜 것이 아니라는 변명이었다. 변호인단은 맥너튼이 피해망상에 사로잡혀 정신이상 상태에서 범행했다는 주장을 뒷받침하기 위해 당시 영국의 가장 권위 있는 정신의학 전문가들을 총동원하여 증인으로 내세웠다. 영국인들의 관심이 집중된 가운데, 마침내 배심원들의 평결이 내려졌다. 무죄였다.

영국 전역은 온통 벌집을 쑤셔놓은 듯이 시끄러워졌다. 빅토리아 여왕도 특별한 관심과 함께 깊은 우려를 나타냈다. 당시 빅토리아 여왕을 겨냥한 암살 기도가 세 건이나 있었기 때문이다. 영국 언론도 한결같이 "정신이상을 이유로 내세우는 살인마들이 영국 전역을 휩쓸고 다닐 것"이라며 배심원들의 평결을 비난했다.

그러나 맥너튼에 대한 판결은 이후 "사리분별을 할 수 없는, 비정상적인 정신상태에서 저지른 범죄는 형사면책의 대상"이라는 형사사법의 새로운 이정표를 남겼다. 교수대에 올라야 하거나 평생 음침한 감방에서 벗어날 수 없었던 사람들이 그 판결로 인해 혜택을 입었다. 1981년 3월에 레이건 당시 미국 대통령을 저격하여 중상을 입히고도 처벌을 받지 않은 존 힝클리가 그 대표적인 사례라고 할 수 있다. 그러나 역사상 엄청난 반향을 가져온 이 기념비적인 판결은 그냥 나온 것이 아니었다.

일반인들은 잘 몰랐지만, 맥너튼은 사실 대단한 부자였다. 체포 당시에도 그는 750파운드라는 당시 기준으로 엄청난 거금을 가지고 있었을 정도였다. 그랬기 때문에 그는 영국 사법사상 최고의 변호인단을 구성할 수 있었다. 당시 영국에서 가장 권위 있고 잘나가는 4명의 변호사와 9명의 의사 증인들을 확보할 수 있었던 것이다.[50] 더욱

유전무죄의 논란을 일으킨 O. J. 심슨. 재판 중 증거물과 같은 장갑을 껴보고 있다.

놀라운 사실은, 검찰 측이 전문가 증언을 위해 내세울 만한 의사 증인을 단 1명도 확보할 수 없었다는 점이다.

1994년에 일어난 O. J. 심슨 사건 역시 비슷한 경우라고 할 수 있다. 미식축구 사상 가장 유명한 선수 가운데 한 명인 O. J. 심슨이 여러 정황증거와 일부 명백한 물증에도 결국 살인 혐의를 벗고 무죄판결을 받을 수 있었던 것은, 뭐니 뭐니 해도 자니 카크란을 비롯한 당대 최고의 형사소송 전문 변호사들과 법과학 전문가들로 구성된 드림팀 덕분이었다. 물론 엄청난 변호사 수임료를 감당할 수 있는 재산이 없었다면 그런 드림팀을 구성하지 못했을 테고 말이다.

가난할수록 감옥에 갈 확률이 높을까?

물론 형사사건의 경우, 검찰 측이 명백한 물증을 제시하지 못한다면 피고에게 유리한 판결이 내려져야 한다. 그럼에도 맥너튼과 O. J. 심슨의 경우는, 1988년에 교도소로 이송되던 도중 탈옥하여 인질극을 벌이다가 사살된 지강헌이 남긴 "유전무죄(有錢無罪), 무전유죄(無錢有罪)"라는 말을 떠올리지 않을 수 없게 만든다. 법 앞에 만인은 평등해야 하지만, 현실은 반드시 그렇지만도 않기 때문이다. 맥너튼 사건이나 O. J. 심슨 사건과 유사한 사례들은 많아도 무죄판결은 극히 드물다는 점에서 더더욱 그렇다.

이런 의미에서, 지금은 고전이 된 제프리 라이먼(Jeffrey Reiman) 교수의 저서《부자는 더욱 부유해지고, 가난한 사람은 교도소에 간다(The rich get richer and the poor get prison)》는 시사하는 바가 크다. 라이먼 교수는 교도소와 구치소에 부자들은 별로 없고 가난한 사람들만 가득하다는 사실에 그다지 놀랄 이유가 없다고 말한다. 가난한 사람들이 사회에 더 위협적이라서 그런 것이 아니라, 돈 있는 사람들이 형사사법체계의 허술한 법망을 요리조리 피해나가서 그런 것이기 때문이다. 속된 말로 '힘없고, 줄 없고, 돈 없는' 사람들만 형사사법체계의 느슨한 그물망에 걸려드는 셈이다. 권력의 힘이건 돈의 힘이건 힘 있는 사람들은 수사 초기단계부터 쏙쏙 빠져나가니, 결국 교도소에는 돈 없고 힘없는 불쌍한 사람들만 가득하게 된다는 것이다.

1970년대에 미연방 상원의원을 지낸 필립 하트(Philip Hart)는 왜곡된 형사사법체계를 이렇게 비꼰 바 있다.

"판사들은 유죄판결을 내리는 데 두 가지 통로[벨트]를 이용한다. 하나는 부자들 전용통로고, 다른 하나는 가난한 사람들 전용통로다. 가난한 사람들 전용통로는 중간에 빠져나갈 곳 없이 신속하게 교도소로 데려가는 데 반해, 부자들 전용통로는 느리게 움직이는 데다 중간에 많은 역과 빠져나갈 출구가 무수히 존재한다."[51]

그러므로 라이먼 교수를 비롯한 진보적인 학자들의 주장에 따르면, 똑같은 범죄를 저질렀어도 가난한 사람들은 체포될 가능성이 더 높고, 체포된 이후에는 기소될 가능성이 더 높고, 기소되면 유죄판결을 받을 가능성이 더 높고, 유죄판결을 받으면 실형을 살 가능성이 더 높고, 더욱이 장기간의 실형을 살 가능성이 더 높다는 것이다.

〈뉴욕타임스〉가 연방법원의 판결을 조사한 결과에 따르면, 경제적인 능력이 없어서 개인 변호인을 선임하지 못한 경우에는 개인 변호사를 선임한 경우보다 거의 두 배나 중한 판결을 받은 것으로 나타났다.[52] 또 노스캐롤라이나 주에서 일어난 절도사건 798건의 피의자들을 조사한 결과, 경제적으로 가난한 사람들은 부유한 사람들에 비해 실형을 선고받는 비율이 월등히 높은 것으로 밝혀졌다.[53] 실제로 2013년 미국에서는 이선 카우치(당시 13세)와 '부자병(affluenza)'이라는 신조어가 일간지 헤드라인을 장식했다.

유전무죄와 부자병

2013년 미국, 텍사스 출신의 이선 카우치(18)는 혈중 알코올 농도 허용치의 3배에 달하는 만취 상태에서 제한 속도를 넘어 트럭을 운전하다 4명을 치어 사망에 이르게 했다. 이선 카우치와 변호인은 재판에서 '너무 귀하게 자라다 보니 감정 조절이 잘되지 않는다'며 부자병에 걸렸다고 주장했다. 재판부는 그의 주장을 일부 받아들였고 이선 카우치는 징역형 대신 10년간의 보호관찰(알코올 섭취 금지 포함) 처분을 받았다.

당시 미국 사회는 통상적인 소년 범죄자와 달리 지나치게 관대한 판결을 두고 유전무죄라는 비판을 쏟아냈다. 소년의 아버지 프레드 카우치는 금속공장을 운영하는 사업가로 알려졌다. 이선 카우치는 보호관찰 기간에 또다시 음주를 하다가 적발되자 멕시코로 도주했다.

부자와 빈자는 범죄도 처벌도 다르다

범죄 유형에 따른 형량이나 실형 여부의 현격한 차이도 형사사법체계가 부자들에게 너무 관대하다는 비판의 근거로 자주 거론된다. 예컨대 미국의 경우, 수많은 예금자들에게 피해를 입히는 것은 물론이요 아예 은행 문을 닫도록 만드는 대출사기 사건의 평균 형량은 2년에 불과한 반면, 극히 적은(?) 액수의 피해만을 입히는 은행 강도는 평균 9년의 형량을 받는다. 또 피해액만 놓고 보면 의료보험 부정사건의 피해가 절도 피해의 10배에 이르는데도, 의료보험 부정사건의 경우에는 37.7%가 실형 선고를 받는 데 반해 절도의 경우에는 실형 선고를 받는 비율이 무려 79.2%에 이른다.[54] 185쪽 표를 보면, 미국에서 이른바 '돈이 없어 저지르는 범죄(가난한 사람들의 범죄)'와 '더 많은 돈을 벌려고 저지르는 범죄(부자들의 범죄)'에 대한 법의 심판이 크게 차이난다는 사실을 알 수 있다. 물론 강도와 절도 범죄가 일반 시민들에게 주는 두려움과 공포는 사기나 위조의 경우와 같을 수 없을 것이며, 또한 범죄의 심각성과 중대함을 단순 피해액만으로 판단할 수도 없는 일이다. 돈은 전혀 털리지 않았을지언정 목에 칼이 들어오

미국의 경제수준별 범죄 형량 선고

		실형 선고 비율	평균 형량
저소득 범죄	강도	89%	90개월
	절도	79%	52개월
고소득 범죄	사기	71%	47개월
	위조	64%	32개월

자료:《Bureau of Justice Statistics》, State Court Processing Statistics, 2009

우리나라의 경제수준별 범죄 형량 선고(2013년)

		실형 선고 비율	3년 이상 형량 비율
저소득 범죄	강·절도	33.2%	17.7%
고소득 범죄	횡령·배임	27.4%	9%

자료:《2014 범죄백서》, 법무연수원

는 상황을 겪었다는 그 자체만으로도 이미 쉽게 치유하기 힘든 심각한 피해를 입은 셈이기 때문이다.

그러나 두려움과 공포를 크게 자아내지 않는다 하더라도 횡령이나 사기 같은 범죄가 심각하지 않은 것은 아니며, 따라서 법적으로 관대한 처분이 내려져야 할 이유는 전혀 없다. 경제 전반에 피해를 끼치면서 더 많은 피해자를 낳는다는 점 등을 생각하면, 그 심각성은 강·절도에 못지않다. 그럼에도 실형 선고 비율과 평균 형량이 크게 차이 나는 것은, 형사사법체계가 사회경제 수준에 따라 편향성을 보인다는 라이먼 교수 등의 주장을 뒷받침한다고 할 수 있다.

유죄유벌, 무죄무벌!

우리나라의 경우에는 분류 기준이 미국과 다르기 때문에(강도와 절도가 한데 묶여 있는 식으로) 단순 비교는 어렵지만, 그래도 미국보다는 다소 양호하다고 할 수 있다. 2013년도 통계를 보면, 가난한 사람들이 주로 저지르는 강·절도에 대한 실형 선고 비율과 이른바 있는 사람들의 범죄라고 할 수 있는 횡령·배임에 대한 실형 선고 비율은 각각 33.2%와 27.4%로, 그 차이가 미국에 비해 현저히 적다.[55] 3년 이상 형량의 비율은 두 배 정도의 차이를 보이지만, 앞서 말한 것처럼 강도의 심리적 충격과 심각성을 고려한다면 크게 왜곡된 결과라고 말하기는 어렵다.

그러나 이는 어디까지나 미국과 비교할 때 그렇다는 말이다. 차이가 적다고 해서 편향성이 전혀 없다고 말할 수는 없다. 이미 상식이 되어버린 전관예우 등을 고려해보면 우리 형사사법체계 역시 돈의 힘에서 전혀 자유롭지 않기 때문이다. '법관 옷 벗고 변호사 되면 2년 안에 평생 쓸 돈을 다 벌어야 한다'는 풍설이 결코 그냥 생기지는 않았을 테니 말이다.

미국의 형사사법학 강의 내용 중에 '법정업무집단(courtroom work group)'이라는 말이 있다. 겉으로는 검사와 변호사가 치열하게 공방을 벌이지만, 사실은 판사와 검사, 변호사가 서로 동업자 의식을 지니고 있다는 말이다. 사정이 그렇다 보니 '형사사법산업(criminal justice industry)'이라는 용어까지 생겨나고 있다.

요즘 경찰과 검찰, 법원을 막론하고 형사사법체계 전반에 걸쳐 개혁의 소리가 높다. 내부개혁을 통해 형사사법체계 본연의 모습을 되찾았으면 하는 바람이다. 능력 있는 소수만이 아니라 그 누구라도 지위와 재산에 관계없이 억울한 피해를 입지 않게 되기를 기대한다. "유죄유벌(有罪有罰) 무죄무벌(無罪無罰)"의 너무나도 당연한 원칙이 굳건하게 뿌리내리기를 말이다.

3부

범죄는 어떻게 진화하는가:
시대에 따라 변하는 범죄들

범죄가 늙어간다

세상을 경악케 했던 연쇄살인범들, 예컨대 불과 1년간 9명을 살해한 정두영, 역시 1년도 안 되는 기간에 무려 20명의 목숨을 빼앗은 유영철, 부녀자 13명을 살해하고 20명에게 중상을 입혀 서울 서남부 지역을 공포의 도가니로 몰아넣었던 정남규, 고시원에 불을 지르고 복도로 뛰쳐나오던 10여 명에게 무차별적으로 흉기를 휘둘러 6명을 숨지게 한 정상진 등은 모두 범행 당시의 나이가 20~30대였다는 공통점이 있다.

정두영은 20세에 처음 살인을 저지르고 복역한 후 출소하자마자 연쇄살인을 벌였는데, 그때 나이가 31세였다. 유영철은 34세였고, 서울 서남부 연쇄살인범 정남규는 35세에 범행을 시작했다. 그리고 고시원 방화살인범 정상진은 30세였다. 또 이를 반영하기라도 하듯이 〈베테랑〉, 〈극비수사〉 등 최근의 범죄 관련 영화나 드라마에 등장하는 범죄자들도 대부분 20~30대 남자들이다.

우리나라의 연령대별 범죄 형량 선고

단위: 발생비

연도	18세 이하	19-30세	31-40세	41-50세	51-60세	61세 이상
2005	503.1	3,867.7	5,748.0	6,708.4	4,131.9	690.7
2006	540.8	3,641.7	5,456.4	6,487.1	4,162.5	713.2
2007	709.7	3,983.7	5,550.5	6,569.9	4,218.6	696.1
2008	1,109.5	5,217.0	6,690.7	7,822.1	5,173.9	856.5
2009	1,101.8	5,321.5	6,738.3	7,811.2	5,453.8	930.8
2010	925.3	4,109.2	4,968.5	6,004.0	4,442.4	788.2
2011	931.5	3,823.1	4,663.9	5,767.1	4,460.7	813.5
2012	997.9	3,894.8	4,741.5	5,927.0	5,314.3	1,001.0
2013	865.3	4,035.3	4,872.8	5,871.0	5,247.8	1,018.5
2014	776.5	3,834.8	4,758.3	5,733.8	5,392.3	1,096.9

자료:《2015 범죄분석》, 대검찰청

이렇다 보니, 살인·강도·성폭행 같은 강력범죄는 대개 젊은 남자가 저지르는 것으로 생각하기 쉽다. 더구나 체력적으로 정점에 있는 시기이다 보니 아무래도 강도나 절도 등의 각종 범죄를 저지르기 용이하리라 여겨지는 것이다.

어느 연령층이 범죄를 가장 많이 저지를까?

실제로 1990년대 중반에 살인·강도·성폭행 등 강력범죄를 가장 많이 저지른 연령층은 20대였다. 지난 1996년 전체 강력범죄의 32.4%를 20대가 저질렀다. 다음으로 많은 범행을 저지른 연령층은 10대였다. 전체 강력범죄의 29.9%를 차지했다. 40대와 50대는 각각 7.8%

와 3.1%를 기록하여 10대나 20대와 비교할 때 큰 차이를 보였다.

그러나 2000년대로 들어서면서 범죄 연령층에 일대 변화가 찾아왔다. 2000년에 강력범죄를 가장 많이 저지른 연령층은 1990년대와 마찬가지로 20대였지만 비중은 약 7%p 하락한 25.8%였다. 반면에 40대가 저지른 강력범죄의 비율이 12.6%로 4년 전에 비해 60%나 증가했다.

2006년에는 마침내 순위가 바뀌었다. 30대가 전체 강력범죄의 26.1%를 차지함으로써 가장 많은 강력범죄를 저지른 것으로 집계된 것이다. 놀라운 사실은 30대의 뒤를 이어 40대가 저지른 강력범죄가 전체 강력범죄의 21.8%를 차지하여 20대의 21.6%를 근소한 차이로 앞질렀다는 점이다. 1990년대 중반만 해도 연령대별 순위에서 2위를 차지했던 10대는 30대, 40대, 20대의 뒤를 이어 4위로 내려앉았다. 40대의 강력범죄율은 1996년에 7.8%에 불과했지만 2006년에는 26.1%로 3배가 넘는 증가 추세를 보였다.

위와 같은 강력범죄의 노령화 현상은 50대 이상 연령층의 강력범죄가 크게 늘었다는 것으로 입증된다. 1996년에는 4.0%에 불과하던 50대 이상의 강력범죄가 2006년에는 11.5%로 3배 가까이 급증했다. 최근에는 이런 경향이 더욱 가속화되고 있다. 2014년 50대 이상이 저지른 강력범죄가 전체의 21.0%로 10여 년 사이에 2배 가까이 늘었다.

가장 큰 변화는 60대 이상의 강력범죄가 가파르게 늘고 있다는 점이다. 2010년 60대 이상 연령층의 강력범죄는 전체의 4.3%에 그쳤다. 하지만 2014년에는 6.7%로 불과 4년 사이에 56%가 증가했다.

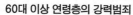

60대 이상 연령층의 강력범죄

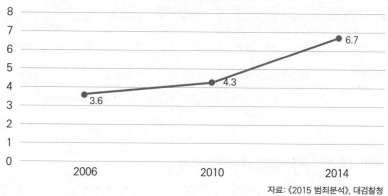

자료: 《2015 범죄분석》, 대검찰청

특히 70대 이상의 경우 2006년에는 0.6%에 불과했으나 2010년에는 0.9%로 늘었고, 2014년에는 1.9%로 10년도 채 되지 않아 3배 이상 급증하는 추세를 보였다. 고령사회로 접어들면서 범죄 역시 고령화되고 있다는 것을 여실히 보여주고 있다.

물론 범죄의 노령화 현상이 나타나는 이유는 노령인구가 늘고 있기 때문이라고 볼 수 있다. 그러나 노령인구의 증가 폭에 비해 범죄 발생이 훨씬 많은 것은 반드시 짚고 넘어가야 하는 부분이다. 범죄의 노령화 현상은 과거와 달리 노령인구의 사회활동이 활발하다는 점을 의미한다. 일상활동이론에 비춰보더라도 사회활동이 많아지면 자연스럽게 범죄를 저지를 가능성과 동시에 범죄 피해를 입을 가능성도 높아질 수밖에 없는 것이다. 한국은 이제 범죄도 늙어가고 있다.

한국과 미국의 연령대별 전체 범죄 구성 비교 (2014년)   (단위: %)

	10대	20대	30대	40대	50대	60대 이상
한국	6.7	15.2	20.3	26.7	22.3	8.8
미국	16.4	35.7	22.5	14.2	8.7	2.5

자료:《2015 범죄분석》, 한국 대검찰청;《2014 Crime in the United States》, FBI

우리나라에서 유독 심한 범죄의 노령화

그렇다면 이 같은 범죄자의 노령화는 세계적인 현상일까? 이미 노령화가 많이 진행된 선진국에서도 범죄의 노령화 현상을 찾아볼 수 있다. 다른 선진국의 경우 50대 이상 연령층의 범죄 건수는 과거보다 많이 늘었다. 하지만 비율 측면에서 보면 다른 연령층에 비해 아직도 미미하다는 점을 알 수 있다.

강력범죄와 재산 범죄, 교통 범죄 등 모든 범죄를 대상으로 한국과 미국의 연령대별 범죄 구성을 비교해보면 위의 표에서 보는 것처럼 많은 차이를 보인다. 2014년 우리나라에서 가장 많은 범죄를 저지른 연령대는 40대로 전체의 26.7%를 차지했다. 반면에 미국은 20대가 가장 많은 범죄를 저질러 전체의 35.7%로 3분의 1 이상을 점유했다. 특히 앞에서 밝혔듯이 우리나라와 미국 사이에 큰 차이를 보이는 것은 50대 이상의 범죄다. 우리나라에서 50대 연령층의 범죄는 전체의 22.3%인 데 반해 미국은 8.7%에 불과하다. 60대 이상의 경우에도 우리나라에선 8.8%를 차지하고 있으나 미국에서는 최근 많이 증가했음에도 아직 2.5%에 머물고 있다. 3배 이상 차이가 난다. 우리나라의 범죄 노령화 비율은 미국보다 훨씬 높은 것이다. 2015년 한국의

65세 이상 인구 구성 비율은 13.1%이며 미국은 14.8%다. 즉, 노년층의 인구 비율은 양국에 큰 차이가 없다는 점을 고려해보면 한국 범죄가 노령화 추세라는 사실이 더욱 확실해진다.

그렇다면 왜 한국 노령세대의 범죄율이 미국보다 압도적으로 높을까? 우리나라의 경우에는 다른 나라들에 비해 나이가 들수록 경제적 부담이 커진다는 점을 꼽을 수 있을 것 같다. 40대의 범죄가 가장 많다는 것은 40대의 경제적 부담이 가장 크며, 아울러 정신적 스트레스도 많다는 것을 의미한다.

이에 더해 급격한 고령화에 비해 노후준비가 충분하지 못한 점도 이유로 들 수 있다. 경제적 어려움은 가족이나 이웃 간의 불화를 낳고 각종 스트레스를 만들어낸다는 점에서 단지 절도 같은 생계형 범죄뿐만 아니라 살인·폭력 같은 강력범죄의 증가에도 원인을 제공한다.

범죄자의 생애 관련 연구로 유명한 미국 메릴랜드대학교의 존 롭 교수와 하버드대학교의 로버트 샘슨 교수의 연구결과에 따르면, 미국의 경우에는 일반적으로 10대 후반에서 20대 초반이 범죄를 많이 저지른다고 한다. 특히 절도나 소매치기 같은 재산 범죄가 10대 후반에서 20대 초반 연령층에 집중되고, 20대 중반 이후부터는 급격히 감소한다. 반면에 강력범죄는 10대 후반부터 40대 초반까지 광범위하게 퍼져 있지만, 역시 10대 후반부터 30대까지가 가장 높은 비중을 보인다. 범죄의 고령화 현상은 인구의 고령화와 함께 세계적인 현상이겠지만, 유독 우리나라에서는 더욱 가파르게 나타나고 있는 셈이다.

TV가 범죄를 잉태하다

국내에서 지난 1996년에 개봉한 영화 〈히트(Heat)〉는 로버트 드니로와 알 파치노를 비롯한 할리우드 유명 스타들이 대거 출연하여 꽤 많은 관객을 불러 모았던 작품으로, 가끔 케이블TV를 통해 재방영되곤 한다. 그런데 〈히트〉는 영화에서만 히트한 것이 아니라 다른 쪽에서도 히트한 작품이다. 한때 세상을 떠들썩하게 만들었던 한빛은행 중랑교지점 은행강도 사건은 영화 〈히트〉가 교과서 역할을 했다.

당시 한빛은행을 털었던 4인조 은행강도들은 영화 〈히트〉를 여러 차례 보며 치밀한 범행계획을 세웠다. 한 편의 영화 시나리오를 쓰듯이 범행 계획서까지 작성했다. 그리고 영화에서 나오는 것처럼 범행에 사용할 자동차와 번호판을 훔치고, 군부대에서 소총과 실탄을 탈취하고, 은행 주변을 여러 번 사전답사하고 나서 실제 범행에 들어갔다.

범죄 영화와 드라마를 본뜬 모방범죄들

2007년 인천에서 일어난 초등학생 유괴·살인사건은 유독 치를 떨게 만든 범죄였다. 당시 숨진 초등학생의 아버지는 그해 상영된 영화 〈그놈 목소리〉를 언급하면서 "우리 아이가 사악한 모방범죄의 희생양이 되었다"고 말했다. 유괴범은 "영화를 본 적이 없다"고 경찰조사에서 밝혔다지만, TV·신문 등의 각종 매체들에 실린 영화 소개나 동일 사건을 심층 보도한 TV 시사고발 프로그램 등을 통해 당시 유괴사건의 내용을 알았을 가능성이 높다.

그리고 꼭 〈그놈 목소리〉가 아니더라도 공중전화를 이용하거나 약속장소를 수차례 바꾸는 수법이 모방된 것을 보면 언론이건 영화건 간에 미디어가 범죄수법의 교사 역할을 했다는 사실만큼은 부인하기 어렵다. 실제로 20명 넘게 사람을 죽인 연쇄살인범 유영철도 영화 〈공공의 적〉에 나온 경찰신분증을 보고 신분증을 위조하고, 또 어떻게 하면 경찰 수사망에 걸리지 않을지 연구했다고 실토한 바 있다.

영화나 TV를 본 뒤에 실제로 범행을 저지르는 경우는 이 외에도 여럿 찾아볼 수 있다. 영화 〈친구〉가 800만 명 이상의 관객을 끌어모았을 당시에는 영화를 본뜬 모방범죄가 속출했다. 심지어 학교 교실에서 같은 반 친구를 칼로 찔러 죽이는 일까지 벌어졌다. 영화 〈주유소 습격사건〉이 상영된 뒤에는 실제로 주유소 강도 사건이 여러 차례 발생했다. 또 1994년에 아버지를 죽인 박한상도 귀국 비행기에서 영화 〈드레스드 투 킬〉을 보고 토막 살인을 저지르게 되었다고 진술한 바 있다.

아울러 인기리에 방영된 〈CSI〉, 〈크리미널 마인드〉, 〈프리즌 브레이크〉를 비롯한 여러 범죄수사 드라마들은 특히 전문적이고 철저한 고증과 치밀하고 사실적인 묘사를 무기로 시청자들의 눈을 사로잡았다. 그러나 일반 시청자들이 이 같은 범죄 영화·드라마를 통해 새로운 즐거움을 얻는 반면에 범죄와 싸워야 하는 사람들은 새로운 숙제를 떠안게 되었다.

"범행 현장에 가면 흔적을 찾을 수가 없어요. 지문은 말할 것도 없고, 이런저런 범죄 흔적을 남기지 않는다니까요."

오랜 범죄수사 경력을 자랑하는 어느 베테랑 형사의 말이다.

"최근에 〈CSI〉 열풍으로 과학수사에 대한 관심은 높아졌지만, 그 후유증이 정말 심각합니다. 새로운 범죄수법은 물론이고 경찰의 수사기법까지 너무 자세하게 소개하니까 말이죠."

연쇄살인범 강호순 역시 몸싸움 과정에서 피해자의 손톱에 자신의 살점이나 머리카락이 낄 수 있다고 판단하여 피해자의 손톱을 모두 자르는가 하면, 경찰이 인터넷 검색 내용을 조사하자 자기 컴퓨터의 하드디스크를 포맷하기도 했다. 사건을 맡은 경기경찰청 폭력계장은 "마치 미국의 범죄수사 드라마 〈CSI〉나 인터넷을 통해 범죄행동요령을 학습한 것처럼 보일 정도"라고 말했다.[1]

모방범죄를 일으키는 네 가지 요인

물론 모든 사람들이 범죄 영화나 드라마를 보고 범죄를 저지르는 것은 아니다. 〈터미네이터〉, 〈에일리언2〉, 〈아바타〉를 감독한 제임스 캐머런은 "설사 모든 사람들이 〈드라이빙 미스 데이지〉 같은 영화만 본다 해도, 쇠톱으로 사람 머리를 자르는 범죄는 일어날 것"이라고 항변한 바 있다. 참고로 〈드라이빙 미스 데이지〉는 1990년 아카데미 최우수 작품상 수상에 빛나는 역사상 가장 아름다운 영화다. 흑인 운전수와 백인 부인이 인종차별을 극복하고 우정을 쌓아간다는 내용이며 당연하게도 폭력이나 욕설은 나오지도 않는다.

다만 제임스 캐머런 감독의 재치 넘치는 말과 달리 모방범죄는 영화나 TV 내용과 직접적인 관련이 있다. 미국의 학자 조지 컴스탁(George Comstock)은 범죄 영화나 드라마를 보고 모방범죄를 저지를 가능성이 네 가지 요인에 달려 있다고 설명한다.

첫째, 효험성이다. 모방범죄가 생길 가능성은 영화나 TV에서 살인이나 범죄행위가 결국 소기의 성과를 거두었느냐에 달려 있다. 영화 〈주유소 습격사건〉에서 경찰이 출동하고 그렇게 난리법석을 떨었는데도 노마크, 딴따라 등 범인들은 결국 챙길 것 다 챙기고 스포츠카까지 타고서 유유히 사라진다. 오랜 기간 국민 위에 군림해온 경찰이 온갖 망신을 다 당하는 모습은 관객들에게 일종의 카타르시스 또는 고소함을 안겨주었을 수도 있지만, 처벌의 모습이 없는 영화나 드라마는 모방범죄를 불러일으킬 소지가 매우 크다.

둘째, 정당성이다. 영화나 드라마에 나오는 인물의 범죄행위가 정당화될 수 있는가에 따라 모방범죄의 발생 가능성이 결정된다. '그런 상황에서는 어쩔 수 없지', '나라도 그렇게 했을 것이다', '잘 죽였어' 하는 생각이 들면서 범인의 행동이 정당화되면 모방범죄의 가능성이 커진다. 영화 〈주유소 습격사건〉에서 범인들은 하나같이 왜곡된 사회구조의 피해자들이다. '이유 있는 반항'으로 받아들여질 수 있는 것이다.

영화 〈레옹〉에서 레옹은 살인청부업자다. 부모 잃은 소녀 마틸다를 위해 경찰을 비롯하여 숱한 사람을 죽인다. 돈도 안 받고 말이다. 그래서 관객들은 레옹에게 더욱 끌린다. 프랑스 영화 〈르지탕(Le Gitan)〉에서 알랭 드롱 역시 은행을 털어 자신과 같은 집시들을 돕는다. 의적인 셈이다. 의리 있고 잘생기고 멋있으니 따라 하고픈 생각이 드는 것이다.

셋째, 관련성이다. 영화나 드라마 속의 장면이 현실과 잘 맞아떨어질수록 모방범죄의 가능성은 커진다. 또 영화나 드라마 속의 주인공과 자신의 입장이 비슷할수록 쉽게 모방범죄를 저지르게 된다. 영화 〈히트〉에서 로버트 드니로는 이제 은행강도 생활을 접고 정착하려 했다. 마지막 한탕만 멋지게 하고서 뉴질랜드로 날아갈 계획이었다. 한빛은행 중랑교지점 은행강도들도 한탕을 노렸다. 로버트 드니로 일당이 준비한 것처럼 치밀하게 계획하면 성공할 수 있다는 확신을 가지고, 그들은 은행으로 달려갔다. 총을 든 채 말이다.

마지막으로, 영화나 TV를 보는 관객의 민감성이다. 충동적인 성격의 관객일수록 모방범죄를 저지를 가능성이 높다. 똑같은 영화나 드라마를 봐도 대부분의 사람들은 범죄를 저지르지 않는다. 영화나 드라마를 볼 때는 작품에 쏙 빠져들었다가도 끝나고 나서 밝은 곳으로 나오면 다시 냉정한 현실로 돌아오는 것이 대부분의 사람들이다. 그러나 마치 폭약 심지에 불을 붙여주기만 기다리는 것 같은 태도로 영화나 TV를 보는 사람들도 있다. 이런 이들은 교도소에 들어가도 그 버릇이 쉽게 고쳐지지 않는다.

TV방송이 시작되면서 범죄율이 급증했다

범죄 영화나 드라마는 분명히 범죄에 영향을 미치는 게 사실이다. 하지만 범죄를 저지를 마음이 전혀 없는 이가 영화나 드라마를 본 후 갑자기 범죄를 저지른다는 뜻이 아니다. 범죄를 저지를 생각이 있는 사람이 범죄 영화나 드라마를 보고서 '저런 수법을 쓰면 잡히지 않고 성공하겠구나' 하는 믿음을 품게 된다는 의미로 받아들여야 한다. 다시 말해, 범죄 영화나 드라마가 범죄의 동기요인으로 직접 작용한다기보다는 주로 범죄기법의 선택에 영향을 미친다고 할 수 있다.

범죄 영화나 TV 드라마가 범죄에 미치는 영향에 대해서는 여러 가지 견해가 있지만, 미디어와 범죄의 상관성을 줄곧 연구해온 레이 슈레트(Ray Surette) 같은 학자는 영화나 TV가 어떤 형태로든 범죄에 확실히 영향을 미친다고 말한다. 설령 완벽한 증거를 제시할 수는 없을지라도 말이다.[2]

많은 사람들이 범죄 영화를 접하는 곳도 주로 TV라는 점에서 TV의 영향력은 더욱 중요하다. TV가 범죄에 미치는 영향은 비교적 많이 연구되어왔는데, 그 가운데 특히 재미있는 것으로는 남아프리카 공화국과 캐나다, 미국을 비교 검토한 브랜던 센터월(Brandon Center-wall)의 연구를 들 수 있다. 남아공은 백인 지배하에 일찍이 서구화된 나라다. 그러나 놀랍게도 1975년 이전에는 그곳에 TV방송이 없었다. 흑백 인종갈등으로 인해 수십 년간 TV 도입을 제도적으로 막아왔기 때문이다. 1937년에 영국 BBC방송이 세계 최초로 TV방송을 시작한 이래 거의 40여 년간 남아공에서는 TV를 볼 수 없었던 것이다.

센터월은 미국과 캐나다가 남아공보다 수십 년 빠르게 TV방송을 시작한 점에 착안하여 미국과 캐나다, 남아공의 범죄율을 비교했다. 이때 남아공의 흑인이 미국이나 캐나다의 흑인들과 상당히 다른 조건에 놓여 있다는 점을 고려하여 비교대상은 오로지 세 나라의 백인들로 한정했고, 통계는 가장 정확한 범죄통계로 인정받는 살인율에 국한했다.

1945년에서 1974년 사이에 미국의 살인율은 93%, 캐나다의 살인율은 92% 증가했다. 반면에 TV가 없었던 남아공에서는 살인 범죄율이 오히려 7% 감소했다. 이 기간에 세 나라의 경제성장률은 모두 비슷했다. 캐나다가 124%로 가장 높았으며 미국이 75%, 남아공은 86%였다. 또한 살인율에 영향을 미치는 연령분포, 도시화, 주류 소비량, 사형제도 유무, 총기휴대 합법화 여부 등의 모든 요소를 검토했지만 세 나라 모두 큰 차이가 없었다. 유일하고도 가장 극명한 차이는 TV가 있고 없고의 차이였다.

센터월은 더 정확한 연구를 위해 미국의 지역별 살인율을 조사했다. 국토가 넓은 미국은 TV방송을 시작한 시기가 지역에 따라 달랐기 때문이다. 조사 결과, TV방송을 먼저 시작한 지역의 살인율이 TV방송을 아직 하지 않던 지역의 살인율보다 높게 나타났다.

센터월은 인종별 살인율의 변화추이도 살펴보았다. 당시 미국 백인들은 흑인을 포함한 소수인종들보다 평균 5년 정도 TV 구입이 빨랐다. 미국에서 백인의 살인율은 1958년을 기점으로 증가하기 시작했다. 흑인을 비롯한 소수인종의 살인율 증가는 4년 뒤에 나타났다. TV가 특히 아동기에 강한 영향력을 미친다는 점을 고려했을 때, 범

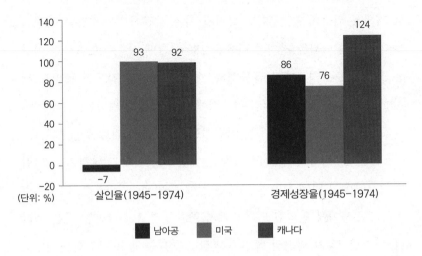

남아공, 미국, 캐나다의 살인율 및 경제성장율 증감 비교 (1945~1974년)

(단위: %)

살인율(1945-1974)　　　경제성장율(1945-1974)

■ 남아공　　■ 미국　　■ 캐나다

죄율의 급격한 증가는 TV 보급 후 약 10년 정도의 지체효과가 있다. 미국이 상업 TV방송을 1950년에 시작했다는 점을 감안하자면, 거의 비슷한 시기에 범죄율이 급증하기 시작했다는 사실을 알 수 있다.

TV는 분명 범죄를 촉진한다

어린이들이 폭력성 강한 TV 프로그램에 일상적으로 노출되면 폭력에 대한 저항심리가 약화되어 부정적인 결과가 초래된다는 사실은 이미 과학적으로도 입증되었다. 미국 과학전문지《사이언스》에 발표된 미국 뉴욕주립정신의학연구소 보고서에 따르면, 소아기에 TV를 시청하는 시간이 길수록 범죄율이 높은 것으로 나타났다. 1975년에 뉴욕 주의 어린이 707명을 추적조사한 결과, TV 시청 시간이 1시간 미만인 어린이들은 10대 후반부터 20대 전반까지 강도 등의 범죄를 저지른 비율이 9.1%였다. 하지만 시청 시간이 1~3시간인 어린이들이 나중에 범죄를 저지른 비율은 28%로 3배 상승했고, 3시간 이상은 39.9%로 무려 4배로 급등했다. 미국의 소아과 전문의 로버트 세지(Robert Sege) 박사는 TV의 위험성에 관해 이렇게 말한다.

"행동을 모방하고 배우는 어린이들은 TV를 그대로 수용한다."

물론 TV방송이 범죄의 가장 중요한 요인이라고 말하기는 어렵다. TV방송이 없던 100년, 500년 전에도 범죄는 분명 존재했다. 범죄와 TV 사이에 완벽한 인과관계가 존재한다고 주장하는 것은 무리다. 하지만 TV가 범죄의 촉진제 역할을 한다는 점은 부인할 수 없다. 다시 말해 범죄동기가 전혀 없는 사람에게는 TV방송이 큰 역할을 하지 못한다. 반면에 범죄동기가 충분한 사람에게 TV는 범죄를 실행에 옮기도록 만드는 유혹으로 작용한다는 것이다.

범죄 관련 내용이 TV를 통해 방영될 때 많은 사람들은 별 생각 없이 보고 지나가지만, 일부는 '저렇게 하면 돈을 벌 수 있겠구나'라든가, '저러면 잡히지 않겠구나'라고 생각한다는 데 문제가 있다. 이런 순간의 생각은 신념같이 굳어지고 결국 범행으로 이어진다.

대기오염을 이유로 모든 공장의 문을 닫을 수는 없는 것처럼, 범죄를 이유로 TV방송을 중단할 수는 없는 노릇이다. 그러나 대기오염 방지시설을 설치하여 오염물질 배출을 줄이듯이 TV방송도 범죄에 악용될 수 있는 내용을 최대한 걸러내야 한다. 지금도 물론 시청자 감시 프로그램 등이 존재하지만 시청률이 곧 신(神)인 현실에서는 아직 공허한 몸짓에 불과하다.

범죄도 유전될까?

범죄의 유전성에 관한 의문은 이미 수백, 수천 년 전부터 제기되어왔으며, 그 의문을 둘러싼 다양한 연구들이 존재한다. 초기 연구들 가운데 하나로, 사회학자인 리처드 덕데일(Richard Dugdale)은 18세기 미국의 여성 범죄자인 애더 주크(Ada Juke, 가명)의 가계(家系)를 조사했다. 1874년, 덕데일은 뉴욕의 한 구치소에 주크 일가 6명이 구금되어 있음을 발견했고, 이후 주크의 후손을 5대손까지 추적하여 모두 709명을 찾아냈다. 그 결과를 보면 걸인이 280명, 절도범 60명, 살인범 7명, 잡범 140명으로, 주크의 후손들 대부분은 범죄자이거나 사회 밑바닥에서 형편없는 생활을 영위하는 사람들이었다. 덕데일은 이를 바탕으로 범죄의 유전성을 주장했다.[3]

우생학적 범죄이론

물론 이는 터무니없는 주장이었다. 주크의 후손들이 범죄의 길로 들어선 것은 유전적 결함 때문이라기보다 제대로 된 성장환경을 제공받지 못한 탓이었기 때문이다. 달리 말해, 덕데일은 교육 여건이나 고용 상태, 소득수준 따위의 다른 개입요인(rival causal factor)들을 제대로 통제하지 못한 상태에서 무리한 결론을 이끌어낸 것이었다. 그러나 이렇듯 결함을 지녔음에도, 덕데일의 연구는 당시 커다란 반향을 불러일으켰다.

우생학적 범죄이론가인 찰스 헨더슨(Charles Roy Henderson)은 주크 일가가 열등한 가족의 전형적인 사례라며, 사회복지 차원에서 이들을 돌봐주다가 공연히 자손들 숫자만 늘려 결국 사회에 큰 비용과 골칫거리를 안겨주게 되었다고 주장했다. 아울러 그는 한 걸음 더 나아가, 이런 열등한 사람들을 사회로부터 격리하고 아예 자녀를 두지 못하게끔 강제적으로 불임수술을 해야 한다는 극단적인 주장까지 폈다.[4] 그 논리인즉슨, 애더 주크 1명만 불임시켰으면 그 후손들 때문에 발생한 수백만 달러 이상의 커다란 사회경제적 비용을 줄일 수 있었으리라는 것이었다.

헨더슨과 더불어 우생학적 범죄이론을 대표하는 헨리 고다드(Henry Goddard) 역시 지적 능력이 떨어지거나 정신지체 증세를 보이는 사람들을 강제 불임시켜야 한다고 주장했다. 그런 주장의 근거 가운데 하나는 미국 독립전쟁에 참전했던 마틴 캘리캑(Martin Kallikak)의 후손들에 관한 조사였는데, 퀘이커교 신자인 본처에게서 난 자손들은 대부분 건전한 사회생활을 이어간 데 반해 하류층 출신의 첩에게서 난 자손들 가운데는 범죄자와 사회부적응자가 많았다는 것이다. 게다가 그는 심지어 얼핏 얼굴만 보고도 지적 능력이 떨어지거나 정신지체인 사람을 식별해낼 수 있다고 주장했다.[5] 그러나 고다드의 연구결과는 대부분 허위였다. 캘리캑이라는 이름도 사실은 아름다움과 나쁨을 의미하는 그리스어 '칼로스(kallos)'와 '카코스(kakos)'의 합성 조어였다. 이 같은 사실이 밝혀짐에 따라 고다드의 주장은 신빙성을 완전히 잃고 말았다.

'범죄형 얼굴'이 정말 존재하는가?

'범죄형 얼굴'에 관해서는 이른바 19세기 근대 실증범죄학의 시조로 불리는 이탈리아의 체자레 롬브로소(Cesare Lombroso)가 이미 심도 있게 연구한 바 있다. 당시 세계를 뒤흔들었던 다윈의 진화론에 영향을 받은 롬브로소는 교도소 수감자 수천 명의 외모를 분석하여 선천적으로 범죄자형 외모가 따로 있다고 주장했다. 그가 '타고난 범죄자의 얼굴형'으로 제시한 생김새는 큰 턱, 강한 턱선, 튀어나온 이마, 긴 팔, 날카로운 눈빛, 크고 앞쪽으로 기운 귀 등이었다. 아울러 그는 '폭력범은 이마가 넓으나 강간범들은 좁고, 방화범은 얼굴이 길고 말랐으나 사기꾼은 광대뼈가 나오고 살쪘다'는 식으로 범죄형 얼굴을 세분화했다.[6]

그러나 롬브로소의 이런 주장은 비과학적인 것이었다. 우선 그가 조사한 교도소 수감자들은 얼굴 형태가 비슷할 수밖에 없었다. 그들 대부분이 이탈리아 남부 출신이었기 때문이다. 이탈리아 남부와 북부 사람들은 생김새가 많이 달라, 거의 다른 나라 사람들처럼 보인다. 북부 사람들은 독일이나 프랑스 사람들과 비슷한 데 반해, 남부 사람들은 지중해 연안의 그리스나 터키 사람들을 닮았다.

이탈리아 북부와 남부의 차이는 얼굴 생김새만이 아니다. 그보다 더 심각한 것은 경제력의 차이라고 할 수 있다. 지금도 마찬가지지만 이탈리아 남부는 북부에 비해 경제사정이 어려웠다. 그렇다 보니 아무래도 남부 출신들이 범죄를 많이 저지를 수밖에 없었고, 그리하여 남부 사람들의 일반적인 얼굴 생김새가 범죄형 얼굴로 굳어진 것이었다. 더구나 롬브로소가 범죄형 얼굴을 다룬 책은 1861년 이탈리아 통일로부터 얼마 지나지 않은 1876년에 발간된 것이었다. 당연히 이탈리아 남부와 북부는 서로 같은 국가의 국민이라는 인식도 약했고, 그런 까닭에 북부 사람들이 남부 사람들을 대놓고 무시·경멸하던 터였다. 이탈리아 북부 베로나의 부유한 집안 출신이었던 롬브로소는 결국 사회적인 특성을 고려하지 않은 채 왜곡된 결과를 일반화함으로써 결정적인 오류를 범한 것이었다.

이전에 연쇄살인범 강호순의 얼굴이 일부 언론에 공개되어 큰 논란이 일었는데, 공개가 적절한지에 관한 논의와는 별도로 강호순의 얼굴이 흔히 말하는 '범죄형'과 다르다는 점도 큰 관심을 모았다. 어쩌면 그렇기 때문에 여성들의 경계심과 방어기제를 약화시킬 수 있었고, 그래서 범행을 저지르기가 더 수월했는지도 모르겠지만, 여하튼 범죄형 얼굴이 따로 있을 수는 없다. 실제로 강력계나 폭력계 형사들을 보면 오히려 더 우락부락하게 생긴 경우가 많다. 반면에 남을 속여야 하는 사기꾼들은 대부분 호감형이다. 이른바 범죄형 얼굴로 과

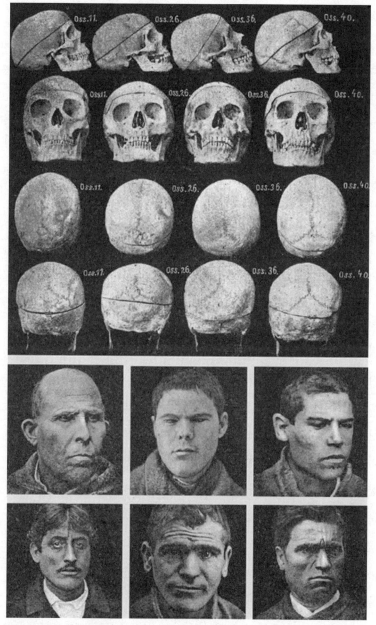

롬브로소의 책에 실린 범죄자의 얼굴과 두개골 사진.

연 사기를 칠 수 있겠는가 말이다.

　범죄 사실을 알고 난 뒤에 얼굴을 보니까 '역시 범죄형으로 생겼어'라고 말할 수 있는 것이지, 아무런 편견과 선입견 없이 그냥 얼굴 사진만 놓고 범죄자와 일반인을 구별한다는 것은 눈을 감고 그냥 찍는 것과 크게 다르지 않다. 더구나 만약 '범죄형 얼굴'이라는 것이 있다면, 성형수술을 통해 완벽한 호감형 얼굴로 뜯어고쳤을 경우 범죄성마저 사라지게 된다는 말인가? 초기 범죄학자들은 범죄의 유전성을 강조하려는 생각에 무리한 주장을 펼치곤 했는데, 그 대표적인 사례가 바로 '범죄형 얼굴'이라고 할 수 있다.

쌍둥이 연구와 입양아 연구

범죄의 유전성에 관한 연구는 20세기 초에도 이어졌다. 그 대표적인 학자는 영국의 찰스 고링(Charles Goring)으로, 그는 새로운 통계학적 기법을 이용하여 교도소 수감자 3,000명과 일반인 3,000명을 무려 8년간 96개 항목에 걸쳐 비교분석했다. 그리고 그 결과를 바탕으로 부모와 자식 간에, 그리고 형제간에 범죄와 관련한 높은 상관관계가 존재한다고 밝혔다. 그에 따르면 이런 상관관계는 오로지 유전적 요인 때문에 발생하는 것이었고, 따라서 범죄의 악순환을 방지하려면 당연히 범죄자들의 출산을 막아야 했다.[7] 그러나 여기서도 성장환경이라는 사회적 요인이 제대로 고려되지 않았기 때문에 고링의 결론을 받아들이기는 역시 무리일 수밖에 없다.

　이처럼 범죄의 유전성에 관한 초기의 연구들은 문제가 많았기에 결과를 받아들일 수가 없었다. 문제의 요지는 '환경의 영향을 어떻게 배제할 것인가'였는데, 이런 측면을 고려한 첫 번째 시도가 바로 '쌍둥이 연구(twin study)'였다. 일란성 쌍둥이가 유전적으로 동일한 데 반해 이란성 쌍둥이는 일반적인 형제와 다를 바 없기 때문에 두 집단을 비교하면 유전 효과를 입증할 수 있다고 믿었던 것이다.[8] 독일의 생리학자인 요하네스 랑게(Johannes Lange)는 13쌍의 일란성 쌍둥이와 17쌍의 이란성 쌍둥이를 조사했다. 일란성 쌍둥이들은 둘 중 1명이 구속 경험이 있을 경우에 다른 1명 또한 구속 경험을 지닌 비율이 77%인 반면, 이란성 쌍둥이들은 그 비율이 12%에 불과한 것으로 나타났다. 이런 큰 차이를 바탕으로, 랑게는 범죄가 숙명처럼 유전된다고 주장했다.[9]

그러나 쌍둥이 연구 역시 양육방법의 유사성과 같은 환경의 영향을 전적으로 배제하지 못했기 때문에 많은 비판을 받았고, 이에 새롭게 시도된 것이 '입양아 연구(adoption study)'라고 할 수 있다. 태어나자마자 입양된 아이의 경우에는 친부모를 한 번도 보지 못했기 때문에, 사회적 환경의 효과가 완전히 배제된 친부모의 순수한 유전 효과를 파악할 수 있다고 판단한 것이었다. 그 대표적인 연구들은 주로 북유럽 학자들에 의해 이루어졌다. 스웨덴의 학자 사르노프 메드닉(Sarnoff Mednick)은 덴마크 코펜하겐에서 1927~1941년에 태어난 입양아와 친아버지의 범죄 관련성을 분석했는데, 범죄 기록이 없는 입양아의 경우에 범죄 기록이 있는 친아버지를 둔 비율은 31%, 범죄 기록이 있는 입양아의 경우에 범죄 기록이 있는 친아버지를 둔 비율은 48.8%로 나타났다.[10]

이처럼 많은 쌍둥이와 입양아 연구들이 범죄의 유전성을 강조하자 글렌 월터스(Glenn Walters)는 14건의 쌍둥이 연구와 13건의 입양아 연구를 토대로 메타분석(개별 연구들을 종합하여 변수들 간의 관계를 통계적으로 밝히는 연구 방법)을 실시했는데, 결론은 그 연구들이 대체로 범죄의 유전성에 대한 증거를 보여준다는 것이었다.[11]

범죄는 사회적 현상이다

물론 쌍둥이 연구나 입양아 연구 역시 환경의 영향을 완전히 배제할수 없다는 점에서 결과를 전적으로 수용하기는 어렵다. 게다가 더 중요한 사실은, 범죄란 엄연히 사회적 현상이라는 점이다. 범죄는 시·공간적으로 상대적인 개념이고 계속 바뀔 수 있기 때문에, 모든 범죄에 획일적으로 유전성을 적용할 수는 없다. 즉 정치범죄나 피해자 없는 범죄처럼 범죄로 쉽게 정의하기 어려운 유형의 범죄에까지 범죄의 유전성을 획일적으로 적용해서는 안 된다는 말이다. 예수나 소크라테스, 갈릴레오 모두 당시에 정치범이었는데, 그들이 어찌 연쇄살인범이나 일반 잡범들처럼 범죄의 유전성 때문에 법 규정을 어겼다고 할수 있겠는가? 범죄라는 개념은 사회적 필요성의 산물일 뿐이다.

아울러 에이드리언 레인(Adrian Raine)을 비롯한 대부분의 관련 전문가들이 강조하듯이, 범죄의 유전성 문제는 생물학적·의학적 측면만으로 규명할 수 없다. 환경적인 요소를 떼어놓고는 범죄를 논할수 없기 때문이다. 따라서 범죄의 유전성은 결국 범죄를 유발할 수 있는 유전형질이 어떤 성장환경에 놓이느냐에 따라 결정되는 문제라고 할 수 있다. 범죄를 저지르기 쉬운 충동적이고 공격적인 성향이 어떤 사회적 환경에서 어떤 부모를 만나 어떤 양육과 교육을 받느냐에 따라 범죄자로 발전할 수도, 또 매우 진취적이고 도전적인 기업가나 정치인으로 발전할 수도 있는 것이다.

범죄예방: 범죄공간학과 통섭

요즘 거리를 걷다보면 '안심길'이라는 표지판이 자주 눈에 띈다. 이런 곳은 대부분 셉테드(CPTED, crime prevention through environmental design)라는 범죄예방기법이 적용되어 안심길로 지정된 곳이다. 부산시 진구 범천4동 미실마을에는 독특한 안심길이 있다. 이곳이 다른 안심길과 다른 점은 '모스키토'라는 독특한 범죄 예방 장치가 설치돼 있다는 것이다.

환경설계와 디자인으로 범죄를 예방하다

모스키토란 모기 소리가 들리면 신경이 쓰여서 잠을 자기 어려운 것처럼, 시끄러운 소리를 내서 사람을 쫓아내기 위해 개발됐다. 이 장치는 연령대마다 들을 수 있는 주파수 음역대가 다르다는 점에 착안하여 만들어졌다. 주로 10대와 같이 청소년들에게만 들리는 1만

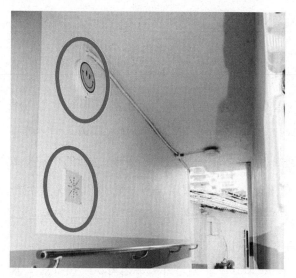
부산시 미실마을에 설치된 모스키토.

6,500㎐~1만8,000㎐ 이상의 고주파를 발생해 청소년이 자리를 피하
도록 유도한다. 미실마을은 그동안 사람이 살지 않는 빈집이나 폐가
들이 많다 보니 청소년 범죄의 온상이 됐다. 이것이 이 마을에 모스키
토 장치를 설치한 이유다.

　시각적인 방법에만 의존하던 초기 셉테드 기법은 최근에는 청각
적 기법을 적용하는 등 점차 진화하고 있다. 물론 미실마을의 빈집이
나 폐가 앞에 시각적인 자연감시를 위해 지나가는 사람들이 밖에서
볼 수 있도록 구멍 뚫린 철문이 설치돼 있다. 여기서 자연감시란 공
간 배치와 시설 디자인을 통해 잠재적 범죄자와 피해자의 모습이 시
선연결 범위에 놓일 수 있도록 유도하는 것이다.[12] 마을 초입 가로수
길도 자연감시가 쉽도록 설계되었다. 나무들 사이에 통행로를 만들고

통행로 표지판도 세웠다. 실제로 16개에 달하는 셉테드 행복마을은 2014년 살인·강도·강간 및 추행·절도·폭력 등 5대 범죄가 33건으로 집계되어 전년 대비 65.9%나 감소한 것으로 나타났다.

셉테드란 '환경설계를 통한 범죄예방'을 말한다. 범죄에 관심이 있다면 몇 번은 들어봄직한 말이다. 셉테드는 환경설계나 디자인을 통해 범죄를 예방한다는 개념에서 출발한다. 셉테드는 1970년대 초에 처음 선보이긴 했지만 이론적인 뿌리를 캐보면 의외로 오랜 역사를 갖고 있다. 초기에는 주로 생태학적 입장에서 범죄와 도시환경 사이의 관련성에 대해 연구하면서 시작됐다.

생태학이란 동물 및 식물들의 서식지를 중점적으로 연구하는 분야다. 이 용어는 독일 생물학자 에른스트 헤켈(Ernst Haeckel)이 처음 사용하면서 생물과 생물 혹은 생물과 환경 간의 상호작용을 다루는 학문이라고 정의했다. 생태학은 한 서식지 내의 동물과 식물이 서로 복잡하게 연결되어 있으며 생존을 위해 서로 의존한다는 점을 강조한다.

이런 생태학에 바탕을 두고 생겨난 게 사회생태학이다. 인간도 다른 동물처럼 주변 환경에 적응해 살게 마련이고 인간 행동 역시 환경에 영향을 받아 변화한다는 입장이다. 범죄와 연결해 생각하면, 범죄는 환경이 나빠지면 증가한다. 따라서 환경을 개선하면 범죄도 예방하고 줄일 수 있다고 보는 것이다.

환경 연구를 통해 범죄를 예방하고 통제하려는 연구는 이후에도 여러 관점에서 이뤄졌다. 특히 1960년대 이후에는 건축설계나 도시계획 등을 통해 범죄를 예방하려는 시도가 행해졌다. 1961년 제인 제이콥스(Jane Jacobs)는 도시설계와 범죄가 관련이 있다고 주장했다. 셉테드라는 개념은 범죄학자 레이 제프리(Ray Jeffery)가 1971년 처음으로 사용함으로써 세상에 알려지기 시작했다. 또한 다음 해인 1972년 건축학자인 오스카 뉴먼(Oscar Newman)이 《방어공간(Defensible Space)》이란 책을 펴내면서, 공공주택 설계가 범죄에 미치는 영향을 강조했다. 그리고 뉴먼이 공공주택 건축 프로젝트를 맡게 되자 '방어공간'이라는 자신의 이론을 건축에 실제 적용해 설계하면서 언론과 대중의 관심을 끌었다.

뉴먼의 방어공간이란 효율적인 환경설계를 통해 주민을 범죄로부터 보호하는 공간을 말한다. 특정 공간에 대한 영향력과 통제력을 강화하면 외부인은 이 공간에 쉽게 들어오지 못하게 된다. 또 자연적으로 감시가 가능하도록 공간 배치와 설계를 적절하게 하면 범죄기회를 줄일 수 있다고 본다. 자신이 주거하는 공간에 대해 주인 의식과 함께 책임감을 높이는 것 역시 범죄예방효과를 높인다는 것이 방어공간의 또 다른 핵심 개념이다. 뉴먼은 미국 오하이오 주 데이튼 시와 뉴욕 시 사우스 브롱스 등지에서 공공주택을 방어공간적으로 설계했다. 그 결과, 범죄율이 감소했다는 점을 들어 환경설계의 중요성을 강조했다. 공공주택 사업은 경제적으로 어려운 사람들에게 정부가 싼값에 아파트 등을 임대해주는 것이기 때문에 슬럼화를 우려하는 시각이 많았던 것이다.

셉테드의 차별화된 특성으로 공학적인 접근을 꼽을 수 있다. 기존의 범죄예방과 관련한 이론들은 경찰 등 수사기관의 공식적 범죄 통제나 가정과 학교의 중요성 등 이른바 비공식적 통제를 바탕으로 한다. 한마디로 규범적이고 사회과학적 접근이었다. 반면에 셉테드는 건축 및 도시설계뿐만 아니라 전자전기공학, 재료공학 등 다양한 공학 기술을 바탕으로 하고 있다. 그 결과를 눈으로 직접 볼 수 있는 물리적 방법을 주로 활용하기 때문에 효과 측정도 빠르고 효율성도 높다.

셉테드는 범죄와 디자인의 통섭이다

이런 관점에서 셉테드는 전형적인 통섭 의미를 담고 있다. 통섭(consilience)이란 미국 하버드대학의 동물학자 에드워드 윌슨(Edward Wilson)이 '지식의 통합'이란 관점에서 제시한 개념이다. 통섭이라는 용어는 윌슨이 새로 만든 것은 아니며, 1840년 윌리엄 휴얼(William Whewell)이 《귀납적 과학의 철학(Philosophy of the Inductive Sciences)》이라는 책에서 처음 선보인 말이다. 부분적이고 파편적인 사실에 기반을 둔 설명이 아니라 총체적으로 분야를 어우르는 입장에서 이론을 연결함으로써 지식을 통합하는 개념이라고 볼 수 있다.

통섭은 요즘 유행하는 '융합'이라는 개념과는 다르다. 가장 간단하게 차이를 설명하자면, '통섭'은 생물학적 개념이고 '융합'은 화학적 개념이라고 할 수 있다. 자녀가 부모의 유전적 특성을 각각 물려받는 게 통섭적 개념이다. 반면에 수소와 산소가 결합해 전혀 다른 '물'이라는 물질이 만들어지는 것과 같은 화학적 결합이 융합이라고 볼 수 있다. 이 때문에 사실 근래 일반적으로 사용하는 융합이라는 개념은 이런 화학적인 결합을 의미하지 않으며 오히려 통섭의 개념에 가깝다고 할 수 있다.

통섭에 의한 지식의 통일은 학문 분야에 상관없이 현상에 대한 인과 설명들을 아우르는 것을 의미한다. 물리학, 화학, 생물학과 같은 자연과학과 건축학, 도시공학, 전자공학 등의 공학, 그리고 사회과학과 인문학 모두를 하나로 묶어 통찰하는 것이 통섭적 결합이며 연구 방법인 것이다.

사회과학에 대한 통섭적 연구의 필요성

학문을 전체적(holistic) 입장에서 연구해야 한다는 것이 비단 윌슨만의 주장은 아니다. 많은 학자들이 통섭적 관점에서 학문을 연구해야 진리 탐구라는 학문의 진정한 목표에 도달할 수 있다는 주장을 펼쳐왔다. 단지 윌슨은 통섭이란 색다른 용어와 개념을 도입한 것이고 생물학적 기반에서 본인의 주장을 전개했던 것이다. 물리학적 입장에서 비슷한 주장을 제시한 사람은 유명한 알베르트 아인슈타인(Albert Einstein)이다. 아인슈타인은 상대성 이론 이후 여생 동안 모든 이론을 망라하는 일반이론(general theory) 및 통일장이론(unified field theory)을 정립하는 데 전념했다. 한마디로 하나의 이론으로 모든 것을 설명하는 '모든 것의 이론(theory of everything)'을 추구했던 것이다. 비록 끝내 성공하진 못했지만 아인슈타인은 이렇게 말했다. "직접적인 관찰로는 매우 동떨어진 것처럼 보이는 복잡한 현상들이 실제로는 통합되어 있음을 깨달았던 그 순간, 나는 황홀함을 느꼈다."

학문을 현미경처럼 미시적으로 접근해야 하느냐 아니면 전체적·거시적으로 들어가야 하느냐는 나무와 숲을 보는 문제와 비슷하다.

나무를 보면서 숲을 보지 못하거나 숲은 보되 나무를 보지 못하는 문제는 학문 연구에서 끊임없이 제기되는 난제(conundrum)가 아닐 수 없다. 나무와 숲을 모두 보는 '박이정(博而精)'이 제일 바람직함은 두말할 필요도 없지만 현실에선 항상 선택을 강요당하게 마련이다.

사실 학문이 오늘날같이 자연과학, 사회과학, 공학, 인문학 등으로 구분된 것은 오래된 일이 아니다. 18세기에는 학문을 구분하지 않았고 그것이 문제가 되지도 않았다. 19세기 이후 과학기술이 발달하면서 과학적 연구방법을 사회현상이나 문학·예술 같은 영역에까지 적용하기 시작하면서 학문의 구분이 가속화되었다. 전문성 강조는 학문의 세분화를 촉진시켰으며 각각의 전공 영역으로 자리 잡았다.

사회학과 경제학을 주축으로 하는 사회과학 역시 독자적인 영역 구축과 세밀성에 몰두하면서 일부에서는 '학문을 위한 학문,' '연구를 위한 연구'와 같은 함정에 빠져들었다. 이는 흔히 현실과 동떨어진 학문을 비판할 때 인용되듯이, "철저한 논리의 벽돌로 누구도 침범할 수 없는 이론의 성(城)을 쌓았지만 아무도 살지 않는" 문제점을 보여준 것이다.

과거 소련을 위시한 동구권이 갑자기 무너질 것으로 예측한 사회과학자들은 찾아보기 어렵다. 세계금융위기의 도래를 정확하게 예측한 사회과학자 역시 거의 없었다. 에드워드 윌슨은 이를 두고 통섭적 연구가 결여됐기 때문이라는 주장을 폈다. 범죄학 역시 마찬가지다. 범죄의 현상과 원인을 놓고 설명하더라도 학문 분야에 따라 각각 생물학적 설명, 심리학적 설명, 사회학적 설명으로 구분해 설명해서는 안 된다는 것이 윌슨의 통섭이론적 비판이다. 통섭적 관점에서 볼 때

각기 다른 설명은 큰 의미를 갖지 않고, 여러 분과들의 흩어진 사실들을 통합해 설명하는 것이 중요하다. 통섭이란 봉합선이 없는 인과관계의 망(網)인 것이다. "20세기 학자들이 저질러놓은 가장 큰 잘못은 우리의 학문을 조각내어 그 누구도 전체 그림을 읽어낼 수 없는 상태에 빠뜨린 일"이라는 주장이 제기되는 것도 이러한 이유에서다.

월슨의 통섭 주장은 지지를 받지만 반대로 비판도 적지 않다. 월슨의 주장이 근본적으로 환원주의적 성격을 갖고 있다는 점이 우선적으로 비판된다. 월슨은 사회과학을 자연과학이라는 큰 나무줄기에서 생겨난 나뭇가지로 비유한다. 따라서 자연과학이 발전하면 사회과학 역시 발전하게 되며 이는 다시 자연과학 영역으로 환원될 수 있다는 것이다. 월슨의 통섭 주장을 비판하는 이들은 인간 본성에서 발현한 사회문화가 완벽하게 인간 본성으로 환원될 수 없다는 문제를 제기한다. 또한 본성적인 것과 그런 본성적인 것으로 환원 불가능한 사회문화적인 것의 공진화(coevolution)의 관점에서 파악해야 한다고 주장한다.

범죄학에서의 통섭

사회과학이나 자연과학은 모두 객관적 진실을 추구한다. 사회과학과 자연과학은 기본적으로 같은 뿌리를 지니고 있다고 볼 수 있으며 이런 의미에서 두 분야에 대한 통섭적 연구는 자연스러운 일이라고 할 수 있다. 월슨은 노벨 경제학상을 수상한 경제학자 게리 베커(Gary Becker)의 예를 든다. 베커가 그동안 순수경제학에서 다루지 않았던 여러 사회 주제들, 이를테면 범죄와 인종차별과 같은 인간 행동을 경제학 관점에서 분석한 게 바로 통섭적 연구라는 것이다. 물론 사회과학의 주요한 이론 가운데 하나인 '시스템 이론'도 생물의 유기적 관계를 사회에 적용한 것이다.

범죄학의 경우 오래전부터 통섭적 연구방법이 활발하게 진행된 분야라고 할 수 있다. 19세기 사회과학 분야가 세분화되면서 전문성과 독립성을 강조할 때, 범죄학에는 생물학과 같은 자연과학 분야가 접목되었다. 베카리아(Beccaria)와 벤담(Bentham) 등 다분히 관념적이고 공리주의적 접근이 범죄학 연구의 대세였지만, 19세기 중반 이후 다윈의 진화론이 새롭게 등장하면서 범죄학에도 새로운 바람이 불었다. 이탈리아의 롬브로소는 생물학적 접근방법을 도입했다. 롬브로소는 범죄자 해부를 통해 범죄가 진화가 덜 돼 발생하는 것으로 생각하고, 범죄 문제 해결을 위해 병리학적 처방과 치료를 대안으로 제시했다. 범죄를 개인의 자유의지 문제로 봤던 당시 주류 범죄학과는 근본적인 관점의 차이를 보인 것이다. 이후 롬브로소의 주장은 상당 부분 인정되지 않았지만, 범죄를 바라보는 기본 시각을 바꿨다는 점에서 그의 업적은 기념비적이라고 할 수 있다. 범죄학의 패러다임이 관념주의에서 실증주의로 바뀌었던 것이다. 이와 같은 대단한 성과는 자연과학적 접근 방법을 범죄 현상에 적용한 통섭적 방법에 기초했기 때문으로 볼 수도 있다.

범죄학에서 통섭적 연구 경향은 강도의 차이는 있을지언정 계속 이어져 왔으며, 셉테드 기법도 그 연장선상에서 생각할 수 있다. 이미 위에서 언급한 것처럼 생태학 이론에 기반한 브랜팅햄(Brantingham)

의 환경범죄학 역시 셉테드 연구에 많은 기여를 했다. GIS기술과 CCM(Computerized Crime Mapping) 기법 등의 지리학적 연구 방법은 셉테드 연구의 중요한 축을 이루고 있다.

범죄학과 건축학의 통섭, 범죄공간학

생태학에서 출발한 셉테드 연구는 건축 및 도시설계에 중점을 둔 '범죄공간학(criminal proxemics)'으로 진화하고 있다. 범죄공간학이란 필자[13]가 새롭게 만든 신조어로서 범죄를 공간(space) 차원에서 조명하는 분야를 말한다. 쉽게 말해 범죄학과 건축학의 통섭적 결합이라고 볼 수 있으며, 범죄가 발생하는 원인(etiology)을 공간적 시각에서 살펴보고 범죄를 예방하고 통제하는 활동 역시 공간에서 찾는 개념이다. 여기서 공간의 개념은 단순히 물리적 공간, 즉 3차원적 공간의 개념에 국한되지 않는다. 범죄는 이미 물리적 공간 영역에 머무르지 않고 사이버 공간 영역을 넘나들고 있기 때문이다.

공간 개념을 물리적 공간에 국한한다면 셉테드는 한계가 있을 수밖에 없다. 따라서 범죄공간학은 공간의 개념을 무한 확장하여 생각해야 할 것이다. 범죄공간학은 이름만큼이나 생소할 수밖에 없다. 하지만 모든 범죄가 공간에서 벌어진다는 점을 감안할 때 범죄공간학의 존재 가치와 활용 가능성은 높다고 할 수 있다. 향후 범죄공간학에 대한 관심과 연구가 활발해져야 하는 이유다.

철저하게 연출된 공포, 테러범죄

IS의 테러범죄

2015년 11월 13일 21시 30분, 프랑스 파리의 스타드 드 프랑스 스타디움에서 프랑스와 독일의 축구국가대표 경기가 열리고 있었다. 유럽 최고의 라이벌전이 벌어지던 이때, 경기장 밖에서 세 번의 자살폭탄테러가 발생했고 축구장에 진입하려던 테러범이 폭탄을 들키자 그 자리에서 자폭테러를 감행했다. 이보다 앞선 21시 20분에는 파리 술집과 식당에서 테러범이 총기를 난사하는 테러가 발생했다. 테러범은 이스마엘 오마르 모스테파이를 비롯해 최소한 IS 공작원 8명인 것으로 추정된다. 이 테러로 166명 이상이 사망하고 400명 이상이 부상당했다.

같은 해 10월 31일에 이집트 시나이 반도에 추락한 러시아 코갈림아비아 항공 9268편도 블랙박스 분석 결과 IS의 테러에 의해 추락했다는 사실이 밝혀졌다.

이 밖에도 2016년 1월 12일 터키 이스탄불 술탄 아흐메트 광장에서 IS에 의해 폭탄테러가 발생해 11명이 사망했고, 불과 이틀 후인 1월 14일에는 인도네시아 자카르타의 쇼핑몰에서 자살 폭탄테러가 발생해 시민 2명과 IS 공작원 5명이 사망했다.

테러리즘은 '극장'이다

테러가 심각해지자 테러리즘에 대한 연구도 활발하다. 그런데 막상 범죄학 측면에서 테러리즘을 들여다본 연구는 흔치 않다는 사실은 놀랍다. 테러야말로 명백한 범죄임에도 불구하고 말이다. 럼, 케네디, 셜리 등이 지난 1971년부터 2004년까지 테러리즘과 관련한 2만 건 이상의 연구를 분석한 결과, 범죄학 이론에 기반을 둔 실증적 연구는 단 일곱 건에 불과했다고 한다.

우리나라가 남북으로 분단되어 북한의 테러 위협에 항시 노출돼 있다고 하지만 중동이나 미국, 유럽에 비해서는 테러 빈도가 낮은 편이다. 이는 분명 다행스러운 일이다. 하지만 최근 국내에 들어오거나 거주하는 외국인들이 많아지고 이른바 '외로운 늑대'로 불리는 자생적 테러의 위험이 높아지고 있다는 점에서 우리나라 역시 테러 무풍지대는 아니다.

테러는 다양한 의미를 내포하고 있다. 범죄동기부터 평가에 이르기까지 복잡하게 꼬여 있으며 그만큼 해결이 쉽지 않다. 테러는 명백한 범죄임에도 바라보는 입장에 따라 '불의에 대한 정의로운 투쟁'으로 미화될 수도 있다. 합리화와 강한 명분은 범행의지를 굳게 한다. 테러가 이에 해당한다. 목숨까지 내던져가며 자살테러를 벌이는 것은 강한 명분이 있기 때문이다.

제1차 세계대전을 촉발한 세르비아 청년의 오스트리아 황태자 암살 역시 세르비아 입장에서는 영웅적 행동이었다. 지난 2015년 6월 29일, 오스트리아 황태자 암살 101주년을 맞아 세르비아 베오그라드 정부청사 인근 광장에는 황태자를 암살한 가브릴로 프린치프의 동상이 세워졌다. 토미슬라브 니콜리치 세르비아 대통령은 이날 "가브릴로 프란치프는 영웅이며 자유사상의 상징"이라며 프란치프의 암살 테러를 미화했다. 물론 "다른 사람들은 원하는 대로 생각할 수 있다"고 여지를 남겨놓기는 했지만 말이다.

그렇다면 테러란 무엇일까? 테러는 놀라게 하고 무섭게 한다는 의미의 라틴어 '테레레(terrere)'가 어원이다. 테러는 '공포'를 출발점으로 삼고 있는 것이다. 그러나 시간이 지나면서 테러는 더 기술적인 의미로 바뀌었다. 단순히 물리적·심리적 폭력으로 특정인에게 공포를 주는 차원에서 훨씬 많은 사람에게 공포를 확산하는 의미로 변화했다. 가능하면 많은 사람들에게 공포를 전달한다는 측면에서 가장 효과적인 방법을 강구하는 기술적 방안에 관심을 쏟게 된 것이다. 테러가 많은 사람들이 보고 들을 수 있는 장소와 방법을 중심으로 벌어지는 것이 우연이 아닌 셈이다. 미국 랜드연구소의 브라이언 젠킨스(Brian M. Jenkins)는 "테러리스트의 공격은 국제 언론의 관심을 끌기 위해 철저하게 연출된 행위다. 테러리즘은 실제 희생자가 아니라 구경하는 사람들을 노린다. 테러리즘은 극장이다"라고 테러리즘을 정의했다.

테러는 이처럼 많은 사람들에게 공포심을 불러일으켜 지금 머물고 있는 세상이 결코 안전하지 못하다는 인식을 심으려는 목적을 띠고 있다. 현 체제에 대한 신뢰와 충성심을 무너뜨려 새로운 정치질서의 수립을 쉽게 하려는 것이다. 테러의 또 다른 중요한 특성 중 하나는 확신범죄라는 점이다. 어찌 보면 일반 범죄와 가장 구별되는 차이라고 할 수 있다. 확신범죄란 말 그대로 정치적 이념이나 종교, 사회적 명분에 확신을 갖고 범죄를 저지르는 것이다. 때로는 숭고한 명분을 위해 목숨마저 내놓는다. 처벌 수준을 높이는 것과 같은 일상 범죄 대책으로는 막기 힘든 이유다. 미국 등 선진국에서 테러를 막기 위해 천문학적 비용과 갖은 애를 써도 쉽사리 테러가 줄어들지 않는 이유이기도 하다. 따라서 테러 문제를 풀기 위해서는 기존 방식과는 다르게 접근해야만 하는 것이다.

테러가 발생하기 위한 테러동기와 테러기회란?

이런 측면에서 이미 여러 차례 강조했던 '박수이론'을 테러 문제에도 적용해볼 필요가 있다. 박수이론이란 모든 범죄는 범죄동기와 범죄기회가 반드시 결합해야만 발생한다는 것이다. 테러도 명백한 범죄인만큼 그대로 적용할 수 있다. 테러행위를 저지르겠다는 범죄동기와 이를 가능하게 하는 범죄기회가 주어질 때 테러가 발생하는 것이다. 범죄동기와 범죄기회는 테러의 필요조건이고, 테러의 범죄동기와 범죄기회가 모두 주어질 때 테러의 충분조건이 만족되는 셈이다. 이를 공식으로 표현하면 다음과 같다.

테러범죄 충분조건

테러범죄(C) = 테러동기(M) × 테러기회(O)

이러한 공식에 따르면, 테러동기(M)와 테러기회(O) 가운데 어느 하나라도 존재하지 않으면, 즉 '0'이 된다면 테러는 일어나지 않는다. 반대로 테러동기와 테러기회가 모두 존재한다면 테러는 반드시 발생한다.

테러가 증가했다면, 두 가지 요건 가운데 어느 한 가지가 높아졌기 때문일 수도 있고, 두 가지 요건 모두 높아졌기 때문일 수도 있다. 범죄동기와 기회가 모두 늘어날 경우 테러의 급증 양상으로 나타나게 될 것이다. 그러므로 어떤 테러행위가 발생했을 때 범죄동기와 범죄기회라는 두 요인을 모두 심층적으로 분석해야만 테러의 종합적인 원인 분석이 가능하다. 또한 이를 바탕으로 실효성 있는 대책 마련이 제시될 수 있다고 본다. 이런 박수이론 관점에서 지금까지 세상을 떠들썩하게 했던 유명한 테러사건을 분석해보겠다.

실제 테러사건의 동기와 기회

테러 분석의 첫 사례로 1970년대 초 이스라엘에서 발생한 텔아비브 공항 테러사건을 들어본다.

텔아비브 공항 테러사건

1972년 5월 31일 이스라엘 텔아비브의 로드 국제공항에서 일본 적군파 3명이 총격을 난사해 26명이 숨지고 73명이 중경상을 입는 참사가 발생했다. 주범은 일본 적군파의 오쿠다이라 츠요시였으며, 그는 교토대학교 재학생이던 야스다 야스유키와 가고시마대학교 재학생이던 오카모토 고조를 영입해 사건을 벌였다.

이 사건은 희생자 숫자뿐만 아니라 중동 분쟁과 직접적 관련이 없어 보이던 일본인이 테러를 자행했다는 점에서 더욱 충격을 주었다. 테러 방식도 이전과는 매우 달랐다. 적군파 3인은 우선 프랑스 파리로 가서 이스라엘 텔아비브행 에어 프랑스기를 통해 텔아비브 로드 국제공항에 도착했다. 3명은 공항에 도착한 뒤 수하물 찾는 곳에서 자신들의 바이올린 가방을 찾았다. 그리고 곧 가방에서 자동소총과 수류탄을 꺼내 주위 사람들에게 총격을 가하고 수류탄 두 발도 터뜨렸다. 그 결과 민간인 24명이 숨졌고, 군 경찰과의 총격전에서 오쿠다이라는 사살됐고 야스다는 수류탄으로 자폭했다. 테러범 가운데 유일하게 오카모토만 붙잡혔다.

박수이론에 입각해 범죄동기부터 찾아보자. 테러는 다른 범죄와 달리 동기가 복잡하고 뿌리가 깊다. 단순히 개인적 차원이 아니라 정치경제적인 요인과 사회문화적인 원인이 개입한다. 역사적 관련성 또한 깊다.

텔아비브 공항 테러사건도 마찬가지다. 우선 이스라엘을 상대로한 테러라는 점에서 아랍계와 이스라엘의 뿌리 깊은 반목과 갈등을 사건의 근본적인 원인으로 지목할 수 있다. 무엇보다도 사건이 벌어지기 5년 전인 1967년, 제3차 중동전쟁이 벌어졌다. 아랍국이 승리하리란 예상과 달리 전쟁은 이스라엘의 대승으로 끝났다. 이스라엘은 이 전쟁으로 이집트로부터 시나이 반도, 시리아로부터 골란 고원, 요르단으로부터 요르단 강 서안을 빼앗아 영토를 5배 가까이 넓힐 수 있었다. 아랍계 국가의 승리로 잃어버린 나라를 되찾을 수 있을 것이란 희망에 부풀었던 팔레스타인 난민들은 크게 실망했다. 전쟁을 통한 영토회복의 가능성이 멀어졌다고 판단한 팔레스타인 난민들은 테러에 힘을 쏟기 시작했다.

'검은 9월단'과 테러리즘

검은 9월단은 팔레스타인의 극좌파 테러단체다. 이들은 1970년 요르단의 탈 총리를 암살하면서 스스로 검은 9월단이라고 칭하며 세계에 악명을 떨치기 시작했다.

이들은 1972년 9월 서독 뮌헨올림픽 당시 이스라엘 선수단의 숙소를 습격하여 2명을 살해하고 9명을 인질로 잡았다. 이들은 이스라엘이 억류하고 있는 팔레스타인 포로의 석방을 요구했다. 독일 경찰은 진압 작전을 실시했으나 실패하여 인질이 모두 사망하는 참사가 벌어졌다.

검은 9월단은 텔아비브 공항 테러 이후 다시 한 번 텔아비브 공항을 습격하여 이스라엘에 보복하겠다는 계획을 세우고 일본 적군파에게 국제 연대를 제안했다. 아무래도 아랍인보다는 의심을 덜하게 마련인 일본인들을 활용하는 게 테러에 유리하다는 판단에서였다.

텔아비브 공항 테러사건을 일으킨 일본 적군파 테러범 3명 가운데 유일하게 살아남은 오카모토 고조는 미국의 사회학자 퍼트리샤 스테인호프와의 옥중 인터뷰를 통해 테러동기를 세계 동시혁명을 위한 불가피한 선택이라고 밝힌 바 있다. 오카모토는 이스라엘에 저항하여 싸우는 팔레스타인해방인민전선(PFLP)을 도와서 테러를 벌인 것이지만, 팔레스타인 사람이나 이스라엘 국민 모두 똑같은 사람이며 단지 이들의 위에서 통제하는 기관 수뇌부가 타도대상이라고 주장했다. 그는 사상 학습을 통해 세계 변혁의 비전을 종합적으로 파악했고 '혁명은 역사적 필연'이라는 것을 확신하며, 혁명에서 폭력은 불가피하기 때문에 테러에 동참했다고 밝혔다.

오카모토는 개인 차원에서 테러에 가담한 것이 아니라 조직의 혁명 달성이라는 거대한 계획에 의해 그 명령에 따라 움직였다고 주장했다. 자신의 테러 때문에 죽어간 이들에 대해 어떤 양심의 가책이나 죄책감도 없었다. 숨진 희생자들은 생명을 지닌 인간이라기보다 혁명 달성이라는 목적을 위해 필요한 수단이었을 뿐이었다. "어쩔 수 없이 나온 희생자였다"면서 무력혁명을 위해 사람들의 죽음은 피할 수 없는 필연이라고 오카모토는 범행을 합리화했다. 또한 혁명이라는 이름으로 이뤄지는 행동의 정당성은 역사만이 결정할 수 있다는 강한 신념을 갖고 있었다. 피델 카스트로의 "역사가 나를 무죄로 하리라"란 주장과 일맥상통하는 것이다. 모든 범죄는 합리화를 전제로 한다는 점에서 오카모토 역시 자신의 범죄동기를 철저하게 합리화했던 것이다.

그렇다면 이러한 테러를 가능하게 한 범죄기회는 무엇이었을까. 이스라엘 보안당국에서 볼 때 의심과 감시가 약할 수밖에 없는 일본인들을 내세워 테러를 자행하게 했다는 점은 테러의 새로운 형태였다. 미국의 9·11 테러 등과 마찬가지로 대부분의 대형 테러는 전혀 예상하지 않았던 방법과 방식으로 나타난다. 검은 백조를 눈으로 직접 봐야만 비로소 검은 백조를 인정하게 되는, 이른바 블랙 스완 이론이 적용되는 것이다.

유일하게 살아남은 적군파 테러범 오카모토는 오랫동안 게릴라가 되고 싶었으며 팔레스타인해방인민전선을 통해 게릴라가 될 기회를 얻은 것이라고 밝혔다. 다른 곳에서도 게릴라가 될 기회를 얻으려 했지만 우연히 기회를 얻은 곳이 팔레스타인해방인민전선이었고 이들의 지시에 의해 테러를 저질렀다는 것이다.

또한 텔아비브 공항 테러사건은 1960년대 이후 나타난 기술혁신의 부작용이라는 측면이 있다. 민간 항공이 활발하지 않던 1950년대만 하더라도 이런 테러는 생각하기 어려웠기 때문이다. 또 당시 항공기 납치에 대비해 기내에 탑승하는 승객과 휴대품에 대해서는 철저한 검색을 했지만 기내에 들고 오지 않는 수하물에 대한 조사가 철저하지 않았다. 범인들은 이 점을 고려하여 무기들을 들고 기내에 타지 않았다. 허술한 보안검색이 테러를 가능하게 했던 또 다른 범죄기회였던 것이다.

일본이 1970년대 경제적으로 풍족해져 해외여행이 늘어난 것도 테러를 조금 더 용이하게 했던 기회 요인이 될 수 있다. 이스라엘을 찾는 일본인들이 늘어나면서 이스라엘 보안당국에서도 이들의 입국에 대해 별다른 관심을 갖지 않았고 사전정보 역시 확보하지 않았다.

테러가 다른 많은 사람들로 하여금 테러집단을 인식하게 하고, 공포를 느끼게 하는 데 목적이 있다는 점에서 1970년대 TV 보급의 확산은 비행기 납치나 공항 테러와 같은 대규모 테러를 촉진한 기회 요인으로 작용했다. TV 보도를 통해 대중은 생생하게 테러 현장과 피해를 볼 수 있기 때문에 테러조직의 목적 달성에 더할 나위 없이 효과적인 것이다.

보스턴 마라톤 폭탄테러 사건

박수이론 관점에서 분석하고자 하는 다음 사건은 보스턴 마라톤 폭탄테러 사건이다.

보스턴 마라톤 폭탄테러 사건

2013년 4월 15일 세계 4대 마라톤 대회 중의 하나이며 오랜 역사와 전통을 자랑하는 제117회 보스턴 마라톤대회 결승선에서 두 차례 폭탄테러가 발생했다. 결승선 주변에 있던 3명이 죽고 180여 명이 부상했다. 2개의 '압력솥 폭발물'이 마라톤 결승선 부근에서 폭발했다. 테러범들은 사제폭발물을 배낭 속에 넣고 결승선 부근 쓰레기통에 놔둔 채 현장을 벗어났던 것이다. 테러범 형 타메를란 차르나예프는 경찰과의 총격전에서 사망했고 동생 조하르 차르나예프는 부상을 입고 검거됐다.

우선 이들의 테러동기를 살펴보자. 이 사건 역시 좌절과 깊은 분노 그리고 이를 그럴싸한 명분으로 포장하고 합리화한 가운데 발생했다. 차르냐예프 형제는 중앙아시아 키르기스스탄 출신이다. 이들은 다게스탄 공화국으로 이주해 살다가 2002년에 미국으로 건너왔다. 형제의 아버지는 미국에서 자동차 정비공으로 일했다. 하지만 둘째 아들 조하르가 대학에 들어가자 다시 다게스탄으로 돌아가 죽 그곳에서 살았다. 차르나예프 형제가 미국에서 자란 기간은 9·11 테러 이후다. 이슬람 문화에 대한 강한 배타적 분위기가 형성된 시점이라고 볼 수 있다. 그럼에도 형제는 독실한 이슬람교도였다. 특히 형 타메를란은 사건 발생 몇 년 사이 이슬람 근본주의에 깊이 빠져 있었다.

형 타메를란은 원래 복싱 선수였다. 미국 국가대표 복싱 선수가 꿈이었을 만큼 복싱을 좋아했지만 훈련 도중 입은 부상으로 선수 생활을 이어갈 수 없었다. 이 때문에 심한 좌절감과 상실감을 느꼈고, 이슬람계 이민자 출신이어서 이렇게 됐다는 생각을 갖게 됐다. 출신 성분에 따른 좌절감은 곧 미국에 대한 적개심으로 바뀌었다. 타메를란은 이슬람 극단주의에 빠져 이슬람교도 스타일로 옷을 입고 독실한 신앙생활을 했다. 2012년에는 약 6개월간 체첸과 러시아 지역에 머물다가 미국으로 돌아오기도 했다.

동생 조하르도 대학에 들어가 학업부진으로 좌절해야 했다. 의사가 되고 싶어 대학 의예과에 진학했지만 3학기 동안 일곱 과목에서 F를 받을 정도로 성적이 부진했다. 의학전문대학원에 들어갈 가능성이 거의 없어지자 형과 마찬가지로 미국인들의 차별 때문에 이렇게 됐다는 생각을 갖게 됐다. 미국인들에 대한 증오와 함께 테러의 동기가 쌓여갔던 것이다.

보스턴 마라톤 테러 역시 보안의 허점이 테러의 기회로 작용했다. 2001년 9·11 사태 이후 미국에서 보안은 과거에 비해 엄청나게 강화되었지만, 완벽할 수는 없었다. 마라톤 대회에서 폭탄테러가 발생한 적이 거의 없다는 점은 오히려 느슨한 보안으로 이어질 수 있었다. 오랜 역사를 자랑하는 마라톤 대회에서 관람객이 없을 수 없고, 관광산업 측면에서 이들에 대한 까다로운 검문검색은 어려움이 많았다. 많은 사람들의 관심이 몰린 마라톤 대회라는 사실도 테러를 널리 알리는 데 더할 나위 없이 좋은 기회였다. 마라톤 코스가 긴 데다가 도로에서 벌어진다는 점 또한 보안의 어려움을 더했고 반대로 테러범에게는 좋은 기회가 됐다. 특히 결승선 부근은 사람들이 가장 많이 붐비는 곳이라는 점에서 범행을 은폐하기 용이한 지점이기도 했다.

테러의 도구로 사용되리라고 짐작하지 못했던 쓰레기통은 보스턴 마라톤 테러사건에서 유용한 범죄기회로 작용했다. 이 사건 이후 마라톤 코스에서 모든 쓰레기통이 치워지고 짐은 투명한 플라스틱

가방에 담고 와야 했다. 이처럼 범죄기회를 줄이기 위한 여러 보안조치들이 시행된 것을 보더라도 전례가 없는 새로운 형태의 테러행위는 예방이 극히 어려우며 쉽게 범죄기회로 작용한다는 사실을 알 수 있다.

테러를 막으려면 범행동기를 줄여라

두 사례를 통해 살펴본 것처럼 테러 역시 다른 범죄와 마찬가지로 범죄동기와 범죄기회가 중요하다. 특히 테러리즘에 있어서 중요한 요소는 범행 동기라고 할 수 있다. 테러범들은 대부분 확신범들이기 때문이다. 범죄기회만 주어진다면, 죽음을 무서워하지 않고 테러에 나서겠다는 강한 신념을 가진 테러리스트들에게 범죄행위 뒤 반드시 적발 체포하여 높은 형량을 선고한다는 점은 큰 억제장치가 되지 않는다. 일본 적군파나 이슬람 극단주의자들은 '코딩'으로 강하게 세뇌되어 기꺼이 순교자가 될 각오로 테러행위를 저질렀다. 엄청난 비용을 들인 각종 보안장비와 보안요원, 그리고 테러 방지책들이 큰 효과를 보지 못하는 이유다. 그래서 테러의 경우 주로 범죄기회를 막는 데만 급급했다.

　미국의 경우 매년 검색과 출입 통제 강화에만 수백억 달러를 쏟아붓고 있다. 또 대형 살상무기와 테러 조직의 씨를 말리겠다며 이라크와 아프가니스탄에서 테러와의 전쟁을 벌였다. 이라크와 아프가니스탄 전쟁과 국토안보부 유지비용 등 9·11 이후 들어간 돈이 5조 달러(5,500조 원)로 추산된다. 이런 노력들이 보안과 군수산업에는 큰 도움이 됐을지 모르지만, 테러방지에는 그다지 효과가 없었다는 사실이 보스턴 마라톤 폭탄테러 사건을 비롯한 일련의 테러사건을 통해 드러났다.

　미국인에게 오사마 빈 라덴은 대량 학살자지만 아랍의 많은 젊은 이들에게 그는 로빈 후드 같은 존재다. 이런 생각을 바꾸지 않으면 제 2, 제3의 오사마 빈 라덴이 나올 수밖에 없다. 그리고 테러범들이 지금까지는 비행기나 폭탄을 터뜨렸지만 다음에는 소형 핵폭탄을 터뜨리지 말라는 법이 없다. 이라크와 아프가니스탄 전쟁 혹은 보안검색에 들어간 예산의 일부분을 아랍권을 비롯한 낙후되고 소외된 지역 어린이들의 민주화 교육에 지원했다면 훨씬 많은 테러를 방지할 수 있었다는 지적이 설득력 있게 들리는 이유다. 다시 말하지만 테러를 포함한 모든 범죄는 코딩에 의한 범행동기와 범행기회가 만나 발생한다. 범행기회를 완벽하게 막을 수 없다면 범행동기를 줄이기 위해 훨씬 더 힘써야 하는 것이다.

금융범죄와 모럴해저드

많은 범죄가 '돈' 때문에 발생한다. 자본주의 국가에선 더 그럴 수밖에 없다. 금융 발달은 '금융 범죄'란 새로운 범죄를 만들어냈다. 그런데 금융 범죄란 게 복잡다양하다. 쉽게 생각하면, 금융이란 '돈이 오고 가는 것'이고, 범죄는 '불법행위'이니, '돈이 불법적으로 오고 가는 것'으로 풀이할 수 있다. 횡령, 사기가 대표적이다.

국제적으로도 확립된 개념은 없다. 단지 국제통화기금(IMF)에서는 "금융손실을 야기하는 비폭력 범죄"로 금융 범죄를 정의한다. 미국 연방수사국(FBI)은 "물리적 강제력에 의존하지 않고, 속이거나 감추거나 배신하여 개인 혹은 기업 등이 불법적으로 이득을 취득하는 행위"라고 규정하고 있다. 그래서 니콜라스 라이더(Nicholas Ryder) 같은 학자는 이런 개념 정의들을 종합해서 "금전적 손실을 야기하는 금융기관과 관련된 비폭력 범죄"로 금융 범죄를 정의한다. 비슷하기는 해도 기존의 화이트칼라 범죄(white-collar crime), 기업범죄(corporate crime), 경제범죄(economic crime)와는 구별되는 개념으로 말이다.

1년 피해액이 4조 원인 범죄

금융 범죄는 지능적이며 첨단기술이 동원되기도 한다. 당연히 적발이 어렵고, 이른바 처벌의 확실성이 떨어져 범죄 예방이나 억제도 쉽지 않다. "설마 내가 걸릴까?"라는 생각이 금융 범죄가 늘고 있는 주된 이유다. 한탕 수익이 가능하고, 잡힐 가능성이 낮기 때문에 횡령, 사기와 같은 금융 범죄가 기승을 부리는 것이다.

지난 2010년부터 2014년까지 5년간 금융회사 임직원들이 횡령, 배임 등으로 저지른 금융사고 금액이 1조3,249억 원에 이른다. 적발 금액만 이 정도다. 금융기관에서 횡령 같은 금융 사고가 잘 드러나지 않는다는 점을 감안하면 피해규모는 매년 조 단위 이상이라고 볼 수 있다. 실제로 KB국민은행의 경우, 2014년 한 해에만 20건의 금융 범죄가 발생했다. 보험사기도 마찬가지다. 2014년 한 해 보험사기 피해 적발 액수가 5,997억 원이다. 그러나 금융감독원이 추정하는 적발되지 않은 피해 규모는 4조 원 이상이다.

더욱이 최근에는 과거 존재하지 않았던 새로운 금융 범죄들이 생겨나 피해를 크게 하고 있다. 보이스피싱과 같은 피싱 사기를 비롯해 핀테크(fintech) 관련 범죄 등 신종 금융 범죄들이 새로운 사회문제가 되고 있는 것이다. 그 피해도 이미 웬만한 기존 금융 범죄 수준을 넘어섰으며 피해는 갈수록 커지고 있다. 피싱 사기 피해액만 2014년 165억 원으로 전년 대비 58.6%나 급증했다. 피해 사례도 무려 3

만 6,000여건에 달한다. 같은 해 피싱 사기에 활용된 대포통장도 4만 4,705건으로, 전년 대비 16.3%가 늘어났다. 아울러 불법 사금융 피해도 연간 1만 1,000건에 이른다.

보이스피싱, 스미싱, 파밍, 큐싱, 레터피싱, 그리고 몸캠 피싱

금융 범죄는 인터넷이 일상화되면서 통로도 오프라인에서 온라인으로 바뀌고 있다. 새로운 기술이 새로운 범죄를 낳는 셈이다. 그렇다고 본질이 변하는 건 아니다. 속이고, 몰래 빼내는 금융 범죄의 속성은 오프라인이건 온라인이건 달라지지 않는다.

최근 ICT 기술이 급속도로 발달하면서 새로 생겨난 여러 종류의 대표적인 금융 범죄가 피싱 사기다. 이러한 피싱 사기는 일반적으로 보호형, 협박형, 사칭형, 보상제공형 등으로 구분된다. 보호형은 금융감독원, 검찰이나 경찰 등을 사칭해서 금품을 빼앗는 경우다. 금융정보가 유출됐으니 피해를 방지하기 위해서는 시키는 대로 해야 한다며 금융정보를 요구하거나, ATM 등을 통해 계좌이체를 강요하는 식이다. 협박형은 가족을 납치했으니까 빨리 돈을 입금하라고 협박해 돈이나 정보를 받아내는 형태이며, 사칭형은 다른 사람의 아이디를 도용해서 친구로 등록된 지인들에게 급한 일이라고 속이고 돈이나 정보를 요구하는 방식이다. 보상제공형은 경품 당첨이나 보험료 환급 등으로 속이고 정보를 빼가는 형태다.

피싱 사기는 보이스피싱(voice phishing), 스미싱(smishing), 파밍(pharming)을 비롯해 메모리 해킹(memory hacking), 큐싱(Qshing), 레터

피싱(letter phishing), 몸캠 피싱 등 다양한 방식으로 끊임없이 진화하고 있다. 메모리 해킹이란 피해자 컴퓨터에 악성코드를 감염시킨 뒤 정상적인 인터넷 뱅킹 사이트에서 입력한 보안카드 번호와 비밀번호 등 피해자의 민감한 금융거래정보를 빼내 마치 자신이 계좌 주인인 것처럼 인터넷 뱅킹을 통해 계좌에서 돈을 인출하는 방식을 말한다.

큐싱은 폰뱅킹 사용자에게 인증이 필요한 것처럼 속여 QR코드(Quick Response Code)를 통해 악성 앱을 내려받도록 유도한 뒤 비밀번호와 보안카드 번호 등 금융정보를 빼내는 방법이다. 은행 앱과 똑같이 생긴 앱에서 "보안강화를 위해 보안카드를 스캔하라"는 알림 메시지가 뜨고, 이미 악성코드에 감염된 휴대폰 카메라를 보안카드에 갖다 대기만 해도 스캔이 돼서 정보를 뺏기게 된다.

레터 피싱이란 우편물을 이용한 피싱 사기 방법으로, 검찰 등의 '가짜 출석요구서'를 우편으로 보내 요구서에 적힌 전화번호로 연락하도록 유도한 뒤, 보이스피싱과 마찬가지 방법으로 개인정보와 돈을 빼내는 수법이다.

몸캠 피싱은 스마트폰 채팅 앱에서 음란행위를 하게 한 뒤 영상으로 찍어 유포하겠다고 협박해 돈을 갈취하는 수법이다.

보이스피싱과 같은 피싱 사기가 과거에는 주로 새로운 정보에 익숙하지 않은 노년층을 상대로 많이 이뤄졌지만, 요새는 달라졌다. 30대가 전체 피해의 19.5%로 가장 많은 피해를 입은 것으로 나타났다. 경찰청 통계에 따르면 30대 뒤를 이어 20대가 18.8%로 2위를 차지했고 60대 18.4%, 70대 15.5% 등의 순이었다. 연령대와 상관없이 피싱 사기가 벌어지는 셈이다.

눈 뜨고 당하는 대포통장 사기

대포통장 사기도 갈수록 그 수법이 교묘해지고 있다. 조금만 방심해도 피해를 입기 십상이다. 대표적인 예가 바로 '돈 꽃다발 사기'다.

돈 꽃다발 사기사건

꽃가게 주인이 지폐로 꽃다발을 만들어달라는 전화를 받았다. 최근 꽃송이 사이사이에 지폐를 넣어 만든 돈 꽃다발이 인기를 끌고 있는 터라 가게 주인은 의심하지 않고 준비했다. 조금 뒤 전화가 다시 걸려 와 "거래처에서 수금할 게 있는데 꽃가게 주인 계좌로 보내라고 할 테니까 '돈 꽃다발' 비용을 제외하고 남은 돈은 꽃다발 찾으러 갈 때 보내달라"며 꽃가게 주인 계좌번호를 알려달라고 요청했다. 꽃가게 주인은 당장 '돈 꽃다발'을 찾으러 온다는 말에 자신의 계좌번호를 알려주고 곧 본인 계좌에 513만 원이 입금된 것을 확인했다. 얼마 뒤 주문자의 처남이라는 사람이 가게로 찾아와 200만 원어치 지폐가 꽂힌 '돈 꽃다발'과 함께 꽃값 16만 원을 뺀 297만 원을 챙겨 떠났다. 꽃가게 주인에게 입금된 513만 원은 피싱 사기에 의해 속은 또 다른 피해자가 보낸 돈이었다. 꽃가게 주인은 영문도 모른 채 대포통장을 제공한 꼴이 되고 말았다. 사기범은 결과적으로 꽃값 16만 원을 제외한 497만 원을 챙겨 달아난 것이다.

금은방이나 중고차 매매업체 등도 대포통장 사기에 자주 이용되는 대상이다. "돌 반지를 사려는데 통장으로 송금하면 차액을 돌려줄 수 있느냐"는 전화에 계좌번호를 알려줬다가 자신의 통장이 대포통장이 되는 경우가 여기에 해당한다.

간단한 결제가 사기범죄에 취약하다

최근 핀테크 산업이 각광을 받으면서 핀테크 관련 금융 범죄도 나타나고 있으며, 서서히 심각한 사회문제로 떠오르고 있다. 핀테크는 금융(finance)과 기술(technology)의 합성어로, 편리성을 높이고자 기존 금융에 IT기술을 접목하여 만들어졌다. 원래 핀테크는 은행, 보험 등 기존 금융업을 기반으로 하고, 온라인 송금, 결제 서비스 등을 통해 고객들에게 편리하고 차별화된 서비스를 제공하는 형태에서 출발했다. 하지만 최근에는 금융기관이 아닌 IT 기업들이 인터넷 등 통신을 기반으로 온라인 결제와 송금뿐만 아니라 자산관리, 크라우드 펀딩, 가상화폐 등 다양한 콘텐츠를 제공하는 분야로 바뀌고 있다. 미국의 페이팔(Paypal)이나 애플페이(Applepay)를 비롯하여, 중국의 알리페이(Alipay) 등이 이미 보편화되어 있고, 우리나라도 카카오페이와 네이버페이, 삼성페이 등 주로 결제 서비스를 중심으로 하는 다양한 핀테크 제품들이 운영 중이다.

핀테크 산업은 스마트폰으로 대표되는 모바일 문화가 보편화하면서 더욱 커지고 있다. 그러나 핀테크 산업의 특징이 사용자 편의를 높이는 것이기 때문에 아무래도 보안이 문제가 된다. 공인인증서와 별도의 복잡한 인증 절차 없이 비밀번호만 누르면 바로 계좌이체나 물건 구입이 가능하기 때문이다.

지난 2014년 6월 농협에서 1억2,000만 원이 무단 인출된 텔레뱅킹 사건은 핀테크 산업의 부작용을 보여주는 한 예다. 사건 내용은 이렇다. 범인은 중국에서 전남 광양시의 한 주부 계좌에 접속한 뒤 사흘 동안 40여 차례에 걸쳐 몇백만 원씩 몰래 이 계좌에 들어 있던 1억

2,000만 원 전부를 빼내 갔다. 이 주부의 개인 금융정보를 이용한 범죄였다. 사흘간 수십여 차례에 걸쳐 불법 인출이 이뤄졌음에도 농협은 전혀 눈치 채지 못했다. 이 사건 이후 농협은 부정사용 탐지시스템(Fraud Detection System, FDS)를 도입하고 불법 인출을 적발하고 있으나 소 잃고 외양간 고치는 격이었다.

핀테크 금융 범죄를 막기 위한 노력

물론 FDS가 금융 범죄를 완벽하게 막을 수는 없다. 최근 피싱 사기범들은 FDS에 탐지될 것을 미리 알고 피해자에게 "잠시 후 금융회사에서 전화해 본인 확인을 할 것이니 반드시 본인이 직접 거래하는 것이라고 말해야 한다"고 말하기까지 한다. 이미 피싱 사기에 걸려든 피해자는 사기범들이 시키는 대로 하게 되고 금융사 입장에서는 실제로 본인확인까지 이뤄진 거래를 제한할 방법이 없다.

또한 FDS 운영은 필연적으로 막대한 개인정보를 수집해야 하기 때문에 보안에 문제가 있을 경우, 개인정보 유출의 문제로 연결된다. 실제로 2014년 1월에는 1억 건이 넘는 국내 신용카드 기업의 개인정보가 유출된 사건이 발생했다. FDS 시스템을 구축하려다 오히려 작업을 담당했던 외주 용역업체 직원이 고객의 개인정보를 다른 곳에 팔아넘긴 것이었다. 미국에서도 신용카드 결제업체인 하트랜드 페이먼트 시스템즈(Heartland Payment Systems)사가 해킹을 당해 카드번호, 유효기간 등 금융 정보 1억3,000만 건이 유출됐고, 대형 할인매장인 타깃(Target)에서도 해킹에 의해 금융정보 등 고객정보 7,000만 건이

유출됐다.

미국, 영국 등 핀테크가 활성화된 나라에서는 고객 편의를 위해 금융거래를 할 때 절차상의 보안은 완화하는 대신 사후에 부정 사기 거래를 찾아내고 문제를 걸러내는 사후 보안 강화 방식에 의존하고 있다. 또한 거래 규모나 고객의 신용도에 따라 보안 강도를 차별적으로 집행하고 소비자에게 보안 수위에 대한 선택권도 부여한다. 동시에 중대한 보안사고가 발생한 기업에 대해서는 징벌적 배상(Punitive Damage)을 통해 천문학적인 과징금을 매겨 가중처벌해서 일벌백계식의 억제 대책을 펴기도 한다. 특히 검증된 첨단 FDS, 빅데이터 분석 기술, 인증 기술 등 기술적인 보안 체계를 수립하고, 민간이 자율적으로 결제카드산업데이터보안표준(Payment Card Industry Data Security Standard, PCI-DSS) 체계를 갖추어놓고 보안 관리를 철저히 하고 있다. 또 페이팔(Paypal)은 취약점신고포상제도(Bug Bounty)를 통해 페이팔의 보안 문제점을 알려주면 고액의 포상금을 지급함으로써 자체적으로 발견하기 어려운 보안 취약점을 보완하기도 한다.

물론 이런 방안만으로는 모든 피해를 막아낼 수 없다. 모든 사고를 미연에 방지할 수 없는 노릇이기 때문이다. 따라서 제도적, 기술적 예방 노력과 함께 사고가 발생하면 신속하게 수습하고 피해를 보상할 수 있도록, 책임을 보안업체 및 보험회사와 분담하는 방법도 고려해야 하는 것이다.

왜 금융 범죄는 솜방망이 처벌인가

핀테크 범죄 예방을 핀테크 기업에만 맡길 수는 없다. 정부의 법제도적 노력도 중요하고, 입법부와 사법부의 역할과 책임도 필요하다. 피해규모에 비해 처벌은 솜방망이 수준인 이유는 사람을 죽이고 다치게 하는 범죄여야 심각성을 인정하는 법원의 보수적 인식 때문으로 추측된다. 실제로 초중고생 65만 명의 개인정보를 유출한 소프트웨어 업체 대표에게 집행유예 형이 내려졌고, 경품을 미끼로 수집한 개인정보를 고객 몰래 팔아넘긴 대형 유통업체에게는 과징금 4억3,500만 원이 부과된 게 전부였다. 이 업체가 거둔 부당이익만 232억 원에 달하는데도 말이다.

금융 범죄를 저지른 금융사범들은 대부분 초범이게 마련이다. 법원은 초범이라는 점을 고려해, 사정을 감안해서 형량을 줄여주는 이른바 작량감경(酌量減輕)을 적용해 형을 감형해주는 것이다. 물론 최근 보이스피싱의 심각성과 약한 처벌에 대한 여론이 들끓자 보이스피싱 조직을 폭력조직과 같은 범죄단체로 간주한 판결을 내리기도 했다. 무엇보다도 최근 보이스피싱 범죄가 조직화, 국제화된 것도 큰 이유다. 이들 사기범죄의 총책은 중국에 있고 국내에 사무소를 두고 활동을 하는 형식을 띠고 있지만, 사장과 관리책임자, 중간관리자, 상담원 식으로 기업형으로 운영하고 있다. 조직원만 100명이 넘는 조직도 많다. 따라서 범죄단체 혐의가 적용되면, 단순히 형량만 늘어나는 것이 아니라 직접 범행에 가담하지 않고 보이스피싱 조직에 몸담고 있다는 사실만으로도 처벌이 가능해지는 것이다.

이와 같은 형량 문제와 함께 정말 중요한 것은 처벌의 확실성이다. 다시 말해 횡령이나 피싱 사기와 같은 금융 범죄를 저지르면 반드시 잡힌다는 믿음이 있어야 이런 범죄의 예방과 감소가 가능해지는 것이다. 금융 범죄가 기승을 부린다는 이야기는 곧 이들 금융사범에 대한 적발이 제대로 이뤄지지 않는다는 말과 같다.

금융 범죄도 결국 사회구조가 원인이다

피싱 사기와 같은 신종 금융 범죄는 사회공학적 수법을 활용하는 범죄다. 쉽게 말해서 사람들의 불안감이나 권위에 대한 복종, 동조 혹은 방관자적 태도를 교묘하게 이용해서 벌이는 경우가 많다. 검찰이나 경찰, 금감원 등을 사칭하는 사례는 권위에 약한 사람들의 심리를 이용하는 것이다. 사람들은 공권력에 대한 잠재적인 공포심을 갖고 있으며, 잘못한 일도 없으면서 주눅 들기 때문에 쉽게 걸려든다.

미국의 유명한 심리학자 스탠리 밀그램(Stanley Milgram)이 일반인들을 상대로 한 심리실험에서 사람들은 아무 죄도 없는 사람에게 명령받은 대로 전기 충격을 가했다. 실험 대상자의 3분의 2가량은 죽을수도 있을 정도의 강력한 전기충격을 가하라는 지시마저 따랐다. 권위의 복종과 책임의 전가가 작용했던 것이다. 제2차 세계대전에서 유대인 학살을 집행했던 독일 병사들 역시 자신은 단지 명령에 복종했을 뿐이었다고 항변한 것과 비슷하다. 수사 과정에서 고문을 담당했던 수사관들의 변명도 같은 맥락이 아닐 수 없다.

방관자 효과 역시 무시할 수 없다. 은행이나 보험회사와 같은 금융기관에서 동료가 횡령과 같은 금융 범죄를 저지른다는 사실을 뻔히 알면서도 신고나 제보를 하지 않는 경우가 이런 예다. 방관자 효과를 이야기할 때 빼놓을 수 없는 사례가 키티 제노비스(Kitty Genovese) 사건이다. 1964년 3월 13일 새벽 미국 뉴욕에서 일을 마치고 귀가하던 키티 제노비스란 젊은 여성이 자신의 집 앞에서 괴한에 의해 피살됐다. 문제는 이 여성이 무려 35분 동안 괴한이 휘두른 칼에 계속 찔리면서 도와달라고 고함을 쳤고 37명의 이웃 주민들이 이 광경을 목격했지만 아무도 도와주지 않았다는 사실이다.

'내가 아니어도 누군가 신고하겠지'라는 방관자 효과는 금융 범죄를 비롯한 많은 범죄에도 그대로 적용된다. 일부에서는 단순히 신고하지 않고 묵인하는 정도를 넘어서 공감하고 동조하는 경우도 있다. 특히 경영진이 직원들의 복리후생에 관심을 보이지 않을 때 그 강도가 심해진다. 동료의 범죄행위에 대해 '그럴 만하다'고 고개를 끄덕이는 것이다. 금융 범죄뿐만 아니라 많은 범죄 문제의 해결이 쉽지 않은 이유가 이처럼 범죄의 기저에는 사회구조적 원인이 깔려 있기 때문이다.

사이버 범죄와 가상공간의 아나키스트들

인터넷으로 대표되는 정보화의 물결은 사회 곳곳을 넘나들며 급속하게 현대사회를 변화시키고 있다. 국가 간의 물리적인 국경은 이미 그 의미를 상실한 지 오래이며, 세계는 같은 시각, 같은 정보를 공유할 수 있게 되었다. 이처럼 사이버 공간이 3차원적 현실의 무게를 가볍게 뛰어넘으면서 정보화는 새로운 세계를 여는 열쇠이자 길이 되고 있다. 하지만 다른 한편으로는 새로운 유형의 범죄를 만드는 기회로도 작용하고 있다. 사이버 공간이 일상생활의 필수 공간으로 자리 잡으면서 사이버 공간을 무대로 한 범죄 또한 크게 늘고 있는 것이다.

무한한 공간에서, 더욱 잔인하게, 누구나 공격한다

현재 우리나라 경찰은 사이버 범죄를 크게 '일반 사이버 범죄'와 '사이버 테러형 범죄'로 구분한다. 일반 사이버 범죄란 불법운영, 불법복

제, 사기, 명예훼손, 스토킹 등의 일반 범죄가 단지 사이버 공간을 이용하여 발생했을 때 지칭하는 개념이며, 사이버 테러형 범죄란 해킹이나 바이러스 유포처럼 사이버 공간 자체를 범죄대상으로 삼는 경우를 말한다.

너무나도 당연한 귀결이지만, 사이버 범죄는 인터넷의 보급과 확산에 따라 2000년 이후 급증하다가 2010년 이후에는 어느 정도 안정 단계로 접어들었다. 특징적인 점은 해킹, 바이러스와 같은 사이버 테러형 범죄가 2010년을 정점으로 감소 추세에 있는 반면에 인터넷 사기와 같은 일반 사이버 범죄는 전반적으로 증가 추세에 있다는 것이다. 사이버테러형 범죄가 2004년에 비해 2013년 50%가량 줄어들었지만, 일반 사이버 범죄는 반대로 2004년 6만 1,709건에서 2013년에는 14만 4,959건으로 2배 이상 늘어났다. 인터넷 쇼핑과 금융을 비롯해 SNS 등 일상생활의 상당 부분이 사이버 공간에서 벌어지고 있다는 점을 감안할 때 당연한 귀결이라고 할 수 있으며, 앞으로도 이러한 추세는 이어질 전망이다.

사이버 공간에서는 자신의 얼굴과 이름, 신분 등을 노출시키지 않을 수 있기 때문에 훨씬 대담하게 범죄를 저지를 수 있다. 그리고 이는 바로 사이버 범죄가 폭증하는 주요 원인 가운데 하나다. 사이버 범죄는 또한 직접 다른 나라에 가지 않고도 그 나라 사람이나 기관, 조직을 범죄대상으로 삼을 수 있다. 하루 24시간 1년 365일 언제라도 공간과 시간의 제약을 전혀 받지 않고 범죄를 저지를 수 있다는 것이 사이버 범죄의 특성이다. 더구나 막상 피해 사실을 알기 전까지는 범죄가 발생했다는 사실조차도 확인하기 힘들다. 당연히 목격자

사이버 범죄 발생 추이(2004~2013년)

(단위: 건)

구분	총계	사이버테러형 범죄	일반 사이버 범죄
2004	77,099	15,390	61,709
2005	88,731	21,389	67,342
2006	82,186	20,186	62,000
2007	88,847	17,671	71,176
2008	136,819	20,077	116,742
2009	164,536	16,601	147,935
2010	122,902	18,287	104,615
2011	116,961	13,396	103,565
2012	108,223	9,607	98,616
2013	155,366	10,407	144,959

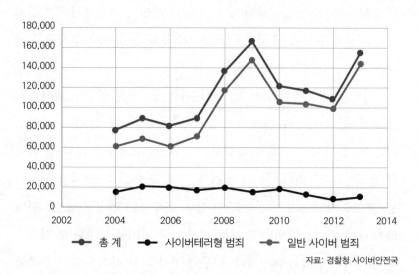

자료: 경찰청 사이버안전국

확보도 어렵다. 따라서 사이버 범죄의 수사는 무척 까다로우며 고도의 전문지식과 기술을 갖춘 수사인력을 요한다.

그런데 사이버 범죄는 시간과 공간의 제약을 받지 않는 데서 오는 간편성과 달리, 그 폐해가 다른 어느 범죄보다도 심각하다는 특성이 있다. 강도나 절도 같은 일반 범죄의 경우에는 아무리 숙련되고 전문적인 범죄자라 할지라도 하루 사이에, 또는 일정 기간 사이에 저지를 수 있는 범죄의 대상과 횟수가 제한될 수밖에 없다. 그러나 사이버 범죄는 피해 대상이 무한에 가깝다고 할 수 있다. 마우스 클릭 한 번으로 헤아릴 수 없이 많은 사람들이나 기관들이 피해를 입을 수 있는 것이다. 거의 대부분의 문서와 기록이 전산화되어 있는 현실에서 컴퓨터 시스템의 마비는 커다란 재앙이다.

보이지 않는 사이버 범죄자는 어떻게 양산되는가

이처럼 사이버 범죄는 사이버 공간이 지니는 특수성, 즉 비대면성, 익명성, 전문성, 시·공간의 초월성 등으로 인해 최근 급격히 늘어나는 추세다. 그러나 사이버 공간이 그런 특수성을 지닌다고 해서 모든 사람들이 다 사이버 범죄를 저지르는 것은 아니다. 돈이 궁하다고 해서 모두가 도둑질을 하지는 않듯이, 또 화가 난다고 해서 무턱대고 사람을 해치거나 죽이지는 않듯이, 사이버 범죄를 저지르는 사람들 또한 일부이며 나름의 특정 원인으로 범행을 저지른다. 따라서 '왜 똑같은 상황에서 누구는 사이버 범죄를 저지르고, 누구는 사이버 범죄를 저지르지 않는가?'라는 의문이 생긴다.

이런 의문은 곧 발달범죄학(developmental criminology)의 출발점과 같다. 즉, 범죄발생에서 왜 개인적인 차이가 생기느냐는 것이다. 사이버 범죄를 포함해 모든 범죄는 '법으로 금지된 행위'라는 공통점을 지닌다. 하지 말라는 일을 굳이 하는 사람들은 분명 법을 지키는 사람들과 구별되며, 이런 개인적인 차이는 범죄를 저지르는 이유를 설명한다.

개인 간의 차이는 우선 태어날 때부터 지니는 유전적이고 환경적인 조건들에서 나타난다. 그러나 더 중요한 것은 성장발달 과정의 차이다. 성장발달 과정에서 부모의 훈육태도, 형제 및 또래집단 관계, 학교생활 적응 등의 갖가지 변수들이 선천적인 조건과 상호작용을 일으켜 범죄성이 강화될 수도 있고 상쇄될 수도 있는 것이다. 예컨대 똑같은 우범지대에서 태어났더라도 부모가 어떻게 키우느냐에 따라, 또는 학교에서 어떤 교육을 하느냐에 따라, 범죄에 가까워질 수도, 멀어질 수도 있다.

개인의 범죄성향이 형성되는 과정은 어느 한 가지 변수에 좌우되지 않으며, 여러 요인들의 복합적인 작용으로 이루어진다. 본인의 의지와 상관없는 여러 구조적인 요인들, 이를테면 부모의 경제적인 궁핍이나 낮은 교육수준, 전과, 우범적인 환경이나 가정결손 등은 분명 범죄성향 형성에 상당한 영향을 미친다. 하지만 이와 같은 것들이 결정적인 요인은 아니다. 비록 구조적인 결함을 지닌 경우라 할지라도, 부모 및 보육 대리인의 양육과정이나 학교생활을 비롯한 여러 성장과정에서 범죄성향을 상쇄할 수 있는 기회가 충분히 주어지기 때문이다. 물론 구조적인 결함 자체가 부모 및 보육 대리인의 양육방식에 영향을 미치기 때문에 그 두 가지를 따로 떼어놓고 생각할 수는 없다. 그러나 부모가 경제적으로 풍요롭고 교육수준이 높다고 해서 그 양육방식에 문제가 없는 것은 아니라는 점 또한 사실이다. 발달론적 입장에서 보면 범죄란 백지에 그림을 그리는 것과 같다. 처음에 누가 어떻게 그리느냐에 따라 그림의 성격이 결정된다.

사이버 범죄자 역시 성장과정에서 초기 사회화가 제대로 이루어지지 않아 자기 통제력이 약한 까닭에 범죄를 저지르는 것으로 설명될 수 있다. 자신의 범죄행위가 초래할 결과를 생각하기보다는 당장 자신이 얻을 수 있는 눈앞의 이익에 집착하는 것이다.

사이버 범죄자들은 사이버 공간이 존재하기 때문에 사이버 범죄를 저지르는 것에 지나지 않는다. 달리 말해, 만약 사이버 공간이 존재하지 않으면 다른 형태의 범죄를 저지를 가능성이 높다는 뜻이다. 공직에 있으니까 뇌물수수나 직권남용 같은 공무원 범죄를 저지르고, 회사에 있으니까 횡령과 배임을 저지르는 것과 마찬가지 논리다.

아울러 사이버 범죄는 어떤 구체적인 조건이 갖추어져 있어야 발생한다. 사이버 범죄자가 아무리 뛰어난 지식과 기술을 지니고 있다 할지라도, 피해 대상이 인터넷이나 여타 컴퓨터 네트워크와 연결되어 있지 않으면 사이버 범죄를 저지를 수 없는 것이다. 또한 인터넷상의 불법행위가 철저히 감시된다면, 예컨대 해킹을 비롯한 사이버 범죄가 발생할 경우에 즉시 침투경로를 역추적하여 범죄자의 위치를 실시간으로 파악하는 보안 프로그램이 설치되어 있다면, 사이버 범죄를 크게 줄일 수 있을 것이다.[14]

사이버 범죄자와 시골 소 절도범이 닮았다?

한마디로 말해, 사이버 범죄가 되었건 다른 어떤 범죄가 되었건, 범죄 기회가 주어질 때만 범죄가 발생한다는 점은 마찬가지다. 그러니까 단지 새로운 형식과 수법을 사용하고 있을 뿐이지, 일반적인 범죄의 속성은 사이버 범죄라고 다르지 않다는 것이다.

어떤 시스템도 뚫을 수 있다는 자신감과 고도의 전문적인 기술을 지니고 있는 해커나 크래커가 아니라면, 첨단 네트워크 보안장치가 작동하고 있는 컴퓨터에 침입하는 경우는 많지 않다. 쉽게 침입이 가능하면서 필요한 정보를 얻을 수 있는 곳이 사이버 범죄의 주된 대상이 된다. 사이버 보안 시스템이 취약하고 보안의식이 무딘 학교나 중소기업, 개인들이 주로 피해를 입는 이유는 결국 그들이 범죄기회를 제공하기 때문이다. 중요한 정보와 자료라면 네트워크와 연결되지 않은 다른 곳에 저장하여 사이버 범죄의 피해를 막을 수 있다. 아무리 천재적인 해커나 크래커라도 아예 네트워크와 연결되어 있지 않은 컴퓨터에는 침입할 수 없으니 말이다.

많은 사람들이 사이버 범죄는 살인이나 강도, 절도 같은 일반 범죄와 다르다고 생각한다. 범죄라는 인식도 약하다. 그러나 지금까지 살펴본 것처럼, 사이버 범죄 역시 범죄의 한 종류에 불과하다. 그러므로 이를 일반 범죄와 완전히 별개의 개념으로 이해하는 것은 문제가 있다. 그것은 단지 정보통신기술의 발달로 사이버 시대가 열리면서 부수적으로 발생한 부작용이요 비용일 뿐이다. 은행에 부수하여 은행 강도가 발생했고 총기에 부수하여 총기범죄가 발생했듯이, 새로운 사회현상에 따른 후유증인 셈이다.

우리나라만 하더라도 해방 직후에 가장 심각한 절도는 소를 훔치는 것이었다. 소가 생업의 필수적인 도구였기 때문이다. 자동차 절도가 많아진 것은 최근의 일이다. 한때는 택시강도가 중대한 사회문제로 부상한 적도 있다. 지금도 간혹 택시강도가 발생하곤 하지만, 이전과 비할 바가 아니다. 새로운 사회현상의 도래는 반드시 새로운 양상의 범죄를 낳게 마련이다. 사이버 범죄 역시 새로운 형태의 또 다른 범죄일 뿐이다.

예금부터 스마트카까지 넘보는 해킹범죄

우리나라 최초의 컴퓨터 범죄는 1973년 10월에 서울 AID차관아파트 입주자를 추첨하면서 발생한 것으로 알려져 있다. 입주자를 컴퓨터로 추첨할 때 컴퓨터 프로그래머 1명이 조작된 펀치카드 28매를 카드 리더기에 부정 삽입한 것이었다. 현대 시각에서 보자면 조악하기 그지없고 사회적 파장도 크지 않은 사건이었다. 그러나 당시는 아직 '해킹(hacking)'이나 '해커(hacker)'라는 용어도, 그에 관한 인식도 없던 때였다.

해커와 크래커

해커가 사회문제로 대두하기 시작한 것은 1990년대 중반이다. 1995년 10월에는 사상 처음으로 경찰청 '해커수사대'가 발족되기에 이른다. 해커수사대는 수사국이 아니라 인터폴 주무부서인 외사3과에 설치되었는데, 이는 해커범죄가 주로 해외를 거쳐 발생했기 때문이다. 해커들은 대개 추적을 피하기 위해 보안이 취약한 제3국을 경유했고, 그러니 인터폴의 협조가 필수적이었다.

해커수사대는 애초에 3명으로 출발했다. 그나마 해킹을 적발할 수 있는 전문 수사관은 1명뿐이었고, 민간인 신분의 연구원 1명이 적발 업무를 도왔다. 그리고 나머지 1명은 지원 업무를 담당했다. 그러나 이제 우리나라 경찰은 어엿한 '사이버안전국'를 갖추고 있으며, 전 세계적으로 사이버 수사 능력을 인정받고 있다. 우리나라 경찰의 사이버 수사 기법을 배우기 위해 여러 나라에서 찾아들고 있을 정도다.

그런데 '해커수사대'라는 이름은 일반인들의 이해를 돕기 위한 것이었을 뿐, 전문가들은 '해커'와 '크래커(cracker)'를 명백하게 구분한다. 해커는 간단히 말해 컴퓨터를 잘 다루는 컴퓨터 네트워크 전문가를 이른다. 반면 크래커는 무단으로 네트워크에 침입하여 정보를 빼내거나 훼손하는 범죄자를 가리킨다. 그러니까 오늘날 우리가 범죄자로 여기는 '해커'는 모두 '크래커'를 지칭하는 것이다. 해커는 오히려 크래커를 막거나 잡는 데 반드시 필요한 사람이다. 따라서 정확히 말하자면, 해커는 범죄자가 아니다. 일반인들이 워낙 해커와 해킹이라는 용어에 익숙하기 때문에 굳이 크래커나 크래킹이라고 하지 않고 그냥 해커와 해킹으로 부르고 있는 것뿐이다. 이런 이유로 여기서도 해커와 크래커를 굳이 구분하지 않고 해커로 통칭하겠다.

원래 해커라는 용어는 1950년대에 미국 MIT의 '테크모델 철도클럽' 동아리 소속 학생들에게서 유래했다고 한다. 그들은 철도분기점 입체화 설계에 따른 어려움을 해결하고자 밤마다 몰래 학교의

IBM 컴퓨터시스템을 이용하여 결국 문제를 해결했는데, 이들을 일컬어 '해커'라고 불렀던 것이다.[15] 이후 해커는 진화를 거듭하여 해킹을 정치시위의 한 방편으로 이용하는 '핵티비스트(hacktivist)'[16]라는 집단이 등장하기도 했다. 또 최근에는 정보의 상업화가 사회 내부의 빈부 격차는 물론이요 국가 간 경쟁력의 차이를 더욱 심화한다는 생각에서, 모든 정보의 무상공유를 주장하는 정보사회주의의 실현에 앞장서기도 한다.

경찰청 해커수사대가 창설되다

해커가 일반인들의 관심을 끌기 시작한 것은 1983년도에 제작된 미국 영화 〈워 게임(War Game)〉을 통해서였다. 이 영화는 컴퓨터 도사인 한 소년이 미국의 핵미사일 통제센터인 북미대륙대공방위사령부(NORAD)의 전산망에 침입하여 핵전쟁 일보 직전까지 몰고 가는 내용을 담고 있는데, 그 소년을 '해커'라고 부름으로써 그 용어가 일반인에게 널리 알려지게 되었다. 또 컴퓨터를 자유자재로 다루며 마치 게임하듯이 상황을 마구 주물러대는 모습은 해커에 대한 막연한 동경과 더불어 두려움을 동시에 불러일으켰다. 마침 당시에 애플과 IBM PC가 보급되고 있던 터라 더더욱 그러했다.

그러나 해커에 대한 관심과 우려가 본격적으로 불거지기 시작한 것은 1990년대 이후부터라고 할 수 있다. 해킹 자체가 네트워크 침입을 의미하는 것이고, 비록 오늘날의 초고속 인터넷과 비할 바는 아니지만 모뎀을 이용한 PC통신이 상용화되었기 때문이다. 이 시기에 하이텔이나 천리안 같은 PC통신을 통해 원거리 통신망이 만들어졌으니 그제야 비로소 해커들의 세상이 열린 셈이었다.

여하튼 1992년에 시스템공학연구소 슈퍼컴퓨터가 해커의 침입을 받아 시스템이 교란되었고, 1993년에는 서울대 전산센터가 해킹당해 하드디스크 기록이 지워졌으며, 1994년에는 영국의 10대 해커가 원자력연구소에 침입한 것으로 잘못 알려진 일도 있었다. 또 스위스에서 한국을 경유하여 유럽 암 연구센터에 침입, 자료를 절취한 컴퓨터 해커가 1994년 9월 이후부터 11월까지 무려 22차례나 국내 전산망에 침투한 사실이 밝혀지기도 했다. 급기야 1995년 8월에는 한국통신의 인터넷 통신망을 관리하는 전산망이 일주일 동안 세 차례나 완전히 삭제되어 국제 데이터통신이 마비된 적도 있었는데, 이렇듯 해킹이 사회문제로 비화됨에 따라 앞서 말한 것처럼 1995년 10월에는 경찰청 해커수사대가 창설되기에 이르렀다.

이처럼 1990년대 중반부터 해커에 대한 대중의 관심이 높아지면서, 신문 지면에도 해커 관련 기사들이 잘 반영되곤 했다. 당시 사회부 기자로 경찰청에 출입하던 필자 역시 해커 관련 기사에 촉각을 곤두세웠는데, 그러다가 운 좋게도 특종보도를 하게 된 사건이 발생했다. 요즘도 심심치 않게 독도 관련 보도가 나오곤 하지만, 1996년 초에도 그랬다. 독도가 자기네 영토라며 일본이 우기고 나오자 국내에서는 일본에 대한 적개심이 불타오른 터였다. 그러던 차에 나는 평소와 다름없이 해커수사대가 있는 외사3과에 들렀는데, 분위기가 심상치 않았다. 기자의 직감으로 보건대 무언가가 있음에 틀림없었다.

취재를 통해 드러난 사건의 전말은 이러했다. 일본의 독도 발언

유명한 해커인 '프로메테우스'가 해킹을 실행한 이후에 사탄의 모습을 남겨놓은 화면.

에 분개한 우리나라 청년 1명이 일본 통신회사를 경유하여 일본 외무
성 홈페이지를 해킹하는 데 성공했다. 그런데 마음 같아서는 홈페이
지에 "독도는 한국 땅!"이라고 대문짝만 하게 쓰고 싶었지만, 영어를
잘 몰라 그저 홈페이지만 엉망진창으로 만들어놓고 나온 것이었다.
일본 외무성이 발칵 뒤집혔고, 인터폴을 통해 우리나라 경찰에 협조
의뢰가 들어와 해커수사대가 수사에 나선 상황이었다.

　얼마 지나지 않아 이번에는 고등학생 1명이 해킹을 했는데, 해킹
대상이 상당히 보안을 요하는 중요한 곳이라는 정보가 들어왔다. 아
는 내용이라고는 오직 부산의 고등학생이라는 사실 하나였다. 즉각

부산에 내려가 고생 끝에 간신히 당사자를 만났다. 그러나 아쉽게도 필자가 원하는 정보는 얻지 못했다. 당시 그 학생은 286AT 컴퓨터로 모뎀을 이용하여 해킹을 했는데, 정작 자신이 어디를 해킹했는지도 알지 못했다.

장난에서 시작한 해킹이 암 환자를 죽인다

영화나 드라마를 보면 해커는 뭔가 특이하다. 흔히 그려지는 '천재'의 모습처럼, 취미도 별나고 외톨이에다가 성격도 괴팍하다. 그러나 실제로 해커는 결코 특별한 사람이 아니다. 일본 외무성을 해킹한 청년이나 부산의 고등학생처럼, 호기심이나 일시적인 감정으로 해킹이라는 범죄를 저지른 것이다. 더구나 그런 해킹 자체가 범죄인 줄도 모른 채 말이다.

해커 가운데 청소년들이 많은 것은 물론 컴퓨터에 능숙하기 때문이기도 하지만, 해킹의 범죄성에 대한 인식이 약하기 때문이다. '그런 것도 범죄가 되나?'라고 생각하거나, 설사 범죄임을 안다 하더라도 대단치 않게 여기든가 아니면 자신이 경찰이나 수사기관의 수사망에 걸려들지 않을 것이라고 믿는다. 흉기로 남을 위협하거나 직접 남의 돈을 훔치는 것이 아니다 보니, 범죄의 심각성에 대한 인식이 떨어지는 것이다.

1997년 초에 한 기업의 전산망에 들어가 가입자 정보를 비롯한 각종 전산기록을 파괴해버린 해커 역시 고등학교 입학을 앞둔 학생이었다. 그가 나중에 밝힌 범행 동기는 아주 간단했다. "고등학교 입학 기념으로 그냥 한번 해봤다"는 것이었다. 이 경우처럼 대부분의 해킹은 흔히 장난으로 시작되지만, 그 때문에 전산망이 마비되고 각종 기록이 지워져 복구가 불가능하게 되는 결과는 결코 재미있지 않다. 예컨대 암 연구소나 의료시설의 전산망이 해킹 때문에 마비되는 경우를 생각해보자. 범인의 클릭 몇 번이 무수히 많은 환자를 죽음으로 내몰 수도 있는 일이다. 인터넷에 접속해보면 해킹에 관한 많은 자료와 소프트웨어들이 올라와 있다. 자신의 침입 흔적을 지우고 나오는 고급기술까지는 힘들더라도, 이런 프로그램을 이용하면 누구나 쉽게 해킹을 할 수 있다. 여기에 "나도 해커가 되어 세상을 놀라게 할 수 있다"는 비뚤어진 소영웅주의가 해킹에 대한 죄의식을 무너뜨리는 것이다.

학교나 가정에서 컴퓨터나 정보통신에 대한 윤리교육을 제대로 하지 않는 점도 해킹범죄를 조장하는 또 하나의 요인이다. 남의 집에 함부로 들어가거나 돈을 훔쳐서는 절대 안 된다고 귀가 아프게 이야기하지만, 막상 해킹을 해서는 안 된다고 가르치는 부모와 교사들은 많지 않다. 오히려 컴퓨터게임도 하지 않고 무언가 열심히 컴퓨터를 조작하는 모습에 흐뭇함을 느끼는 부모들이 적지 않을 것이다. 본인들은 컴맹이지만 자녀들은 장차 컴퓨터 전문가가 될 수 있겠구나 기대하면서 말이다. 해킹에 대해 부모와 학교는 물론이고 사회 전체가 더욱 각별한 경각심을 지녀야 하는 것은 바로 이 때문이다.

인터넷 직거래? 아이폰 대신 벽돌이 왔는데요

인터넷을 무대로 활개 치는 새로운 사기범죄

범죄는 진화한다. 새로운 게 생기면 이를 활용한 범죄수법 또한 생겨나게 마련이다. 인터넷처럼 오늘날 일상생활에 꼭 필요한 기술일 경우 더 그럴 수밖에 없다. 2014년 국내 인터넷 이용률은 84% 정도이며, 이용자 수는 4,112만 명에 이르고 있다. 거의 모든 국민이 인터넷을 이용하는 셈이다. 이에 따라 인터넷을 이용한 각종 범죄도 활개를 치고 있다. 시장이나 백화점 등 오프라인에서 이뤄지는 상거래 비중은 하루가 다르게 줄어들고, 대신 인터넷 등을 이용한 온라인 쇼핑이 가파르게 성장하고 있다. 불과 2000년 중반만 하더라도 1%에 미치지 못하던 온라인 쇼핑 시장규모는 2015년 5월 기준으로 전체 소매시장 판매액의 13.4%를 차지하고 있다. 특히 모바일 쇼핑 시장규모가 크게 증가하고 있다. 2014년 모바일 쇼핑 시장규모는 전년도인 2013년에 비해 2배 이상 늘어났다. 스마트폰이 대중화되면서 자연스럽게 나타난 변화라 할 수 있다.

문제는 새로운 기술이 편리함만 주지 않는다는 데 있다. 인터넷 거래 증가는 인터넷 거래를 노린 범죄를 낳고 사회문제로까지 번지고 있다. 대표적인 범죄가 인터넷 사기다. 특히 문제가 되는 게 인터넷 직거래 사기라 할 수 있다. 인터넷 직거래는 말 그대로 중개인을 두지 않고 파는 사람과 사는 사람이 인터넷을 통해 거래하는 형태다. 상대방과의 신뢰에 의존해 이뤄지고, 별다른 보안시스템이 없다 보니 이를 이용한 사기가 속출하고 있다.

경찰청 통계자료를 보면 2014년 5월부터 10월까지 6개월 동안 인터넷 직거래 사기 건수는 4,891건으로 2014년 한 해 전체 해킹사건 1,648건보다 월등히 많은 수치다. 사이버 범죄를 모두 놓고 보더라도 가장 많은 사건 수를 기록했다.

익명의 공간이 범죄기회로

인터넷 직거래 사기를 알려면 일단 인터넷 사기가 무엇인가부터 살펴보는 게 필요하다. 인터넷 사기는 인터넷이란 사이버 공간을 활용해 사기 행위를 벌이는 범죄를 말한다. 사기가 법적으로 성립하기 위해 갖춰야 하는 조건, 즉 사람을 기만하는 행위가 존재하고, 이러한 기만행위로 인해 피해자의 재산상 손해와 가해자의 재산상 이익이 인터넷을 이용해 발생한다면 인터넷 사기가 성립된다.

인터넷 사기가 날로 증가하는 이유는 인터넷이란 사이버 공간의 특수성이 크게 작용한다. 다시 말해 인터넷 공간이 갖는 특성인 비대면성, 익명성, 전문성, 시간과 공간의 초월성 등이 인터넷 사기를 키우는 주된 요인이 되는 것이다. 인터넷과 같은 사이버 공간에서는 자신의 얼굴과 이름, 신분 등 정체를 노출시키지 않을 수 있기 때문에 훨씬 대담하게 범죄를 저지를 수 있다. 범죄가 늘 수밖에 없는 요건을 갖춘 셈이다. 또 사이버 공간에서는 남을 의식하지 않아도 되기에 욕구와 충동을 자제하기 어렵게 되어 범죄가 증가하는 측면도 있다. 무엇보다도 사이버 공간은 현실세계와는 다른 가상의 공간이라는 점이 사람들로 하여금 일탈과 범죄에 대한 죄의식을 상대적으로 덜 느끼게 함으로써 범죄를 쉽게 저지르게 하는 요인이 되기도 한다. 인터넷 사기는 인터넷 경매사기, 일반물품 판매 사기, 인터넷 서비스 사기, 인터넷 금융사기 등 다양한 형태가 있다.

왜 인터넷 직거래 사기가 극성인가?

인터넷 직거래는 중개업체를 거치지 않으므로 유통비용을 절감할 수 있어 인터넷 거래에서 비중이 점점 늘어나고 있다. 휴대폰, 노트북 등 전자제품뿐만 아니라 농수산물, 콘도 이용권, 심지어 외환과 부동산까지 인터넷 직거래 영역이 확대되고 있다.

지금까지 발생한 인터넷 직거래 사기는 주로 인터넷 중고 사이트에서 벌어졌다. 직거래 특성상 필요한 물품을 아주 싼값에 사려 하다 보니 중고 사이트를 많이 이용하게 되는 것이다. 문제는 중개업체를 거치지 않고 별다른 보안 대책이 없는 상태에서 상대편을 믿고 물품 대금을 입금하다 보니 피해가 발생한다는 것이다.

버거드와 슐렘바흐는 고프만의 '프레임 분석' 이론에 입각해 인터넷 사기 피해를 3단계로 구분했다. 1단계는 주의와 경계가 약화되는 수준이며, 2단계는 사기범과 피해자가 연락을 주고받으며 결국 거래가 성사되는 단계다. 그리고 3단계에서 피해자가 사기 피해 사실을 자각하면서 피해가 발생하게 된다. 이와 같이 "조심하다가 걸려들고(hooked on), 거래 조율을 하다가(staying attuned), 결국 피해 자각과 함께 현실로 돌아오는(cooling out)" 단계는 인터넷 직거래 사기에도 그대로 적용된다고 할 수 있다.

또 그라지올리와 자르벤파는 인터넷 직거래 사기에서는 가장(masking), 유인(decoying), 모방(mimicking), 날조(inventing) 등의 수법이 주로 사용된다고 말한다. 다시 말해 인터넷 사이트에서 마치 진품을 판매하는 것처럼 속이고, 싼값으로 유인하고 다른 사기수법들을 흉내내거나 거짓 정보를 알려주는 방식으로 피해자를 속여 금품을 가로채는 것이다.

당연한 이야기지만, 인터넷 직거래 사기가 증가하는 근본적인 이유는 인터넷 사용이 크게 늘었기 때문이다. 초고령층 등 일부를 제외하고는 거의 모든 국민이 인터넷을 사용한다고 볼 수 있다. 2015년 6월 기준으로 지난 1개월 이내 인터넷 이용률이 83.6%이고, 1주일 이내 이용률도 79.2%로 집계되어 인터넷 사용이 일상화됐음을 알 수 있다.

인터넷 사용이 보편화되면서 인터넷을 이용한 사이버 범죄도 자연스럽게 늘고 있다. 경찰청 통계에 따르면, 2010년 12만 2,902건이던 사이버 범죄는 2013년에는 15만 5,366건으로 3년 사이 26.4%나 증가했다. 그러나 유형별 추세는 크게 달라지고 있다. 일단 해킹과 바이러스 유포 등 사이버테러형 범죄가 2010년 1만 8,287건에서 2013년에는 1만 407건으로 무려 43%나 감소했다. 반면 인터넷 사기가 2010년 4만 7,105건에서 2013년에는 8만 5,856건으로 3년 사이에 82.3%나 증가했다. 인터넷 사용이 보편화되면서 사이버 범죄가 해킹 등 비교적 전문기술을 요구하는 사이버테러형 범죄에서 단순히 인터넷을 이용하기만 하는 인터넷 사기와 같은 일반 사이버 범죄의 증가로 이어졌다고 보인다.

2014년 통계만 놓고 보더라도 인터넷 사기는 5만 6,667건이 발생, 전체 정보통신망 이용 범죄의 63.3%를 차지해 사이버 금융 범죄 1만 5,596건(17.4%)이나 사이버저작권침해 1만 4,168건(15.8%) 등 다른 정보통신망 이용 범죄보다 훨씬 많은 발생 건수를 나타냈다. 경찰청 사이버안전국이 집계하는 인터넷 사기는 인터넷 직거래 사기, 쇼핑몰 사기, 게임 사기, 기타 인터넷 사기로 이루어져 있으며, 직거래 사기가 인터넷 사기의 80% 정도를 차지하고 있어서 인터넷 직거래 사기가 얼마나 기승을 부리고 있는지를 알 수 있다.

인터넷 직거래 피해사례

인터넷 직거래 사기는 발생 건수가 증가하는 것과 동시에 수법도 갈수록 교묘해지고, 지능화하고 있어서 문제다. 2015년 4월 21일 경찰이 발표한 인터넷 직거래 사기 사건을 한번 들여다보자.

인터넷 사기 현황

연도	유형	정보통신망 이용 범죄						
		소계	인터넷 사기	사이버 금융 범죄	개인위치 정보침해	사이버 저작권 침해	스팸메일	기타
2014	발생	89,519	56,667	15,596	939	14,168	9	2,140
	검거	56,461	40,657	6,567	635	7,198	4	1,400
	검거 인원	38,579	17,521	8,572	929	9,851	5	1,701

자료 : 경찰청 사이버안전국

'더치트'에 등록된 개인 간 인터넷 직거래 피해현황

	피해사례 수	피해액
2006	6,332건	24억3,349만 3,000원
2007	9,489건	34억5,280만 7,000원
2008	11,912건	46억9,000만 4,470원
2009	11,364건	43억3,588만 7,000원
2010	16,078건	59억1,674만 7,009원
2011	16,720건	59억8,666만 2,843원
2012	17,976건	63억8,642만 2,439원
2013	25,326건	77억6,861만 1,760원
2014	38,240건	113억635만 594원

자료: 더치트, (http://thecheat.co.kr)

모바일 상품권 중고거래 사기사건

사기범은 모바일 상품권 판매자에게 연락해 상품권을 살 것처럼 말하고 입금에 필요한 계좌번호를 알려달라고 요청했다. 그리고 중고거래 사이트를 통해 걸려든 직거래 사기 피해자에게 이 계좌번호를 마치 자신의 계좌번호인 것처럼 알려주고 피해액을 입금토록 시켰다. 사기 피해자가 모바일 상품권 판매자에게 돈을 입금하자, 모바일 상품권 판매자는 당연히 상품권 구매대금으로 판단하고 상품권을 사기범에게 보냈고, 사기범은 이를 챙겼던 것이다.

인터넷 사기피해 공유사이트인 '더치트'의 통계에 따르면, 인터넷 직거래 사기는 2006년 6,332건에서 2014년에는 3만 8,240건으로 무려 504%나 폭증하였다. 피해액도 2006년 24억여 원에서 2014년에는 113억여 원으로 5배 이상 늘어났다.

인터넷 직거래 사기 물품은 휴대폰과 관련된 기기가 제일 많았다. 휴대폰 관련 물품 사기는 2006년부터 2014년까지 2만 4,561건의 피해사례가 접수되어 두 번째로 많은 1만 3,691건의 피해사례가 접수된 티켓이나 상품권 사기보다 월등하게 많았다. 무엇보다도 2006년 762건에 불과했던 휴대폰 관련 사기가 2014년에는 8,629건으로 10배 이상 늘어났다. 휴대폰이 현대 생활에서 없어서는 곤란한 필수품 성격이 강한 데다 최신 휴대폰의 경우 고가이기 때문이 아닐까 싶다. 싼값에 최신 기종을 구매하려는 심리가 사기 피해로 이어지는 것이다.

티켓이나 상품권의 경우도 최근 들어 피해가 크게 늘어난 품목이다. 2006년 152건에 불과하던 피해신고가 2014년에는 4,478건으로 거의 30배 가까이 증가하였다. 반면 MP3플레이어 및 전자사전의 경우는 2008년부터 2010년까지 사기 피해가 가장 많이 접수된 품목이었는데, 2013년부터는 피해 신고가 단 한 건도 접수되지 않았다. 휴대폰 기능이 다양해지면서 MP3플레이어와 전자사전 기능을 포함하고 있기 때문에 굳이 별도로 MP3플레이어와 전자사전을 구매할 필요가 없어진 것이 그 이유일 것이다. 카메라 역시 2010년까지는 사기 피해 접수가 꾸준히 증가했지만, 2011년부터는 감소 내지는 보합 추세를 보이고 있다. 이 또한 휴대폰의 카메라 성능이 상당히 개선되었기 때문으로 볼 수 있다. 카메라 폰 성능이 웬만한 카메라 못지않게 향상되어 일반 사진의 경우 휴대폰으로도 대체가 가능해진 것이다.

인터넷 직거래에서 이것만은 꼭 주의하라

인터넷 직거래 사기를 유형별로 살펴보면 첫째, 판매자가 돈을 받고 물품을 보내지 않은 경우를 들 수 있다. 인터넷 직거래 사기 피해의 가장 일반적인 사례유형이라고 할 수 있다. 이를테면 "최신 기종 노트북 컴퓨터 50% 파격 할인"과 같은 자극적인 내용으로 피해자를 유인해서 사기를 치는 형태다. 2015년 4월 초 피해자는 네이버 카페 '중고나라'를 통해 마음에 드는 카메라를 발견하고 용의자와 통화해 용의자의 주민등록증, 통장, 명함 등을 확인한 뒤 용의자의 통장으로 입금했다. 하지만 물건을 받지 못하고 연락이 두절됐다. 미개봉한 태블릿 PC를 싸게 판다는 인터넷 게시 글을 보고 연락해 용의자의 여권과 운전면허증 사진을 휴대폰으로 확인한 뒤 안심해서 입금했으나 물건을 받지 못한 경우 역시 비슷한 사례다.

거래액의 절반 정도만 선입금하고 나머지는 물품을 받고 입금하는 방식 또한 인터넷 직거래 사기피해의 많은 유형이다. 구매자 입장에서는 절반만 입금하는 형태여서 어느 정도 안심하고 입금하지만, 사기범은 원래 선입금액이 목표기 때문에 선입금된 돈만 받고는 연락을 끊어버린다. 2015년 4월 초 한 30대 남성이 중고거래 사이트에 자동차 타이어 휠을 사겠다는 글을 올리자 문자로 타이어 휠을 팔겠다는 연락이 와서 일단 거래액의 절반을 입금한 뒤 물건을 받고 나머지 잔액을 입금하려 했으나 돈을 받고 연락이 두절되었다.

만나서 직거래를 하자고 유인한 뒤 다른 급한 일정 때문에 만날 수 없으니까 일단 절반만 입금하고 진행하자고 속이는 경우 역시 인터넷 직거래 사기에서 흔히 일어나는 형태라고 할 수 있다. 피해자를 안심시키기 위해 자신의 주소를 알려주거나, 인터넷 직거래 사기 검색사이트인 '더치트' 사이트까지 알려주며 조회하라고 하면서 믿게 만드는 경우도 있다. 또 우체국 택배로 물건을 보냈다고 송장 번호까지 알려주고 속인 뒤 돈을 가로채는 사례도 판매 대금을 받고 물품을 보내주지 않는 경우에 속한다고 할 수 있다.

별도의 안전장치 없이 물품 거래를 하는 속칭 '쿨거래' 또는 '쿨매' 방식은 인터넷 직거래 사기의 위험성을 키우는 방식이 아닐 수 없다. 그동안 이렇게 서로를 믿고 거래를 했어도 사기 피해를 당한 적이 없는 구매자가 피해를 당하거나, 거래 실적이 양호한 아이디를 보고 이러한 거래 방식을 택하는 경우가 많은데, 아이디를 도용하거나 거래실적을 속이는 등의 수법을 통해 구매자를 안심시킨 뒤 대금을 받아 가로채게 된다.

판매자가 원래 약속한 것과는 다른 물품을 보내는 경우도 적지 않다. 택배 송장 번호를 확인하고 실제로 물품을 받았으나 원래 주문한 물품이 아닌 유형이다. 한 여성은 2015년 4월 초 중고 명품 가방을 주문하고 120만 원을 입금했는데, 막상 택배로 받은 것은 두유 한 통과 해진 이불뿐이었다. 택배 배송 사실을 확인하고 입금했기 때문에 안심했지만, 주문한 것과는 전혀 다른 쓸모없는 물품이 온 것이었다. 카메라 구매 글을 인터넷 중고거래 사이트에 올렸더니 싼 가격에 팔겠다는 연락이 와서 구매하기로 하고 휴대폰으로 촬영한 택배 송장을 확인한 뒤 입금했으나, 받은 것은 카메라가 아니라 신문지와 우유 한 팩뿐인 경우도 비슷한 사례다.

또 다른 유형은 정품이라고 속인 뒤 실제로는 가짜를 보내는 경우다. 가방이나 의류 등의 경우 진품과 가짜를 구분하기 어려운 점을 악용하여 진품이 아닌 가짜를 보내는 경우도 있다. 위조 제품은 유통 자체가 불법이기 때문에 판매할 수 없음에도 불구하고 진품으로 속여 판매하는 사례들이 적지 않다. 한 피해 사례를 보면, 2014년 12월부터 2015년 1월까지 다섯 차례에 걸쳐 중고거래 사이트에서 유명 브랜드 의류를 구매했는데, 나중에 확인 결과 모두 가짜인 것으로 밝혀졌다. 피해자는 일본 정품 매장에서 직접 구매하여 판매하는 것이라는 판매자의 말에 속아 총 280만 원을 입금하고 옷을 구매했고, 처음에는 진품인 줄 알고 입다가 의심이 생겨 정품 여부를 확인한 결과 위조제품인 것으로 드러난 경우다.

이처럼 사기 피해의 위험에도 불구하고 개인 간 인터넷 직거래의 이용자가 증가하는 이유는 직거래 장터에는 중개인이 끼지 않아 수수료가 없다는 점과 절차의 간소화로 인해 빠르고 간편한 거래가 가능하다는 점 때문이다. 하지만 절차가 간소하고 중개인이 없다는 것은 사이트 이용자들을 보호할 체계적인 절차와 보안시스템이 미비하다는 것을 의미한다.

인터넷 직거래 사기, 보상받을 수 있을까요?

현재 인터넷 직거래 사기가 발생했을 경우 피해 구제 방법은 거의 없다. 우선 인터넷 직거래 사이트의 관리자들은 이용자들이 직거래를 할 수 있는 장소를 제공할 뿐 이용자들을 감시하고 제제를 할 수 있는 권한이 없다. 또한 피해 신고를 위해 여러 절차를 거쳐야 하고 증거물을 직접 준비해야 한다. 지급정지신청과 환급신청이 가능하지만 거절될 가능성이 많다. 그리고 인터넷 직거래 사기를 처벌하기 위한 법이 없어 범인을 잡아도 엄격히 처벌할 수 없고 손해배상도 의무사항이 아니다. 손해배상을 받기 위해서는 합의를 하거나 민사소송을 해야 하며 그 절차도 복잡하고 많은 시간이 소요된다. 보상액도 실제 피해액 이상을 받기가 힘들다는 점 역시 인터넷 직거래 사기에 대한 별도의 대책 마련이 필요함을 말해준다.

　우선 개인 간 인터넷 직거래 사기피해에 효과적으로 적용할 수 있는 법규가 마련되어야 한다. 현재 개인 간 인터넷 직거래 사기범에게는 사기죄를 적용하여 처벌하지만, 대부분의 피해사건이 소규모 거래기 때문에 약식기소로 진행되며 벌금형으로 마무리된다. 앞에서 다

뤘듯이 개인 간 인터넷 직거래 사기는 사이버 범죄에서 가장 많은 부분을 차지하고 있지만, 여전히 사기라는 포괄적인 법규에서 처벌이 진행되고 있다. 이제는 개인 간 인터넷 직거래 사기범에게만 특별히 적용할 수 있는 법규가 필요해졌다. 새로운 법을 제정하여 피해에 대한 처벌 규정을 명확히 하고 해당 사건을 신속하고 엄중하게 처벌해야만 피해 발생을 억제할 수 있다. 대부분의 피해 사건은 소규모이며 익명성과 비대면성을 원천으로 하는 충동적 동기가 강하기 때문에 처벌규정을 강화하는 것으로도 피해사건을 줄일 수 있을 것이다.

피해에 대한 처벌뿐 아니라 피해자들에 대한 보상 역시 명확히 규정해놓아야 한다. 현재 피해자들이 보상을 받기 위해서는 사기범과 합의를 하거나 민사소송을 진행해야 한다. 합의의 경우는 의무사항이 아니기 때문에 대부분 이루어지지 않으며 민사소송은 절차가 복잡하고 시간의 소모가 큰 데 비해 받을 수 있는 보상은 미미한 편이다. 개인 간 인터넷 직거래 사기범들의 목표가 금전적 이득을 손쉬운 방법을 통해 얻기 위함인 만큼 피해사건에 대한 배상금을 피해액보다 훨씬 더 높게 적용하여 피해자들에게 배상하게 한다면 범죄동기를 억제하는 데 도움이 될 것이다. 또한 벌금 액수를 약식기소에 의한 검사의 권한에 맡기지 않고 표준화된 벌금 기준을 만들어 자신이 벌이는 사기 행위의 반대급부를 명확히 알 수 있게 해야 한다.

새로운 법제도를 만드는 것이 피해를 완화할 수 있는 가장 확실한 방법이지만 기존의 법제도를 수정·보완하는 것도 큰 도움이 될 것이다. 배상명령신청제도의 경우 형사사건으로 손해를 입은 피해자가 별도의 소송 절차를 거치지 않고 피고인에게 금전적인 배상을 받을 수 있는 제도이지만, 약식기소는 이에 해당되지 않기 때문에 개인 간 인터넷 직거래 사기 피해자가 이용할 수 없다. 개인 간 인터넷 직거래 사기 피해자들의 경우 대부분 피해 금액이 적기 때문에 민사소송의 불편함을 감수하려 하지 않고 있다. 배상명령신청제도를 수정·보완하여 개인 간 인터넷 직거래 사기사건에 적용할 수 있게 한다면 사기범들에게 금전적인 피해를 안기고 피해자들이 정당한 배상을 받을 수 있을 것이다.

사기꾼의 '지문'은 사기 이력이다

결국 현재로서는 무엇보다도 인터넷 직거래 사기피해로 인한 금전적·시간적 대가를 적합하게 받을 수 없기 때문에 사기를 미연에 예방하는 것이 중요하다. 이를 위해 거래 전 더치트나 사이버캅에서 거래자의 계좌번호와 전화번호를 통해 사기 이력을 확인하는 것이 필요하다. 그리고 현장에서 직접 만나 물품을 확인하고 돈을 건네주는 식의 거래를 하거나 안전거래 사이트를 이용하는 것이 가장 안전하다. 급증하고 있는 인터넷 직거래 사기 예방을 위해서는 특별법이 만들어져 엄격한 처벌 규정과 보상 방안이 마련되어야 할 것이다.

추악한 어른의 욕망, 아동 음란물

아동 음란물, 예술인가 포르노인가?

1. 2008년 12월 호주 시드니에서 한 남자가 기소됐다. 만화 〈심슨가족〉에 나오는 아동 캐릭터를 음란하게 묘사한 그림이 그의 컴퓨터에서 발견된 것이다. 아동 음란물 소지 혐의가 적용됐다. 주 대법원은 만화캐릭터도 실제 사람을 연상시킬 수 있다는 이유로 유죄판결을 내렸다.

2. 2011년 3월에는 아동 음란 내용이 포함된 전자 소설책을 컴퓨터에 저장하고 있던 남성이 검찰에 기소됐다. 원본은 130여 년 전인 1879년 영국에서 발간돼 지금도 인터넷 서점 등에서 구입할 수 있는 책이어서 뜨거운 논쟁거리가 되기도 했다.

3. 일본에서는 CG로 벌거벗은 여자아이를 매우 사실적으로 그려서 판매한 남성이 검찰에 기소되었다. 이 남성은 알몸의 여자아이 사진을 참고하여 아동 포르노 34점을 제작해 유통한 혐의를 받고 있다. 피고는 "이상적인 인체를 그리고 싶다는 것이 목표였다", "몸의 아름다움이 가장 잘 드러나는 것이 바로 누드다", "이 그림들은 포르노가 아니라 예술 작품이다"라고 항변했다. 피고는 아동 포르노 관련법 위반 여부를 놓고 도쿄 지방 법원의 판결을 기다리고 있다.

강력한 처벌도 소용없는 아동 음란물

유엔아동권리에 관한 선택의정서(UNOPRC)에 따르면 모든 정부는 아동 음란물의 제작, 유포, 배분, 수입, 수출, 제공, 판매 및 소지를 법으로 금지할 것을 요구하고 있다. 유니세프의 '아동 매매, 아동 성매매 및 아동 음란물에 관한 선택의정서(OPSC)' 역시 회원가입국들이 아동 음란물의 단순 소지도 법으로 금지할 것을 강력하게 권고하고 있다.

호주에서는 아동 음란물 관련 법규를 위반하면 최대 10년 동안 교도소에 갇혀 있어야 하고, 12만 호주달러(약 1억700만 원)의 벌금에 처해질 수 있다. 호주 못지않게 아동 음란물 단속과 처벌을 강력하게 하는 나라가 미국이다. 미국 연방법 규정에 따르면 아동 음란물 제작 및 광고 혐의로 유죄판결을 받으면 최소 15년형을 받는다. 또 아동 음란물을 받거나 유포할 경우 비록 초범이라도 최소 5년형에 처해진다. 인터넷서비스업체(ISP)나 이동통신사업자 등은 아동 음란물을 적극적으로 색출토록 의무화하고 있다. 미국 연방대법원은 지난 2008년 윌리엄스 사건(U.S. v. Williams) 판결을 통해 아동 음란물을 규제하는 연방법(18 U.S.C § 2252A)이 언론 자유 등을 규정한 수정헌법 제1조를 위반하지 않는다고 판결한 바 있다.

이탈리아 역시 2006년에 법을 개정해 아동 음란물을 제작하거나 판매하다가 적발되면 최고 12년형에 처하고 벌금을 25만 유로(약 3억 3,000만 원)까지 내도록 했다. 아동 음란물의 단순 소지도 3년까지 구금이 가능하도록 법적 규제를 대폭 강화했다. 특히 이탈리아는 실제 아동 모델이 아닌 컴퓨터 기술 조작에 의한 것이라 하더라도 음란물이 아동 비슷한 이미지라면 처벌이 가능하도록 했다.

인터폴(국제형사기구)에 가입한 187개 국가 중 아동 음란물을 법적으로 규제하는 나라가 94개국이다. 이 가운데 제작, 유포뿐 아니라 단순 소지만으로 처벌하는 국가는 62%인 58개 국가에 이른다. 미국은 더욱 효율적인 단속과 규제를 위해 연방정부 차원에서 '아동착취 및음란물전담국(CEOS)'을 중심으로 연방수사국, 청소년범죄예방국(OJJDP) 등 무려 19개 연방형사사법기관이 공동으로 아동 음란물 단속에 나서고 있다.

이렇게 강력한 규제와 단속을 벌이고 있지만 미국에서 아동 음란물은 아직도 골치 아픈 문제다. 미국 법무부가 지난 2010년 UN에 제출한 자료에 따르면, 2009년 4월 20일부터 26일까지 일주일 동안 아동 음란물의 소지, 유포, 제작 등 관련법규 위반으로 적발된 사건이 1,919건이다. 하루 평균 274건이 적발된 셈이다. 2008년 한 해 동안에도 8만 5,301건의 아동 음란물 위반 사례가 적발됐다. 유명인이나 정치인도 예외가 아니다. 2014년 1월 미국 공화당 소장파 정치인의 선두주자 라이언 로스칸(Ryan Loskarn) 의원이 아동 음란물 단속에 적발돼 큰 물의를 빚었다. 결국 그는 목을 매 자살했다. 2014년 2월에는 데이비드 캐머런 영국 총리의 최측근이 아동 음란물 범죄에 연루되어 체포된 뒤 사임했다. 더욱이 이 측근은 영국 인터넷 포르노 검열 가이드라인을 만드는 데 참여했기 때문에 충격의 강도가 더 컸다.

초등학생을 잔혹하게 성폭행해 세상을 놀라게 한 조두순, 김점덕, 고정석과 같은 성폭행범들이 모두 아동 음란물에 빠져 있었다는 사실이 알려지면서 우리나라도 단속과 처벌 기준을 강화하고 있다. 아동 음란물 단순 소지자도 처벌하고 아동 청소년 이미지를 이용한 음란물도 단속 대상에 포함하는 등 단속과 적발의 수위를 높였다. 그래서 2009년 14건에 불과하던 아동청소년 음란물 단속 건수는 2013년에는 3,316건으로 4년 사이에 200배 이상 늘었다. 전체 음란물 단속에서 차지하는 비중도 2009년의 0.2%에서 2013년에는 35.1%를 차지해 거의 단속하지 않던 분위기에서 적극적 단속과 적발 분위기로 바뀐 것이다.

소아성애×토렌트=아동 음란물 범죄

그럼에도 아동 음란물 유통과 소비가 줄어들지 않는 이유는 뭘까? 미국, 영국, 우리나라 가릴 것 없이 단속과 처벌을 강화하고 있지만 아동 음란물은 범람하고 좀체 없어질 기미를 보이지 않는다. 이유는 크게 세 가지로 보인다. 우선 아동 음란물에 대한 집착이 강한 경우다. 일종의 중독인 셈이다. 단속과 처벌이 강화됐음에도 끊지 못하는 상황이다. 정도의 차이겠지만, 심한 경우는 본인의 의지와는 상관없이 치료를 받기 전까지 고치기 어렵다.

아동 음란물에 대한 집착은 롤리타 증후군(Lolita syndrome)과도 관련된다. 일종의 소아성애(pedophilia)로서 아동을 대상으로 하는 성도착 증세라 할 수 있다. 어린 소녀에 대한 중년 남자의 지나친 사랑과 집착을 표현한 소설 《롤리타》에서 이름이 붙여졌다. 러시아 출신으로 미국에 망명한 작가 블라디미르 나보코프가 쓴 이 소설은 1958년 미국에서 발간되었으며, 1962년과 1997년 두 차례에 걸쳐 같은 이름으로 영화화되기도 했다.

《롤리타》는 30대 후반의 대학 강사가 12세 소녀와의 사랑을 이루기 위해 이 소녀의 엄마와 억지로 결혼하고 사랑의 도피와 살인, 병사 등 끝내 관련된 모든 사람이 죽는 비극적이고 파격적 내용으로 출판되자마자 큰 반향을 일으켰다. 이뿐만 아니라, 어린 소녀에 대한 성적 환상에 사로잡힌 현상을 나타내는 롤리타 콤플렉스, 롤리타 신드롬이란 새로운 용어까지 만들어냈다.

아동 음란물에 대한 집착은 비정상적인 성적 환상을 불러일으키고 여아 납치와 성폭행 같은 여아 대상 범죄로 연결될 수 있다는 가능성 때문에 문제가 된다. 더욱이 아동 음란물에 대한 집착이 강하게 코딩되어 중독 지경에 이르면 쉽게 고치기 어렵다. 의학적 치료가 필요한 것이다. 그렇다고 형사책임까지 벗을 수 있는 것은 아니다. 미국 정신의학학회 기준인 DSM-IV-TR은 소아성애가 법적 판단과 관련 없다는 점을 밝히고 있다. 오히려 아동을 대상으로 저질렀기 때문에 가중처벌을 받게 된다. 우리나라 대법원 판례 역시 "형의 감면사유인 심신장애에 해당되지 않는다"는 입장을 고수하고 있다.

단속과 처벌을 강화해도 아동 음란물의 제작과 유통이 크게 줄어들지 않는 또 다른 이유는 아동 음란물을 소지하고 보는 행위에 대한 범죄의식이 높지 않기 때문이다. 쉽게 말해 "나 혼자 보고 즐기는 게 다른 사람에게 무슨 해(害)가 되느냐"는 논리다. 아동 음란물 수요가 쉽게 가라앉지 않는 이유기도 하다. 수요가 있으면 공급이 생기는 법이다. 그래서 우리나라에서 아동 음란물과 관련해 적발된 건수의 60% 이상이 단순 배포와 단순 소지다. 범죄행위라는 뚜렷한 인식 없이 벌어지는 경우가 많은 것이다.

하지만 최근에는 이야기가 달라졌다. 경찰이 불법 다운로드의 온상으로 지목되는 P2P 프로토콜 '토렌트'에 단속을 강화했기 때문이다. 단순 소지만으로도 자동으로 공유되는 토렌트의 특성으로 인해 자신도 모르게 처벌받을 가능성이 높아졌다. 한편으로는 "지나친 단속 아니냐"는 볼멘소리가 나오기도 한다. 지금까지 일반 성인 음란물 단속은 웹하드의 '헤비 업로더'가 대상이었는데, 아동 음란물 단속은 단순 소지도 대상이 되기 때문이다. 심지어 음란 동영상의 실제 인물이 성인이더라도 아동 복장이나 교복을 입고 있다면 아동 음란물로 분류돼 강한 처벌을 받는 문제점을 지적하는 소리가 나온다.

더욱이 국내는 외국처럼 철저하게 돈을 벌기 위해 인신매매나 인권을 유린하는 형태로 벌어지는 기업형 아동 음란물 제작은 아직 적발되지 않고 있다. 우리나라에서 상업적으로 아동청소년 음란물을 제작하는 경우는 거의 없고 대부분 '셀카'에 의한 것들이다. '셀카'가 아니면, 아동이나 청소년들이 모여서 서로를 찍은 영상이 인터넷을 통해 퍼지는 경우가 대부분인 것이다.

아동 · 여성을 짓밟는 쾌감과 왜곡된 권력

사실 동영상이 존재하지 않던 수백 년 전에도 아동 대상 성범죄가 심각했다는 점을 고려하면 아동 음란물이 아동 대상 성범죄의 주된 원인이라는 주장은 설득력이 약하다. 아동에 대한 성범죄의 근본적인 원인은 아동을 인격적 주체로 인식하지 않고 성적 대상이나 노리개 정도로 여기기 때문이다. 따라서 아동 대상 성범죄는 일반적인 성폭력과 마찬가지로 상대가 자신보다 약자라는 인식이 밑바닥에 깔려 있기 때문에 벌어지는 현상이 아닐 수 없다. 이 때문에 자신보다 힘이 약한 상대를 힘으로 굴복시켜 쾌감을 느끼고자 하는 잘못된 성차별 권력 문화가 바뀌지 않는 한, 범죄동기는 계속 생겨날 것이고 범죄 피해 또한 계속될 것이다. 왜곡된 문화에 의한 지속적인 코딩으로 인한 범죄동기야말로 아동 대상 성범죄의 주범인 셈이다.

그렇다고 아동 음란물 단속을 소홀히 해도 된다는 말은 절대로 아니다. 범죄란 기회가 주어질 때 발생하는 것이다. 따라서 기회를 적극 차단할 필요가 있다. 또한 음란물을 단순 소지하더라도 반드시 적발돼 처벌받는다는 처벌의 확실성이야말로 아동 음란물 범죄를 짧은 시간에 줄일 수 있는 거의 유일한 방법이다.

실제로 아동 음란물 범죄가 줄어들지 않는 중요한 이유 중의 하나가 적발이 쉽지 않다는 점이다. 특히 외국에서 제작돼 유통되는 아동 음란물의 경우 국제공조수사가 필요하고, 설사 적발했다 하더라도 사법관할권 등의 문제로 인해 처벌의 실효성이 떨어진다. 상업적으로 아동 음란물을 제작·유통하는 조직들은 한 장소에서 계속 제작하거나 같은 서버를 이용해 배포하지 않는다. 이들은 메뚜기처럼 수시로 옮겨 다니면서 적발을 피하기 때문에 수사의 어려움이 있다.

어쨌든 아동 음란물과 관련한 각종 행위들은 아동을 쾌락의 도구로 삼는다는 점에서 이유 여하를 막론하고 문명국가에서 용납해서는 안 될 범죄다. 이는 일반 성인 음란물과 명백하게 구분해야 하는 이유기도 하다. 선진국 대부분이 아동 음란물의 단순 소지만으로도 처벌하고 있는 실정을 감안할 때, 우리나라는 지금까지 아동 음란물과 관련해 수수방관해온 측면이 있다. 수요가 있으면 공급은 끝없이 생기게 마련이다. 수요에 대한 체계적인 연구와 함께 강력한 처벌이 실효성을 가질 때, 아동 음란물로 인한 아동 성폭행 피해를 줄일 수 있다.

4부

왜 범죄 피해자가 비난을 받는가:
사회적 약자의 이중위험

가정폭력과 밤의 비극

부모라는 이름의 괴물

2016년 2월 5일, 가정폭력으로 숨진 아들의 시신을 토막 내서 냉장고에 보관하던 최모 씨 부부가 검찰에 구속 기소되었다.

1월 7일에는 11살 초등학생 A군이 아버지를 흉기로 찔러 살해했다. A군은 "늦게 귀가한 어머니를 아버지가 때리는 것을 보고 홧김에 찔렀다"고 진술했다.

2월 3일에는 경기도 부천에서 목사 아버지로부터 폭행을 당해 사망한 여중생이 1년 만에 백골 상태로 발견되었다.

2월 8일에는 "엄마가 보고 싶다"며 보채던 9살짜리 아들 얼굴에 비닐봉지를 씌워 살해한 40대 남성이 붙잡혔다. 이날은 설날이었다.

가정폭력 관련법이 바뀌어가는 과정

가정폭력을 대하는 우리와 서구의 태도는 사뭇 다르다. 그러나 과거 서구의 가정폭력도 현재의 우리와 다르지 않았다. 다만 서구 사회는 문제를 해결하기 위해 우리보다 먼저 움직였을 뿐이다.

영미법에서 집은 성(castle)으로 다뤄진다. 성은 요새고, 외부의 침입으로부터 가족을 보호해주는 방위기구다. 성의 주인은 남성이고, 이들이 성에 살고 있는 구성원들을 보호한다. 그리고 법은 이러한 성과 성주를 보호했다. 법이 성을 보호하는 한, 법이 가정에 침입하는 것도 불법에 해당했다. 그러니 꽁꽁 싸매진 성 내부에서 무슨 일이 일어나는지는 도무지 알 수가 없었다.

지난 50여 년 동안 여성운동가들은 이 성벽을 허물기 위해 부단히 노력했다. 하지만 그 성벽 안에는 '무서운 사랑'이 자리 잡고 있었다. 여성들의 정치적 운동에 힘입어 여성·아동·가족에 관한 법이 만들어지면서 성 내부에서 벌어지는 '무서운 사랑'은 성주의 개인사가 아닌 사회의 문제로 대두되었다.

그럼 우리나라의 현실은 어떨까? 지금도 몇 년 사이에 가정폭력이 심각한 사회문제로 대두되었고 새삼 관련 법안을 만들어야 한다는 목소리가 높지만 가정폭력 관련법은 이미 존재하고 있었다. 요 몇 년 사이 하늘에서 뚝 떨어진 법이 아니라 1997년에 이미 제정된 법이었다. 다만 우리나라의 가정폭력 관련법은 피해자를 보호하지 못하며, 처벌받은 가정폭력 가해자가 없다는 것이 문제였다.

가정폭력 가해자를 처벌하게 되는 과정

앞에서 말했듯이 서구도 우리나라가 안고 있는 가정폭력의 문제점 때문에 아픔을 겪던 때가 있었다. 예를 들어 가정폭력을 근절하기 위한 법은 존재하지만 정작 피해자가 신고하기를 두려워하거나, 신고를 하더라도 경찰이 남의 가정사에 끼어들기를 꺼려하는 상황을 들 수 있다.

그러나 1980년대에 실시된 미네아폴리스 실험(Minneapolis domestic violence experiment)이라는 획기적 실험연구가 경찰과 사람들의 인식을 바꾸는 데 크게 기여했다. 미네아폴리스 실험의 목적은 가정폭력의 재범률을 낮추기 위한 효과적인 조치를 찾아내는 것이었다. 가정폭력 가해자에게 체포·중재·격리의 조치를 취하고, 6개월이 지난 후 피해 조사와 폭력 신고 조사를 통해 가정폭력의 재범률을 측정했다. 그 결과 체포된 가해자는 10%가량의 재범률을 보인 반면에, 중재나 단순 격리조치를 받은 가해자는 20~25%의 재범률을 보였다. 즉, 가정폭력에는 가해자 처벌이 효과적이라는 사실이 증명된 것이다.

결과적으로 경찰은 가정사에 끼어들어야 했고 가해자에 대한 강력한 처벌을 가했다. 미네아폴리스 경험을 시작으로 경찰의 의무적 체포(Mandatory arrest) 제도가 미국에 확산되기 시작했다. 마치 박근혜 정부의 4대악 선포로 가정폭력 대응이 늘어난 것처럼 말이다.

가정폭력의 실체를 알아가는 과정

가정폭력이 심각하다고는 하나 사람이 죽고 사는 문제가 아니라고 가벼이 보는 사람도 있다. 그러나 가정폭력은 가족의 두려움을 먹고 자라며 이윽고 거대한 희생을 요구하기도 한다. 가족 구성원의 죽음까지도 말이다.

2009년부터 2013년까지 1심에서 유죄판결을 받은 살인 사건 중 가정폭력이 원인이 된 사건을 분석한 연구를 살펴보자.[1] 가정폭력에 의한 살인에는 크게 세 가지 형태가 있다. 첫째, 가해자의 폭행으로 피해자가 죽은 사건. 둘째, 가정폭력을 견디다 못해 피해자가 가해자를 죽이는 사건. 마지막으로 가정폭력을 오랫동안 목격해온 가족 구성원이 가해자를 죽이는 사건이다.

가정폭력 피해자가 가해자를 살해한 사건

남편 윤모 씨(53세)와 결혼한 아내 백모 씨는 28세와 26세의 딸을 두고 있었다. 아내 백 씨는 평소 남편 윤 씨로부터 지적 능력과 경제력이 부족하다는 이유로 폭언, 폭행 등을 당해왔다. 두 딸과 함께 식탁에 둘러앉아 아침식사를 하던 중 윤 씨가 갑자기 백 씨의 바지를 벗기고 추행을 하려 했다.

아내 백 씨는 남편 윤 씨에게 오랫동안 가정폭력을 당해온 것에 앙심을 품고, 남편에게 신경안정제를 몰래 먹여 잠들게 한 후 살해하기로 마음 먹었다. 백 씨는 신경안정제 여섯 정를 숟가락으로 잘게 부수어 칼국수에 넣고 먹게 했으며, 수면제 일곱 정을 숟가락으로 부순 후 인삼 달인 물에 넣어 남편에게 마시게 했다. 백 씨는 남편이 잠든 것을 확인하고 거실의 아령(무게 4kg)을 손에 들고 아령으로 남편의 후두부를 6회 내리쳤다. 남편이 침대 바닥으로 떨어진 후 난간을 잡고 일어서려고 하자, 다시 아령으로 이마를 3회 내리쳤다. 이후 수건으로 피해자의 목을 감고 오른손으로 피해자의 목을 수 분 동안 눌러 살해하였다.

제3자가 가정폭력 가해자를 살해한 사건

막내아들 박모 씨는 아버지가 술을 마시고 가족을 대상으로 폭력을 행사하고 수차례 딸들을 추행한 것에 불만을 품고 있었다. 아버지가 막걸리를 마셔 술에 취한 상태로 자신이 임금을 받지 못한 것에 대해 가족을 상대로 화를 냈다. 화장실에서 뇌병변 장애인인 첫째 딸의 머리를 잡고 화장실 벽에 수 회 찧고, 다른 딸들과 아들을 무릎 꿇게 하여 얼굴을 수 회 때렸다. 막내아들 박모 씨는 이를 말리다가 아버지가 거실 바닥에 넘어지자, 순간적으로 폭행을 하게 된다. 아버지의 몸통 위에 올라 앉아 양손으로 두 팔을 잡아 움직이지 못하게 하고, 둘째 딸은 아버지가 소리를 지르지 못하게 입을 막았다. 그리고 어머니와 함께 아버지를 온몸을 결박하고 입과 코 아랫부분에 '청테이프'를 붙였다. 온몸을 결박당해 움직이지 못한 아버지는 비구폐색에 의한 질식사로 사망하였다.

가정폭력에서 이어진 15건의 살인사건을 분석한 연구에서 가해자의 성별은 남자 7명과 여자 8명으로 큰 차이가 없었다. 다만 피해자의 성별은 남성이 11건, 여성이 4건으로 남성이 살해된 사건이 3배가량 높았다. 가해자의 연령은 20대부터 90대까지 다양한 분포를 보였고 60대 이상 가해자도 4명이나 있었다. 전체 살인범의 27%가량 되는 셈이다. 이 살인범들은 최소 징역 30개월부터 사형까지 선고받았다. 사형을 제외한 평균 형량은 약 3년 6개월이었다.

그럼 가정폭력에 따른 살인의 원인과 방식은 어떠할까? 이는 살해 대상에 따라 서로 다른 면모를 보인다. 15건의 살인사건 중 거의 절반에 해당하는 7건은 아내가 남편을 살해한 사건이었다. 특히 사건 사례에서 보듯이 아내가 남편을 살해할 때는 물리적 힘이 부족하기 때문에 흔히 부엌칼이나 아령, 망치 등의 흉기나 둔기를 사용하는 경향이 있다. 남편의 구타가 끝난 후 잠든 남편을 칼로 찌르거나 아령으로 내리치는 경우가 많다. 사체는 잔혹할 수밖에 없다.

남편이 아내를 살해한 사건은 지속적으로 폭행을 당하던 아내가 사건 당일에도 구타를 당하다가 죽은 사건이다. 흔히 술을 마시고 격분한 상태에서 살인으로 이어지는데, 특이한 점은 남편은 무기를 사용하지 않는다는 것이다. 아내를 손쉽게 힘으로 제압할 수 있기 때문에 죽은 아내의 시체에는 남편이 목을 조른 흔적이 발견된다.

자식이 부모를 살해한 경우는 어떠할까? 자식이 부모를 살해한 경우는 우발적인 상황과 계획적인 상황을 모두 가정할 수 있다. 어머니 혹은 본인에 대한 폭력이 상당히 지속되었으며 본인이 음주 상태에서 우발적으로 가해자를 죽인 사건이다. 아들이 아버지를 살해하는 경우는 아버지와 육체적인 대치 상황이 발생하고 공격과 방어 과정에서 살인이 발생한다. 이에 반해 딸은 다르다. 아버지와의 육체적 대치 상황은 발생하지 않는다. 실제 사건에서는 계획적으로 준비된 독극물(청산가리)을 사용했다.

이러한 모든 사건의 공통점은 가정폭력이 최소 6년에서 최대 30년까지 지속되었다는 것이다. 망자는 가정폭력의 가해자였고 살인범은 가정폭력의 피해자였지만 결국 모두가 살인 범죄의 희생자가 된 것이다.

가정폭력의 위험성을 알아가는 과정

흔히 가정폭력은 위험하며 반드시 처벌해야 한다고 이야기한다. 그러나 가정폭력은 왜 발생하고, 가해자와 피해자가 어떤 과정을 거쳐 고착되며, 얼마나 위험한 것인지 모르는 이들이 아직 많은 것도 사실이다. 여기서는 범죄학 이론을 빌려 가정폭력을 설명해보고자 한다.

로널드 에이커스(Ronald Akers) 교수는 사회학습이론(Social Learning Theory)을 제시하면서 친밀한 집단에서 발생하는 상호작용이 비행이나 범죄 행동을 이끈다고 주장했다. 무단횡단을 예로 들어보자. 무단횡단을 했는데 가고자 하는 곳에 매우 빨리 도착했고 아무도 제지하는 사람이 없었다면 무단횡단이 그다지 나쁘지 않다고 인식한다. 그리고 기회가 되면 무단횡단을 조금 더 쉽게 하게 될 것이다. 이는 범죄도 마찬가지다. 범죄는 수법을 배우는 것에서 시작된다. 범죄행동을 긍정적으로 인식하는 것을 학습하면서 시작되는 것이다.

아버지 혹은 어머니의 폭력을 직간접적으로 경험한 아이가 폭력적인 성향이 짙은 성인으로 성장할 위험이 있다는 연구결과가 끊임없이 보고되고 있다. 그 폭력과 모방의 효과는 즉각 나타나기도 하고 긴 시간이 흐른 후에 나타나기도 한다.[2] "아빠(혹은 엄마)처럼 살지 않을 거예요"라고 말했던 아들과 딸이 어느새 유사한 폭력적인 삶을 살고 있는 모습은 폭력의 세대전이(intergenerational transmission of violence)를 단적으로 보여주는 예다. 가정 내 폭력에 대한 학습과 모방의 결과인 것이다. 여기서 폭력적인 존재로 '아빠'를 언급하는 것이 불쾌한 사람도 있을 것이다. 사실 미국에서 대학생을 대상으로 실시한 설문조사 결과 어머니에 대한 아버지의 폭력 혹은 아버지에 대한 어머니의 폭력을 목격한 비율은 25% 정도로 큰 차이가 없었다. 폭력을 행하는 아버지와 어머니의 비율은 비슷하다는 것이다. 그러나 안타깝게도 어머니의 폭력성보다 아버지의 폭력성이 자녀에게 더 큰 영향을 미친다. 그 때문에 부부싸움 혹은 아동학대를 행한 부모를 이야기할 때는 어머니의 무정한 모정을 비난하기에 앞서 아버지의 폭력이 갖는 잠재적 위험성에 집중해주기 바란다.

가정폭력을 당한 아이는 어떤 어른이 될까?

학자들은 오래전부터 사회학습이론에 기반하여 아동기의 육체적 학대의 경험이 향후 공격적 행동의 위험성을 증가시킨다고 경고해왔다.[3] 이러한 모방의 효과는 즉각적이기도 하지만 시간이 많이 지난 후에야 나타나기도 한다.[4] 이렇듯 사회학습이론과 폭력의 세대전이 이론을 연결하여 많은 연구들이 부모 간 폭력의 목격과 이후 폭력성에 대한 관계를 보고해왔다.[5] 특히 가정 내에서 폭력의 경험과 목격은 직접적 미러링(mirroring) 효과로 나타나 이성관계에 표출된다고 한다.

물론 폭력적인 가정에서 성장했다고 모두 폭력성을 보이는 것은 아니다. 폭력을 경험하거나 목격하면서 성장한 아이들의 약 30%만 훗날 가정폭력 가해자가 되었다는 보고도 있다.[6] 그러나 폭력을 경험하지 않고 성장한 사람이 폭력적 성향이 될 확률은 폭력을 경험하며 성장한 사람보다 훨씬 낮다는 사실을 주목해야 한다. 그리고 이러한 폭력의 연관성은 어머니의 폭력성보다 아버지의 폭력성이 자녀의 폭력성에 더 큰 영향력을 미친다.

최근에는 여성의 가정폭력과 이후 폭력 성향에 대한 연구들도 계속 발표되고 있다. 부모의 폭력을 목격하거나 육체적·심리적 학대를 받았던 여성도 이후 육체적·심리적 가해자가 될 가능성이 높게 나타났다. 단지 가해만이 아니라 성역할, 선입견, 폭력에 대한 태도가 모두 학습되었기에 가해도, 피해도 지속적으로 가능한 것이다.

또한 건강하지 못한 가정에서 성장한 자녀는 가장 중요한 성장 기인 3~8세까지, 안정적인 양육을 통해 자아통제력을 발전시켰다고 볼 수도 없을 것이다. 특히 충동성과 무감각성, 비언어적 표현의 선호에 관련된 사항을 고려하면 이들의 낮은 자아통제력에 대한 검증의 필요성을 느끼게 된다. 유아기 때 생성된 자아통제력이 한 인간의 일생을 통하여 크게 변화하지 않는다는 사실에 비춰봤을 때, 가정 내 존재하는 폭력과 부모가 보여주는 비언어적이고 충동적인 모습은 가족 구성원들의 관찰, 모방이 이루어지는 학습기제가 된다. 또한 남과 함께 사회적 동물로 살아가는 인간에게 필요한 수준의 자아통제력의 발전을 저해하는 큰 원인이라고 할 수 있다.

왜 우리나라는 가정폭력범을 선처하는가

가정폭력에 관한 법이 만들어지고, 경찰이 적극적으로 대응하기 시작했다고 해서 문제가 해결될 것이라 기대하기는 이르다. 가정폭력 가해자의 체포부터 재판까지 모든 과정을 살펴봐야 한다. 법에 따라 제대로 적용된 판결이 내려져야 하기 때문이다. 이에 대한 극단적인 사례로는 프랑스에서 벌어진 자클린 소바주 남편 살인사건이 있다.

> ### 자클린 소바주 남편 살인사건
> 2016년 2월 1일, 프랑스의 프랑수아 올랑드 대통령은 수십 년 동안 자신과 딸을 학대한 남편을 살해하고 징역을 살고 있던 자클린 소바주

(68)를 사면했다. 남편 노버트 마로와 결혼한 자클린 소바주의 지난 47년은 지옥 그 자체였다. 남편은 알코올중독자였으며 자클린 소바주를 비롯해 세 딸과 아들을 지속적으로 폭행하고 학대했다. 심지어 남편은 둘째 딸을 16살 때부터 강간했다.

결국 2012년 9월 9일, 아들이 자살했다. 자클린 소바주는 그다음 날인 9월 10일에 남편의 등에 총을 세 발 쏴서 살해했다. 2012년 재판 당시에 자클린 소바주의 행위는 정당방위로 인정받지 못했다. 판사들은 가정폭력의 심각성과 지속 기간이 어느 정도였던 간에, 사건 당시의 상황만을 따져서 정당방위를 판단했기 때문이다.

우리나라도 가정폭력에 대한 정당방위 판결은 매우 인색하다. 실제로 가정폭력에 의한 살인 사건 가운데 정당방위가 인정된 사건은 단 한 건도 없다. 이 때문에 가정폭력 사건에서 정당방위를 주장하는 경우도 거의 없다. 일찌감치 포기해버리는 것이다. 판결문에 판시된 내용을 보면 정당방위를 주장하는 것이 얼마나 무용한 일인지 잘 알수 있다.

30년 동안 가정폭력을 일삼은 남편을 죽인 아내와 그 판결문

① "피고인은 사건 당시 칼을 사용하지 않고서도 집에서 빠져나와 이웃에 도움을 구하거나 경찰에 신고함으로써 피해자의 폭행에서 벗어날 수 있었다."

"장기적이고 반복적인 가정폭력을 당하여 이에 대항할 엄두를 내지 못하고 구타와 학대를 감내하며 살아가게 되는 이른바 '매 맞는 아내 증후군'에 해당한다고 하더라도, 피고인으로서는 마땅히 피해자와 이혼을 하거나 수사기관 혹은 가정문제상담소에 신고하여 상담을 요청하는 등을 통하여 문제를 해결하여야 함에도 불구하고 기록에 의하면, 피고인이 위와 같은 노력을 다했다고 보기 어려우며, 입술이 터지게 맞는 상황에 대하여도 신체에 급박한 위험을 초래할 정도에 이르기 어려웠다."

② "피고인이 위와 같은 피해자로부터 장기간 반복적으로 가정폭력을 당해왔다고 하더라도 피고인으로서는 피해자를 살해하기 이전에 피해자와 이혼을 하거나 피해자의 가정폭력을 수사기관에 신고하는 등 피해자가 가정폭력 문제에 적극적으로 대처함으로써 그러한 상황에서 충분히 벗어날 수 있었다고 보이는 점, 그럼에도 불구하고 피해자의 가정폭력을 해결하기 위하여 위와 같은 조치를 전혀 취하지 않고 곧바로 수면제와 신경안정제를 몰래 먹여 잠들게 한 후 아령으로 내리치고 피해자를 살해한 이 상황은 피해자의 가정폭력으로부터 자신을 보호하기 위한 방위행위나 그로부터 벗어나기 위한 피난행위로서의 한도를 넘어선 것으로서 사회통념상 상당성이 있는 행위라고 보기 어렵고, 나아가 그것이 과잉방위나 과잉피난에 해당하는 것으로 보기도 어렵다."

③ "피해자가 술에 많이 취한 상황, 피해자가 위협하기는 했으나 저항한 흔적이 없는 사실, 아이들은 상황을 모르고 잠자고 있었던 상황이다. 피고인이 피해자로부터 폭행을 당하고 피해자가 식칼로 피고인을 찌르려고 하여 생명을 위협받을 수 있는 상황이었다고 하더라도, 그 장소를 피해 다른 방으로 가거나 집 밖으로 나가는 등의 급박한 상황에서 벗어나 경찰 등에 신고하는 방법을 충분히 취할 수 있었던 것으로 보이므로 피고인의 위와 같은 행위는 용인될 수 있는 상당성을 초과한 것으로 정당한 방어가 아니다. 새벽 5시에 발생한 사건이라 하여도 사건이 주거지 안방에서 발생했고, 야간 기타 불안한 상태에서 더할 수 없는 공포, 경악, 흥분 또는 당황으로 인하여 정상적인 판단을 도저히 할 수 없는 상태라고 보기도 어렵다."

이것은 1970년대 판결문이 아니다. 최근 5년 동안의 판결문을 그대로 인용한 것이다. 가정폭력에 대한 인식이 변해왔다고 하지만 오랫동안 구타당한 피해자에게는 여전히 부끄러운 가정사고, 경찰은 남의 가정사로 여겼다. 심지어 판결을 하고 있는 판사도 가정폭력을 '부부 불화'라고 표현하곤 한다. 판사는 가정폭력을 부부 불화로 봤으면서 가정폭력 피해자에게 왜 이혼하지 않았는지, 왜 외부에 도움을 청하지 않았는지, 왜 경찰에 신고하지 않았는지를 묻는다. 실로 아이러니한 상황이다. 상대가 흉기를 들이대며 죽여버리겠다고 협박하는 상황이나, 가족이 폭행·학대·강간을 당하는 상황을 두고 '사이가 좋지 않은 사이'라고 해석하는 것은 정상이 아니다.

가정폭력의 피해자가 가해자를 살해하거나 살인미수에 그치는 사건의 끝에서, 20년을 때린 사람은 사라지고 도망가지 않은 피해자의 잘못만 남겨진다. '매 맞는 아내 증후군'이 인용되기도 하지만 고려되지는 않는다. 또한 경제력이 남성에게 집중되어 있는 한국의 가정 경제 구조도 모조리 간과한 판결이 아닐 수 없다.

매 맞는 두 아내의 전혀 다른 판결문

한국 법원의 가정폭력은 어떻게 비춰질까? 남편의 지속된 구타로 아내가 죽은 사건에 대한 판결을 보면 법의 제정, 시민의 인식 변화, 그리고 경찰의 대응 태도에 걸었던 희망이 얼마나 무의미한 것인지 알게 된다.

죽은 아내는 처벌을 원치 않는다?

80대 남편이 80대 아내가 외도했다고 의심하고 밥에 독극물을 탔으리라 생각하여 잠든 아내의 목을 졸라 살해한 사건이 벌어졌다. 이에 대한 판결문은 다음과 같다.

"50년을 살아오면서 가해자가 폭력을 행사할 때에도 가정의 평화를 위해 묵묵히 피고인과 함께 살아오고, 끼니 때마다 따뜻한 밥을 대접하며 자녀들을 보살피는 등 정성과 헌신을 다했다. 폭력과 의처증을 당했음에도 불구하고 피해자의 경제활동으로 가정을 유지해왔다."

"피해자의 헌신적인 태도와 가족들을 걱정하며 살아온 피해자의 인생행로에 비추어볼 때, 피해자는 피고인의 엄벌을 원하고 있다고 보지 않을 수도 있다. 또한 범행 후의 정황에 대하여 피해자 자녀들이 아버지의 구속 후 슬픈 나날을 보내고 있어 가족들이 웃을 날을 고대하고 있다."

아내가 남편을 살해한 사건의 판결문과 남편이 아내를 살해한 판결문이 이렇게 다르다. 가정폭력을 일삼던 남편을 죽인 아내에게는 "왜 이혼하지 않았느냐"고 추궁하고, 아내를 때리다가 결국 살해까지 한 남편과 그의 손에 죽은 아내에게는 "신고나 이혼을 하지 않고 가정폭력을 인내해온 여성의 처신은 곧 헌신"이라 표현하고 있다.

앞서 말했듯이 우리 사회는 가정폭력의 문제점을 해결하고 가정폭력에 대한 적절한 대응을 위해 변화하는 중이다. 가정, 법, 제도 모두 마찬가지이며 과거에는 가정폭력을 남의 가정사로 치부했던 경찰의 대응도 긍정적인 방향으로 변화하고 있다. 그러나 가정폭력에 대한 판결이 여전히 구시대적이고 가해자가 처벌받지 않는다면 결국 변화를 위한 우리의 노력은 헛것이 되어버린다.

법원은 가정폭력 피해자에게 "왜 이혼하지 않았느냐, 왜 폭력을 피해 도망치지 않았느냐"고 묻지만, 피해자가 할 수 있는 말은 "내가 떠나면 그가 나를 죽이려 할 것이다" 정도다. 실제로 아내가 살해당할 확률은 가정폭력을 일삼는 남편과 함께 살 때보다 헤어져 있을 때가 훨씬 높다.[7]

정당방위에 대한 우리의 엄격한 잣대에 대한 답변을 찾기보다는 가정폭력 피해자의 정당방위를 인정한 미국 대법원의 두 판결을 인용하는 것으로 이번 장을 맺는다.

> "가정폭력 가해자의 폭행은 주로 시간이 갈수록 심각해진다. 결국 피해자는 엄청난 폭력 또는 죽음의 위험을 감수하지 않고서는 집에서 탈출하는 것 자체가 거의 불가능하다. 이때 피해자는 이미 여러 번 '벽까지 후퇴한 상태'이기 때문에, 폭력 피해자에게 안전한 곳으로 도망치라고 요구해서는 안 된다. 집에 있는 여성은 이미 '벽까지' 후퇴를 한 것이고, 그녀가 안전하게 도망갈 곳은 더 이상 존재하지 않는다."
> Thomas, 673 N.E.2d 1339 (OH Supreme Court 1997)
>
> "만약 그녀에게 돈도 없고, 교통수단도 없고, 아이들은 격노한 남자의 '보살핌' 아래 남게 된다면, 그녀는 과연 어디로 갈 수 있겠는가?"
> State v. Gartland, 694 A.2d 564 (NJ Supreme Court 1997)

부부강간, 평생 성폭력 범죄자와
살아야 할까?

부부강간. 이보다 더 모순적인 말이 있을까? 흔히 부부는 언제, 어떻게, 얼마나 자주 성행위를 하는가에 대해 매우 사적인 결정권을 갖는다. 부부의 결정권은 매우 사적이고 동시에 자율적이라고 생각되어왔기에 '부부'와 '강간'이라는 용어의 결합은 모순이라고 여겨져왔다. 강간에 강조점을 찍어도 부담스럽고, 부부에 강조점을 찍어도 이해하기 힘든 것이 사실이다.

그동안 우리는 부부 간 성행위에 간섭할 명분이 없었기 때문에 부부강간 가해자의 극단적 야만성을 평가하려 들지 않았다. 그러다 보니 불행하게도 부부강간을 단순히 성에 관한 부부 사이의 마찰이나 불쾌감으로 치부해버리는 고정관념이 생겨났다. 오히려 영화 〈바람과 함께 사라지다〉나 〈가시나무새〉를 통해 부부강간이 매우 성애적으로 낭만화되는 것을 경험하기도 했다.

미국과 한국 사례로 본 부부강간

미국은 1990년 이후로 모든 주(州)에서 부부강간을 범죄화했다. 부부강간을 성범죄이자 강간으로 취급하여 처벌하는 주도 있고, 캘리포니아 주처럼 강간과 부부강간을 구분하는 곳도 있다. 규정이 다른 만큼 처벌 기준도 다르다. 교육 이수를 명령하는 주도 있지만, 일반 강간과 동일한 기준으로 가석방 없는 종신형처럼 매우 엄격한 처벌을 하기도 한다.

미국의 부부강간이 법제화되기까지는 판사 빅터 바움(Victor Baum)의 역할이 컸다. 미시건 주에서 발생한 부부 간에 벌어진 강간 사건에 대해 바움 판사는 아내에게는 강간하고자 하는 남편으로부터 자신을 방어할 권리가 있음을 배심원에게 호소했고 결국 유죄판결을 이끌어냈다. 1987년에는 오직 5개의 주에서만 부부강간을 범죄라고 규정했으니 이러한 판결이 반대 여론을 이끌기도 했다. 하지만 다행스럽게도 지금은 부부강간이 특정한 주에 국한되어 처벌받는 행위가 아니다. 여느 강력범죄와 다를 바 없이 모든 주에서 심각한 범죄행위로 보고 있다. 그렇다면 우리나라는 어떠할까? 2013년 5월 16일, 우리나라에서는 처음으로 부부강간이 인정되었다.

부부강간의 실제 사례

40대 남편 A와 40대 아내 B는 두 자녀를 둔 법률상 부부다. 이들은 2001년에 결혼하여 부부로 지내고 있었는데 2~3년 전부터 불화로 부부싸움이 잦았다. 아내가 밤늦게 귀가하는 것에 불만을 품고 있던 남편 A는 2011년 주먹과 발로 아내 B를 때리고 흉기로 위협을 가하며 강제로 세 차례 성관계를 가졌다. 실제로 A씨는 흉기로 B씨의 이마와 팔꿈치 부위를 긋기도 했다. 이 때문에 A씨는 성폭력 범죄의 처벌 등에 관한 특례법 위반(특수강간) 혐의 등으로 기소됐다. 당시 아내 B씨는 A씨가 흉기로 위협했기 때문에 겁을 먹어 저항할 수 없는 상태였다. 남편에 대한 공포심으로 법정에 증인으로 출석하는 것조차 두 차례나 거부할 만큼 아내 B씨는 정신적 충격이 컸다.

1심에서는 남편 A씨의 유죄를 인정하여 징역 6년을 선고했다. 이에 남편 A씨는 항소했고, 고등법원은 형량을 3년 6월로 낮췄다. 그럼에도 불구하고 남편 A씨는 억울하다며 유리한 판결을 받기 위해 상고했지만 대법원은 최종 재판에서 '아내도 강간 피해자가 될 수 있다'고 판결했다.[8]

강간의 피해자로 '아내'가 처음 등장하게 된 것이다. 부부간의 강압적 성관계가 법정에서 문제된 것이 사실 이번이 처음은 아니었다. 1970년 3월의 대법원은 "실질적인 부부관계가 유지되고 있을 때에는 설령 남편이 강제로 아내를 간음했다 하더라도 강간죄가 성립하지 않는다"라는 입장을 취해 논란이 있었다.[9] 강간에 대한 대법원의 시각이 바뀌는 데 무려 43년이라는 시간이 걸린 것이다.

왜 성행위가 아니라 강간인가?

영미법상 부녀신분제도(coverture)가 여성의 신분에 관한 많은 것을 보여주고 있지만, 굳이 부녀신분제도나 캐슬독트린(castle doctrine)까지 말하지 않아도, 여성의 종속성은 쉽게 발견된다. 결혼식은 여성을 아버지의 소유에서 남편의 소유로 공식적으로 양도하는 모습이고, 혼인

지참금 제도나 처녀 때 성을 버리고 남편 성을 따르는 제도 역시 여성이 거래되는 모습을 보여주기 충분하다.

라퀴엘 버건(Raquel Kennedy Bergen)은 부부강간이 발생하는 원인을 다음과 같이 분석했다. 첫째, 남편은 아내와 어떠한 조건에서도 성행위를 할 수 있다고 생각한다. 둘째, 남편은 아내나 다른 누군가의 행동을 벌하기 위해 강간을 이용한다. 셋째, 남편은 아내에 대한 권리를 주장하고 통제하기 위한 방법으로 강간을 한다.[10]

버건이 제시한 세 가지 이유에 많은 이들이 직접적으로 와 닿지 않는다고 느낄 것이다. 하지만 부부강간은 그리 드문 범죄가 아니다. 1984년에 수행된 다이아나 러셀(Diana E. H. Russell)의 연구는 12%의 여성이 남편에 의해 강간을 경험했다고 기술한 바 있다. 그로부터 10여 년 뒤, '성적 학대' 혹은 '강제적 성행위'라는 개념을 명확히 듣고 자존감을 높이는 훈련을 한 여성들 집단에서는 남편에 의한 성적 강요를 보고한 비율이 과거의 3배에 달하는 35%로 나타났다. 물론 피해자 조사에서 질문과 설명을 하는 방식에 따라 응답이 다르게 나타나겠지만, 미국을 비롯한 서구의 여러 국가에서도 부부강간은 10~15%가량 지속적으로 보고되고 있다. 결혼한 부부 10쌍 가운데 최소 1~2쌍에게서 강요된 성행위가 일어나고 있다는 사실은 놀랍고도 두려운 일이 아닐 수 없다.

부부강간의 세 가지 유형

사실상 부부 사이에 때리고 맞는 등 폭력이 수반된 형태만으로 부부강간을 논하기는 어렵다. 1985년 데이비드 핀켈호(David Finkelhor)와 커스티 일로(Kersti Yllo)는 강간을 세 가지 유형으로 분류했다. 바로 폭력강간(battering rape), 비폭력강간(non-battering rape), 그리고 강박적 강간(obsessive rape)이다.

폭력강간은 신체적 폭력과 함께 발생하는 강간이고, 비폭력강간은 언어적 갈등 혹은 성적 갈등으로 발생하는 강간 형태다. 강박적 강간은 기괴한 성적 강박을 포함하고 있는데, 대개 상당한 양의 음란물에 빠진 남성에 의해 일어난다.

위와 같은 부부강간의 분류 유형을 보면서 동의하는 부분도 있지만 지나치게 극단적인 결과적 상황을 부부강간으로 몰아가는 것은 경계해야 한다. 이런 의견을 제시한 대표적인 이는 여성학자이자 행동가인 다이아나 러셀이다. 그는 상대에게 무관심하며 자기 위주로 부부관계를 이끄는 일방적 성행위까지 부부강간으로 확대하여 설명하고 있다. 첫째, 강간하려는 의도는 없지만 일방적으로 성행위를 하는 상황. 둘째, 강간하고 싶지만 욕망을 행동으로 옮기지 못하는 상황. 셋째, 아내가 동의하는 성행위를 더 좋아하지만 아내가 성적인 모험을 거절했을 때 남편이 강제적으로 성관계를 갖는 상황. 넷째, 아내가 동의한 성관계와 동의하지 않는 성관계를 모두 즐기면서 그 차이점을 모르는 상황. 다섯째, 아내와의 동의에 의한 성관계보다 강제적 성관계를 더 선호하는 상황. 이러한 러셀의 분류를 살펴보면 부부강간은 매우 섬세한 관점에서 다뤄져야 한다는 사실을 알 수 있다.

그러나 부부강간은 매우 사적인 영역에 속하는 범죄이므로 큰 용기가 없으면 외부에 알리기 어려우며 진실을 밝혀내기도 어렵다. 더욱이 피해자는 가해자가 남편이나 남자친구일 경우 자신이 당한 일은 강간이 아니라고 믿는다. 또한 성적인 학대 사실을 축소하거나 잊으려고 한다. 이 때문에 남편과 경험한 성관계가 매우 강제적인 것이고 실제로 강간이었다는 사실을 인식하는 시점은 짧게는 몇 달, 길게는 몇 년이 지나 상황을 돌아봤을 때인 경우가 많다.[11]

　그러나 미국의 범죄 피해자 조사 결과에 따르면, 남편에게 성적 학대를 당한 여성은 그 어떤 피해자 집단보다도 추가적으로 범죄 피해에 노출될 가능성이 크다. 단순히 성적 학대 피해에 그치는 것이 아니라 남편 혹은 성적 파트너에 의해 살해당할 위험이 가장 높은 고위험군에 속했다. 더구나 낯선 사람에 의해 강간당한 사람과 달리, 부부강간의 피해자는 병원에 도움을 청하거나 경찰에 신고하거나 외부에 도움을 요청하지도 않는 경우가 많다는 사실이 드러났다.[12]

아내들이 강간을 '인내'하는 이유?

가해자와 피해자가 부부이다 보니 강압적 성관계는 반복된다. 처음에는 원치 않은 강제적 성관계에 억지로 응하다가 끝내 익숙해져버리기도 한다.

> **얻어맞느니 차라리 강간을 택한 아내들**
> 부부강간에 시달리는 피해자들에게 "왜 상대의 요구에 계속 응했는가?"라는 질문을 던지자 다음과 같은 무기력한 대답이 돌아왔다.
> "그것은 내 의무다."

→ 원치 않는 성관계도 결혼생활의 의무라고 자신을 설득하고 성관계에 응하기도 한다.

"다툼을 피하기 위해서는 이게 가장 쉽다."
→ 남편의 언어폭력이나 신체폭력을 더 이상 참을 수 없다는 것을 알지만, 성관계에 응하는 것이 최선의 방어라고 자신과 타협한 것이다.

"내가 응하지 않는다면 어떤 일이 벌어질지 모른다."
→ 성관계를 거부할 경우 이후에 닥쳐올 일이 두려워서 받아들일 수밖에 없었다는 의미다.

"내가 응하지 않으면 어떠한 일이 벌어질지 빤히 보인다."
→ 자신이 성적으로 순종하지 않으면 강간을 당하고, 다른 형태의 심각한 폭력을 당하게 된다는 것을 알고 있다는 뜻이다.

피해자들은 이러한 이유로 사실상 '당당히 맞서 저항'하지 못한다. 이들은 저항이 더 큰 상해를 낳는다는 것을 알고 있고, 저항하지 않는 것이 상해의 수준을 최소화한다는 것을 잘 알고 있다.[13] 그러나 법이 항상 한 성별만 편들지는 않는다. 지금까지 대부분의 성범죄 관련 규정을 보면, 일단 성행위 초반에 동의를 표했다면 성행위를 마칠 때까지 유효한 것으로 보는 게 일반적이었다. 그러나 삽입 후라 하더라도 강간을 인정하는 재판부도 있다. 유감스럽게도 한국의 사례는 아니다. 미국 일리노이 주에서는 성적 접촉 과정 중 언제든지 동의를 철회할 수 있다고 강간 관련 기준을 규정했다. "애초에 삽입과 성행위에 동의했지만 삽입과 성행위 도중 동의를 철회했다면,

애초의 동의가 철회 이후의 삽입행위나 성행위까지 모두 동의한 것이라고 간주할 수 없다"는 판시에 의거한 것이다.[14]

미국 일리노이 주의 법안이 지나치게 급진적이라고 생각하는 이들도 있을 것이다. 그러나 다음 문구를 곱씹어보면 부부강간이 얼마나 심각한 일인지 깨닫게 될 것이다.

"당신이 낯선 사람에게 강간을 당한다면 무서운 기억을 안고 살아가겠지만, 당신이 남편에게 강간을 당한다면 당신은 평생 강간범과 함께 살아가는 것이다."

사랑이 아니라 악마, 데이트폭력

서구사회에서는 선 연애, 후 결혼이라는 과정이 정착되어 있다. 물론 여기서 결혼을 생략하는 경우도 얼마든지 있다. 그럼 가정이라는 테두리 속의 폭력이 해결되지 않는 이유는 뭘까? 그 원인은 연애에 있었다.

결혼에 대한 회의적 경험이 쌓이면서 서구사회는 폭력적인 인간관계란 무엇이고, 자신이 이성에게 잘못을 하고 있지는 않은지, 반대로 자신이 피해를 입고 있는 상황은 아닌지 스스로 진단할 줄 아는 능력을 중요하게 생각하게 되었다. 연애를 비롯해 자신과 타인의 관계를 정립하는 과정이 결혼을 중시하는 것보다 훨씬 현실적이라고 할 수 있다. 또한 첫 연애를 시작하는 연령이 점점 어려지는 추세기 때문에 올바른 이성관계 혹은 인간관계를 배우는 것이 필요하다.

비혼인관계의 이성 관계에서 발생하는 폭력을 설명하기 위해 서구 학자들이 정립한 용어는 데이트폭력(dating violence)이다. 그러나 데이트폭력도 먼저 개념 정리가 필요하다. 한국에 소개된 데이트폭력은 전반적인 폭력이 아닌 매우 강압적이거나 극단적인 사례 혹은 데이트 강간을 가리키기 때문이다.

데이트폭력의 네 가지 유형

'데이트폭력'이라는 개념이 미디어에서 소비되는 것은 개념 확산 측면에서 이로운 일이다. 그러나 미디어에 소개될 만큼 자극적인 사건이 아니면 사람들이 둔감해지는 부작용도 무시할 수 없다. 남자친구나 여자친구가 상대를 죽이고 불을 지르는 것만이 데이트폭력은 아니다. 마찬가지로 상대를 기다렸다가 성폭행범으로 변신하는 것 역시 데이트폭력은 아니다.

로즈마리 통(Rosemarie Tong)은 데이트폭력의 유형을 다음 네 가지로 분류했다. 첫째는 신체적 학대다. 손바닥으로 때리기, 불로 지지기, 발로 차기, 총으로 쏘기(미국 사례), 찌르기 등 여러 형태의 물리적인 신체 폭력이 이에 해당한다. 보통 가정폭력이라는 단어를 떠올릴 때 쉽게 상상되는 폭력이다.

두 번째 유형은 성적 학대다. 성적 행동에 대한 자율적 선택권을 인정하지 않고 강요하는 모든 행동이 포함된다. 성행위를 할 때의 물리적 폭력을 비롯해 구강 섹스나 콘돔을 사용하지 말자고 강요하는 것도 이에 해당한다.

세 번째 유형은 심리적 학대다. 물리적인 폭력이 아니기 때문에 심리적 학대의 위험성이 과소평가되기도 하지만 잠재적으로는 위험성이 매우 높은 폭력이다. 대체로 위협이나 멸시, 불신의 형태로 나타나며 여성은 남성에 비해 심리적 학대에 대한 피해가 크다. 부재중 전화 수십 통을 남기는 여자친구 혹은 남자친구가 이에 해당한다. 심리적 학대는 상대를 너무 사랑해서 벌어지는 일이 아니다. 따라서 누구든 자신이 데이트폭력의 피해자가 아닌지 의심해봐야 한다.

마지막 유형은 반려동물의 상해나 재산의 파손이다. 가해자는 상대의 옷을 비롯해 자동차나 가구 심지어 집까지 모든 것을 파괴한다. 나아가 상대가 키우는 애완동물을 학대하고 죽이는 형태로 드러나기도 한다. 우리나라에서 흔히 보고되는 형태가 아니지만, 미국의 한 연구에 따르면 쉼터나 보호소에 도움을 요청하는 여성의 절반이 반려동물에게 해를 입히겠다는 협박을 받았거나 실제로 해를 입었다고 보고했다.[15]

데이트폭력은 미혼 남녀의 가정폭력이다

매우 드문 경우지만 한국에서도 네 번째 유형에 속하는 사건이 발생한 적이 있었다.

> **살인까지 치닫은 데이트폭력**
> 헤어지자는 여자친구를 살해하고 반려견을 세탁기에 넣어 죽인 20대가 징역 18년을 선고받았다.
> 2014년 4월 14일, 안모 씨는 결별을 통보한 여자친구 A씨가 잠든 사이에 흉기로 목 부분을 수차례 찔러 살해했다. 안모 씨는 성매매업소 실장

이었으며 여종업원이었던 A씨와 동거를 시작했지만 계속해서 A씨의 바람을 의심해 불화를 겪었다고 한다. 안모 씨는 A씨에게 성매매업소에서 일했던 것을 소문내겠다고 협박했고, 여자친구는 결별을 통보했다.
이별 통보를 들은 A씨는 수면제를 먹고 잠든 동거녀의 목 부분을 흉기로 9차례나 찔러 숨지게 했다. 동거녀의 애완견도 흉기로 찌르고 목을 졸랐으나 죽지 않자 세탁기에 넣고 돌려 잔인하게 죽였다. 검찰은 무기징역을 구형했고, 법원은 1심과 항소심에서 모두 징역 18년을 선고했다.

사건에 대한 반응과 초점이 데이트폭력의 피해와 그 결과로 발생한 살인이 아니라, 동물학대에 집중되었다는 것에 주목하자. 이런 성향은 법에서도 발견할 수 있다. 동물학대에 대한 처벌 기준은 있지만 데이트폭력에 대한 처벌 기준은 아직까지 마련되어 있지 않다. 가정폭력특별법이 존재하지만 연인 관계까지 아우르지는 않는다. 현재 국내법상으로 데이트폭력을 처벌하기 위해서는 폭력이나 경범죄 혹은 동물학대 기준에 기대야 하는 웃지 못할 상황인 것이다.

다음 표는 경찰청에서 제공한 연도별 연인 사이의 폭력 현황이다. 연인 간의 폭력 현황이 심각하다고 생각할지 모르지만 실상 이 통계는 빙산의 일각이라고 볼 수 있다. 왜냐하면 데이트폭력에 관한 법이 없기 때문에 통계 집계도 정확하지 않기 때문이다. 또한 데이트폭력이라는 개념을 대다수의 사람들이 제대로 알지 못하기 때문에 피해자의 상당수는 자신이 당한 폭력사건을 신고할 생각조차 못 하고 있으리라 추측된다.

국내에서는 지난 5년 동안 연인에게 폭행당한 이가 3만 6,363명이며 살해 피해자는 290명에 달했다. 2015년에는 7,500명 이상이 데

연도별 국내 연인간 폭력 현황

연도별	계	상해	폭행	폭처법 위반	살인	강간, 강제추행
2011	7,292	3,074	2,633	1,068	127	390
2012	7,584	3,028	2,822	1,226	99	409
2013	7,237	2,471	2,848	1,179	106	533
2014	6,675	2,273	2,702	1,109	108	483
2015	7,692	2,306	3,670	1,105	102	509

자료: 경찰청

이트폭력의 피해를 입었다고 한다. 데이트폭력은 미국에서도 심각한 문제로 대두되었다. 〈USA 투데이〉 기사에 따르면 청소년 5명 중 1명 꼴로 데이트폭력의 피해를 입고 있고, 성인 여성의 25%가량이 데이트폭력을 경험했다고 한다.[16]

데이트폭력이 심각한 사회문제로 다뤄지자 경찰은 2016년부터 데이트폭력을 처벌하겠다고 발표했다. 데이트폭력 가해자에게는 피해자에게 접근하지 말 것을 경고할 것이며 폭력이 반복될 경우 처벌하겠다고 밝혔다. 관련 법안 입법의 움직임도 있다. 2016년 2월에는 박남춘 더불어민주당 의원이 '데이트폭력범죄의 처벌 등에 관한 특례법안'을 발의하기도 했다. 이 법안의 골자는 데이트폭력이 발생할 경우 가해자를 피해자로부터 분리하며 응급조치, 신속수사, 피해자 신변보호, 가해자 수강·상담·치료 및 보호 처분을 내리는 것이다.

데이트폭력은 가정폭력과 매우 유사하다. 가정에서 일어나는 일이 연인 사이에서 일어나는 것이라고 볼 수 있다. 실제로 피해자는 자기가 피해자라는 사실을 인지하지 못한다. '상대가 나를 사랑하기 때문에', '잘못한 쪽은 나니까'같이 전형적인 가정폭력 피해자의 왜곡된 사고를 하기도 한다. 이런 현상이 가장 잘 나타난 것이 바로 크리스 브라운이 로빈 리아나를 폭행한 사건이다.

크리스 브라운 데이트폭력 사건

그래미 어워드 하루 전날인 2009년 2월 8일, 가수 크리스 브라운은 여자친구인 리아나를 폭행한 혐의로 체포되었다. 그 해 8월 26일 크리스 브라운에게는 5년간의 보호관찰, 1년간의 가정폭력 상담, 사회봉사 6개월, 리아나에 대한 접근 금지 명령이 내려졌다.
그러나 리아나는 크리스 브라운과 다시 결합했다. 그리고 다시 결별했다. 2012년 중순에는 유명 랩퍼 드레이크와 크리스 브라운 사이에 양다리를 걸쳤다. 8월에 오프라 윈프리와의 인터뷰에서 "아직 크리스를 사랑한다"고 밝혔고, 10월에는 크리스와 결혼하고 싶다고 말하며 재결합을 공식 발표했다. 하지만 이후 다시 헤어졌다.

데이트폭력의 피해자는 어떤 이유로 다시 피해자를 만나 결합할까? 원인은 폭력의 순환 주기에 있다. 폭력이 발생하면 피해자는 긴장을 형성하고, 폭발 단계를 거친 다음, 화해 단계에 다다른다. "이 사람이 평소에는 잘해주거든요"라는 피해자의 말이 많은 것을 말해준다. 폭력 이후 화해 단계에서는 치료와 보상을 위해 애쓰는 연인의 모습을 보게 되고 관계는 다시 원위치로 돌아간다. 그러나 곧 일상 속에서 긴장이 형성되고 다시 폭발하는 순환주기를 맞이한다. 이 과정이 반복될수록 주기는 더욱 짧아진다. 화해는 형식적으로 변화한다. 그러나 피해자는 화해의 순간을 기다리며 인내하게 된다.

지금까지는 물리적 폭력에 한정하여 데이트폭력을 설명했지만 실제 데이트폭력은 언어폭력과 정서적 학대도 포함한다. 데이트폭력에 대한 대응과 처벌의 대상을 물리적 폭력 같은 특정 행위나 특정 피해자 집단에 한정해서는 안 된다.

데이트폭력은 여성만 당할까?

데이트폭력에 관한 연구들을 살펴보면 전혀 예상치 못한 현상을 발견할 수 있다. 그 가운데 하나는 바로 피해자가 여성만이 아니라는 점이다. 물론 대응 방식이나 받아들이는 정도에 따라 조금씩 달리 나타나기도 한다. 그 때문에 똑같은 데이트폭력 질의 문항도 남성에게 물었느냐, 여성에게 물었느냐에 따라 답변이 다를 수 있다.

학대 관계에 놓인 남성과 여성을 모두 인터뷰해봤다. 그 결과 남성은 ① 여자친구에게 가한 폭력의 형태 ② 폭력을 가한 빈도 ③ 학대로 상해를 입을 가능성 ④ 여성이나 피해자가 받은 상해의 형태와 횟수 등을 모두 과소평가하는 경향이 있었다. 반면 대부분의 남성은 여성에게 당한 신체적·물리적·성적 폭력 역시 대수롭지 않게 여겼다. 이 때문에 데이트폭력이 무엇인지 구체적으로 설명을 듣기 전까지는 본인이 데이트폭력 피해를 입었다는 사실조차 인식하지 못하고 있었다.

고등학생 간의 데이트폭력 연구를 보자. 남자친구에게 학대당한 여학생들은 두려움이나 감정적 손상을 보고한 반면에, 여자친구에게 데이트폭력을 당했다고 보고한 소년들은 처음에는 재미로 여겼다가 점차 분노가 생겼다고 보고했다. 국내 대학생을 대상으로 한 데이트폭력 연구결과도 이와 유사했다. 데이트폭력에 관련된 법이 존재하지 않기에 용어조차 매우 낯선 상황이었지만, 그들이 경험하는 데이트폭력은 유사했다. 조사에 응한 남학생의 30%가 여자친구에게 언어적·심리적 학대를 받고 있었다. 하지만 슬프게도 그들은 자신이 피해자라는 사실조차 몰랐기에 자신에게도 타인에게도 멀쩡해 보일 수밖에 없었다.

데이트폭력이나 가정폭력의 가해자와 피해자를 두고 이들에게서 전형적으로 발견할 수 있는 특징이 있다고 단정 지어 말할 수는 없다. 이 때문에 어느 한 성별에 집중된 피해자 지원제도도 수정되어야 한다. 가정폭력이든 데이트폭력이든 피해자는 환자라고 볼 수 있다. 여자 환자만 받는 병원이 있다면, 그게 말이 되겠는가.

이 책을 읽고 있는 당신도 데이트폭력의 피해자일지 모른다. 당신 스스로 자신에게 문제가 없다고 생각할지 모른다. 하지만 데이트폭력의 피해자는 자신이 피해자인 줄 모른다는 점을 명심하자.

당신 자신과 건강한 교제를 위해 아래 진단표를 체크해보자. 단, 이 진단표는 심리검사처럼 심각성의 상, 중, 하를 나누기 위한 게 아니다. 만약 하나의 항목이라도 체크를 했다면, 당신은 데이트폭력을 행사했거나 당했다는 뜻이다.

데이트폭력 진단표

1	나는 파트너를 다치게 할 수 있는 물건을 파트너에게 던졌다.
2	나의 파트너는 나를 다치게 할 수 있는 물건을 나에게 던졌다.
3	나는 파트너의 팔이나 머리카락을 잡고 비틀었다.

4	나의 파트너가 나의 팔이나 머리카락을 잡고 비틀었다.
5	나는 나의 파트너를 발로 찼다.
6	나의 파트너가 나를 발로 찼다.
7	나는 파트너의 뺨을 때렸다.
8	나의 파트너는 나의 뺨을 때렸다.
9	나는 나의 파트너를 떠밀거나 밀쳐냈다.
10	나의 파트너는 나를 떠밀거나 밀쳐냈다.
11	나는 나의 파트너를 주먹으로 치거나 다른 물건으로 구타했다.
12	나의 파트너는 나를 주먹으로 치거나 다른 물건으로 구타했다.
13	나는 나의 파트너의 목을 졸랐다.
14	나의 파트너는 나의 목을 졸랐다.
15	나는 나의 파트너를 벽 쪽으로 밀어붙였다.
16	나의 파트너는 나를 벽 쪽으로 밀어붙였다.
17	나는 나의 파트너를 세게 움켜잡았다.
18	나의 파트너는 나를 세게 움켜잡았다.
19	나는 나의 파트너에게 때리거나 물건을 던지겠다고 위협했다.
20	나의 파트너는 나에게 때리거나 물건을 던지겠다고 위협했다.
21	나는 파트너가 가족을 못 보게 했다.
22	나의 파트너는 내가 자기 가족을 못 보게 했다.
23	나는 나의 파트너가 어디에 있는지 항상 알아야 한다.
24	나의 파트너는 내가 어디에 있는지 항상 알아야 한다.
25	나는 나의 파트너가 누구와 전화 통화하는지 항상 알아야 한다.
26	나의 파트너는 내가 누구와 전화 통화하는지 항상 알아야 한다.
27	나는 나의 파트너에게 욕설과 음담패설을 했다.
28	나의 파트너는 나에게 욕설과 음담패설을 했다.
29	나는 나의 파트너에게 성적으로 자존심 상하는 말을 했다.
30	나의 파트너는 나에게 성적으로 자존심 상하는 말을 했다.
31	나는 나의 파트너를 안 좋은 방식으로 불렀다(나쁜 별명, 모욕적인 호칭).
32	나의 파트너는 나를 안 좋은 방식으로 불렀다(나쁜 별명, 모욕적인 호칭).
33	나는 나의 파트너에게 화가 나서 소리를 질렀다.
34	나의 파트너는 나에게 화가 나서 소리를 질렀다.
35	나는 성관계를 갖기 위해 나의 파트너를 협박했다.
36	나의 파트너는 성관계를 갖기 위해 나를 협박했다.

37	나는 나의 파트너에게 콘돔 없이 성관계를 갖도록 강요했다.
38	나의 파트너는 나에게 콘돔 없이 성관계를 갖도록 강요했다.
39	나는 나의 파트너에게 강압적인 힘(때리거나, 힘껏 누르거나, 무기를 사용함)을 이용하여 성관계를 갖도록 했다(질, 구강, 혹은 항문).
40	나의 파트너는 나에게 강압적인 힘(때리거나, 힘껏 누르거나 무기를 사용함)을 이용하여 성관계를 갖도록 했다(질, 구강, 혹은 항문).
41	나는 나의 파트너가 원하지 않았을 때 성관계(질, 구강, 혹은 항문)를 요구했다.
42	나의 파트너는 내가 원하지 않았을 때 성관계(질, 구강, 혹은 항문)를 요구했다.

성폭력 범죄의 수많은 오해와 진실

"짧은 옷 입지 마라. 옷이 그게 뭐니", "밤에 돌아다니지 마라", "술 마시고 늦게 들어오지 마라." 딸이 있는 가정에서 쉽게 들려오는 가족의 잔소리다.

2013년 한 해 발생한 성폭력 범죄는 2만 6,919건. 하루에 73.8건, 한 시간에 3.1건이 발생한 셈이다.[17] "옷이 그게 뭐냐"는 엄마의 꾸중을 반영이라도 하듯이 여름에는 8,451건의 성범죄가 발생했지만, 겨울엔 절반 수준인 4,424건으로 감소했다. "늦게 다니지 마"라는 잔소리도 마찬가지다. 전체 성폭력 사건의 절반에 조금 못 미치는 42.5%가 밤 10시에서 새벽 4시에 집중되었다. 굳이 주거지나 숙박업소가 아니더라도 노상에서 발생한 성폭력 사건 역시 4,969건으로 전체의 18.5%에 달했다. 통계가 이러하니 엄마의 걱정이 전혀 근거 없다고 할 수는 없는 것이다.

사실 성폭력 범죄는 여자에게만 발생하는 것도 아니다. 성범죄 피해자의 6.8%는 남성이었다. 그러나 뒤집어 말하면 피해자의 93.2%는 여성이었다는 뜻이다. 또한 성범죄 피해 이후 살해당하거나 사망한 사건의 피해자는 모두 여성이었다.

엄마의 잔소리, 참일까 거짓일까?

걱정이 담긴 엄마의 잔소리는 범죄학 이론을 빌리면 더욱 그럴듯하게 포장할 수 있다. 일상활동이론이라는 범죄학 이론에서는 동시간대에 세 가지 조건이 맞아떨어지면 범죄가 발생한다고 말한다. 동기를 가진 범죄자와 그에 상응하는 취약한 피해자, 그리고 취약한 피해자를 방어해줄 보호 장치(사람과 기계 모두 포함)의 부재다. 동일한 시간과 공간에서 범죄자와 범죄 피해자의 일상생활 영역이 서로 만나게 되는 경우에 범죄기회가 증가하는 것은 매우 당연한 일이다.

일상활동이론의 연장선에는 생활양식-노출이론(life style exposure theory)이 있다. 이 이론은 피해자의 생활양식이 범죄와 상관관계가 있다고 설명한다. 사람마다 범죄 위험이 높은 상황이나 우범지역, 범죄가 자주 일어나는 시간 등에 노출되는 정도가 다르고, 그 가운데 범죄 피해자가 되는 생활양식이 정해진다는 것이다. 젊고 미혼이며, 저소득층, 저학력의 집단일수록 범죄 피해자 비율이 높았다.

엄마의 걱정은 일상활동이론 혹은 생활양식-노출이론과 맞닿아 있다. 하지만 엄마의 잔소리는 범죄로부터 도망 다니라는 주문에 지나지 않는다. 성범죄를 조금 더 알고 나면 단순히 옷이 짧거나 살이 많이 드러나는 옷을 입었기 때문에 범죄에 노출된 게 아니라는 사실을 깨닫게 될 것이다. 또한 젊고 미혼이며, 저소득 및 저학력자라고 피해자가 되는 것도 아니다.

성범죄의 원인은 노출이 심한 여름 때문이 아니라 무더운 날씨로 밤 10시가 넘는 시간까지 사람들의 야외활동이 많은 탓이다. 즉 젊고, 미혼이고, 저소득층에 저학력자여서 피해자가 되는 게 아니라 이들이 취약한 외부에서 활동하는 시간이 많기 때문이다. 즉, 심야 시간대의 편의점이나, 술집에서 다양한 사람들을 상대해야 하기 때문에 범죄자와 맞닥뜨릴 가능성이 높아지는 것이다.

성폭력 피해자에 대한 잘못된 믿음과 진실

엄마의 잔소리를 탓하기 전에 세상엔 엄마와 같은 생각을 하는 사람이 참 많다는 것도 부정할 수 없다. 상상과 현실 사이의 간극을 좁히기 위해 일단 성범죄자에 대한 신화부터 소개해보겠다.

실제로 강간 피해자는 젊고 짧은 옷을 입고 있는 여성만이 아닌 6세부터 70대 할머니까지 전 연령에 걸쳐 존재했고, 남성도 있었다. 또한 남자 어린이들의 피해 신고가 점점 증가하고 있다. 과거 형법에서는 강간의 객체를 '부녀'로 규정했고, '성폭력 범죄의 처벌 등에 관한 특례법'(이하 처벌법)에서는 강간 및 간음 행위의 피해자를 '여성'으로 한정했다. 그러다가 2013년 6월 19일부터 수정된 형법 및 처벌법, 군형법은 강간죄의 객체를 모두 '사람'으로 칭하게 되었다. 과거에는 성폭력의 기준이 개인의 '성'이 침해당한 정도였다. 하지만 이제는 개인이 결정하고 동의할 수 있는 상황에서 행해진 성적 행위였는지가

신화	진실
강간은 그리 흔히 일어나는 일이 아니다.	미국 성인 여성 6명 중 1명이 강간 피해자다.
남자는 강간을 당할 수 없다.	미국에서는 매년 대략 9만 2,700명의 남성이 강간을 당한다.
강간은 낯선 사람만 저지른다.	강간 피해자의 3분의 2가 이전부터 가해자와 아는 사이였다고 밝혔다.
여성이 남성들을 유혹한다. 때때로 그들이 강간을 요구한다.	어느 누구도 강간을 요구하지 않는다. 상대방의 복장과 행동에 상관없이 상대방의 의사에 반하여 성적 행위를 강요하는 것은 성폭행이다.
강간은 가벼운 범죄다.	강간이나 폭행을 당한 여성 3명 중 1명은 의학적 치료가 필요하다.
여성은 자신의 의사에 반하여 강간당할 수 없다. 마음만 먹으면 강간을 막을 수 있다.	언제든지 강제로 성적 행위가 발생하며 그것이 바로 강간이다. 음주 상태나 약물 복용 상태, 심지어 잠든 사이에도 강간의 위협이 있다. 어떤 상황이든 '상대방 의사에 반하는 성관계'는 강간이다.
성적으로 공격을 당한 사람은 히스테리 반응을 보일 것이다.	성폭행을 당할 때 나타내는 반응은 일정하지 않다. 성폭행 피해자는 지나치게 활력을 잃거나 히스테리를 부리거나 위축되거나 화를 내거나 거부하거나 충격 상태에 빠질 수 있다.
내 주변에 강간당한 사람은 없다.	의사, 변호사, 군인, 요리사 등 누구든지 피해자가 될 수 있다. 다만 경찰에 신고된 성범죄 수가 매우 적다는 것이 문제다.

자료: Center For Disease Control and Prevention, National Center for Injury Prevention and Control(n.d). The Truth about Rape. Atalanta, GA: Center for Disease Control and Prevention.

매우 중요한 기준이 되었다. 즉, 인간의 '성적 자기결정권'을 보장한다는 취지에서 성폭력은 개인이 결정하거나 동의하지 않은 상황에서 성적 행위가 일어난 일련의 행위로 정의할 수 있다.

강간범의 네 가지 유형

성폭력 범죄가 주로 10대와 20대의 혈기 왕성한 젊은 남자가 저지른다고 생각하면 오산이다. 통계적으로 성폭력 범죄자는 30대와 40대가 40% 이상이고, 20대 성폭력 범죄자는 50대와 비슷한 10%대 수치를 보인다. 실제로 성폭력은 '성욕'에 의한 범죄가 아니라 '폭력' 범죄라는 사실에 비춰봤을 때 그리 이상한 일이 아니다.

성폭력 범죄자에게서 나타나는 특징 가운데 눈여겨볼 것은 3건 중 1건이 전혀 전과가 없는 초범에 의해 발생한다는 사실이다. 강도, 살인, 방화와 같은 강력범죄는 초범 비율이 낮다. 이에 비하면 성범죄의 초범 비율은 높은 편이다. 단독 범죄의 비율이 높은 것도 특징이다. 성범죄의 95% 이상이 단독 범행이고, 나머지 5%는 친구나 직장 동료와 같은 절친한 자들과 함께 모의한 경우다. 그리고 공동 범행보다 단독 범행에서 성범죄 전력이 있는 범죄자 비율이 높았다.

많은 이들은 성범죄자란 한량이거나 사회 부적응자일 것이라는 편견을 갖고 있다. 하지만 의외로 성폭력 범죄자는 절반이 직업이 있었다. 학력이 고졸 이상인 이가 32%, 대졸 이상인 이도 31.6%가량 된다. 강도나 방화, 살인의 경우에는 중졸 이하의 학력 소지자가 대졸 학력 소지자보다 훨씬 많았다. 하지만 성폭력 범죄에서는 대학 이상의 학력자가 2배가량 많다.

대략 성폭력 범죄자에 대한 그림을 그렸다면 다음 의문으로 넘어가보자. 실제로 성폭력에 노출된 상황에 직면했다면 우리는 어떻게 해야 할까? 이에 대한 답을 얻기 위해 강간범죄의 유형부터 살펴보자. 가장 보편적으로 사용되는 메사추세츠 치료관리센터(Massachusetts Treatment Center, MTC)가 사용하는 강간범의 네 가지 분류 기준은 다음과 같다.

① 보상형 강간범

강간 동기: 보상형 강간범의 기본적인 강간 동기는 자신의 성적 능력을 입증하고 싶은 욕망이다. 피해자는 대부분 가해자를 모르지만, 가해자들은 피해자들의 주변을 맴돈다. 가해자는 피해자와 자주 마주쳤거나 오랫동안 주시해온 경우가 많다. 만남을 거절해도 접촉하려는 경향이 강하다. 왜냐하면 성적 능력이 증명만 된다면 거절당하지 않을 것이라고 생각하기 때문이다.

강간범의 머릿속에 그려진 피해자는 매우 순종적인 피해자 여성이다. 그리고 본인의 성적 능력으로 피해자가 지속적인 성관계를 원하게 될 것이라는 자기만의 왜곡된 생각을 한다. 그러나 실제로 이들은 피해자 주변을 맴돌다가 피해자와 신체 접촉을 한 것만으로도 매우 흥분하는 경향을 보인다.

프로파일링: 평소에는 주로 매우 조용하고 내성적이고 순종적이며, 때로는 고독한 모습을 보이기에 크게 문제를 일으키지 않는다. 내성적인 모습이 때로는 신뢰할 수 있는 성격으로 비치기도 한다. 하지만 실상은 이들의 대다수가 외부로부터 고립되었고 내향적이며 자존감이 낮다. 따라서 사회적 지위가 높지 않으며 인간관계가 원만하지 않은 특징을 보인다.

범죄 특징: 이들은 이러한 낮은 자존감에 대한 결핍과 불완전성을 극복하기 위해 보상적인 강간을 하게 된다. 결과적으로 다른 강간에 비해 폭력성이 동반되는 경우는 적은 편이다.

② 충동형 강간범

강간 동기: 충동형 강간범은 성적인 특징이나 공격성이 특별히 두드러지지는 않는다. 다만 기회가 왔을 때 충동적으로 강간하는 유형이다. 그러다 보니 강간 자체가 목적인 범죄와는 다른 양상을 보인다. 통상 다른 범죄 전후에 발생하는 강간이 이러한 유형이다.

프로파일링: 침입절도나 강도 이후 입막음용이라고 이야기하는 사건중 가해자의 성범죄 전과가 없다면 이러한 유형에 속할 것이다. 전과가

있다면 주로 성범죄 이외의 전과다.

범죄 특징: 이들은 성적인 느낌도 폭력도 그다지 크지 않다. 피해자를 얌전히 만드는 것 이상으로는 폭력을 휘두르지 않는다.

③ 공격성치환형 강간범

강간 동기: 이들이 여성을 바라보는 시각은 매우 적대적이다. 주로 활발하거나 독립적인 여성을 표적으로 삼는다. 다른 강간범들과 달리 특정한 상황에서 분노를 느낀 후 범죄를 저지른다.

범죄 특징: 공격성치환형 강간범에 의한 강간 피해는 매우 참혹하다. 결과뿐 아니라 과정도 참혹하기 그지없다. 이들이 폭력을 쓰는 이유는 피해자를 단순 제압하기 위함이 아니다. 이들의 폭력은 단순한 공격 수준을 넘어 분노의 표출 도구로 사용된다. 이 때문에 공격성치환형 강간범의 폭력(언어적 폭력과 물리적 폭력 포함)은 피해자가 견딜 수 없는 수준을 넘나든다. 공격성치환형 강간범이 폭력을 쓰는 목적은 애당초 피해자의 자존심을 무너뜨리고 굴욕을 주는 것이다. 이 때문에 공격 부위 역시 성적 부위에 국한되지 않는다.

④ 성적공격성 강간범(가학적 강간범)

강간 동기: 성적공격성 강간범에게는 성적인 문제와 공격성이 공존한다. 이들은 성적 흥분을 위해 폭력과 고통을 활용한다.

범죄 특징: 이들은 여성에게 강간을 즐기는 본성이 있다고 확신한다. 이들은 여성의 저항을 게임으로 인식한다. 그 결과 매우 위험한 상황까지 치닫기도 하는데, 성적공격성 강간범에 의한 피해는 잔인한 폭행 혹은 살인으로 이어지기도 한다. 공격성이 강하다는 측면에서 공격성치환형과 유사하다고 여겨지기도 한다. 하지만 이들이 공격, 고통으로부터 강한 성적 만족감을 얻는다는 것이 차이점이기도 하다.

프로파일링: 이 집단은 기혼자의 비율이 높다. 그러나 책임성과 성실성이 결여된 성격 때문에 가족 구성 이력은 복잡하다. 가정폭력에 연루된 흔적도 보인다. 가정폭력에 연루되었다는 말은 가해자기도 하지만 과

거에는 학대 피해자였다는 뜻이기도 하다. 그 때문에 이들은 자아통제력이 낮고 욕구불만에 대한 참을성도 낮다. 이들의 과거를 살펴보면 청소년기에는 결석은 물론 학교의 크고 작은 문제들을 넘어서 강력범죄에 연루되어 있기도 하다. 한마디로 학교에서 매우 다루기 힘든 학생이었을 가능성이 높다.

강간범 유형에 따른 강간 대처법

그렇다면 이제 강간범의 유형에 따라 어떻게 저항해야 하는지 살펴봐야 한다. 강간범의 유형이 다른 것처럼 그 대처 방법도 다르게 접근해야 한다. 그러나 좀 더 단순한 답을 제시해야 한다면, 일단 '저항하라'라고 조언하고 싶다.

이에 대한 근거는 세라 울먼(Sarah Ulman)과 레이먼드 나이트(Raymond Knight)가 면식이 없는 폭력적인 강간범에 의해 강간을 당했거나, 미수가 된 274명의 여성에 대한 경찰의 보고서와 법정증언을 조사하여 강간범 유형별로 저항의 효과를 정리하여 발표한 연구에서 찾아볼 수 있다.

보상형, 충동형 강간범은 피해자의 저항에 의해 강간을 저지당하는 비율이 높았다. 그러나 공격성치환형 강간범은 피해자의 저항에 더 큰 폭력으로 대응하는 경향을 보였다. 니콜라스 그로스(Nicolas Groth)의 분류에 따르면 강간에서 보상형과 충동형 강간이 차지하는 비율은 50% 이상이라고 한다. 공격성치환형 강간은 전체 강간범 중 25~40%이며 성적공격성 강간범은 2~5%에 해당했다. TV에서 그려지는 성적공격성 강간범의 비율이 전체 강간범 비율에서 차지하는 비율은 5% 이내라는 점, 그리고 보상형과 충동형 강간으로 분류되는 비폭력적 강간의 형태가 절반 이상이라는 통계에 기대어 일단 저항하라고 말해두고 싶다.

그렇다면 '강간범에 대한 저항'은 어떻게 하는 것일까? 신체적이고 물리적인 저항도 좋다. 때리고, 차고, 손톱으로 꼬집고, 무기로 쓸 수 있는 모든 것을 동원하여 저항하는 것이 실제 강간 성공 비율을 낮췄다. 그리고 또 하나 명심할 것이 있다. 적극적으로 도망쳐라. 빌거나, 울거나, 범인을 설득할 수 있다는 착각은 버리는 게 좋다. 더 큰 자극을 낳을 수도 있고, 결과적으로 그다지 효과적이지도 않다.

성범죄 피해자는 피해자다워야 한다는 오해

우리는 성범죄에 대해 알아야 하는 만큼 피해도 알아야 한다. 성범죄 이후에 타자에 의한 2차 피해를 줄이기 위함이다. 타인, 언론, 경찰, 검찰, 법원은 한결같이 피해자에게 저항하고 싸웠는지를 묻고 증거를 요구한다. 다음의 두 가지 사례를 살펴보자.

> **"왜 당장 신고하지 않았나?"**
>
> 2007년에 임대 광고를 보고 찾아간 여성 A씨가 집주인 B씨에게 강간을 당한 사건이 벌어졌다. 하지만 수사기관은 피해자가 피해 이후 몇 개월이 지난 후에야 고소했다는 이유로 고소 동기와 목적을 끊임없이 추궁했다. 가해자 B씨는 성폭력을 당했다는 사실을 주변에 알리겠다고 피해자 A씨를 지속적으로 협박했고, 시달림을 견디다 못해 A씨는 결국 스스로 고소

를 취하했다. 그러나 얼마 후 피해자 A씨는 오히려 무고죄로 기소되었다. 검사는 "강간 피해를 입었다면 바로 신고했을 텐데 왜 당장 고소하지 않았느냐", "집을 임대해주지 않아 화가 나서 고소한 것이 아니냐", "만약 집만 임대해줬다면 고소는 하지 않았을 것 아니냐"며 피해자를 의심했다. 피해 이후 A씨가 가해자와 주고받은 문자메시지도 검찰이 피해자를 의심하는 근거가 되었다. 집을 빌리지 못하면 당장 길바닥에 나앉을지 모르는 현실 때문에 성폭력 피해 이후에도 가해자와 연락할 수밖에 없었다는 A씨의 주장은 끝내 받아들여지지 않았다.

"강간과 자살은 직접적 연관성이 없다"

2012년 피자집 아르바이트를 하던 여대생 C씨가 주인 안모 씨에게 성폭행을 당하고 자살한 사건이 발생했다.

안모 씨는 유부남인 사실을 숨기고 C씨에게 접근했다가 결별을 통보받자, "사시미 들고 회 뜬다, 면상 갈아버린다, 너희 집 앞에 갈까, 딱 한 번만 너 본다, TV에 한번 나오게 할까" 등의 메시지를 보내며 협박한 후, 조부의 무덤으로 끌고 가 돌로 내려치려 했다. 그 직후 안모 씨는 겁먹은 C씨를 모텔로 끌고 가 성폭행하고 상반신 나체와 성관계 사진을 촬영했으며 C씨의 휴대전화로 전송했다. 안모 씨는 총 46회에 걸쳐 협박을 했고 C씨는 이틀 후 차량 안에서 연탄불을 피우고 자살했다.

1심에서 '강간 및 성폭력 범죄의 처벌 등에 관한 특례법' 위반 혐의로 구속 기소된 가해자는 징역 9년을 선고받았고, 항소심에는 징역 7년으로 감형됐다. 재판부는 "성폭력은 인정되지만 자살에 직접적인 원인은 제공하지 않았다"고 판결했다. 또한 이러한 과정에서 가해자의 변호인은 주변인의 진술을 제공하여 "피해자가 일상생활을 했다"고 주장했다.

2007년 임대인 성폭행 사건에서 지나치지 말아야 할 부분은 "왜 피해 직후 신고하지 않았는가", "이제 와서 신고한 것은 다른 이유가 있기 때문 아닌가"라는 검찰의 왜곡된 시각이다. 이에 더해 성폭력 피해자가 형사사법시스템에서 어떤 취급을 받고 어떻게 무고죄 가해자가 되어가는지 잘 알 수 있다. 2012년 피자집 아르바이트생 자살 사건은 미디어 보도를 통해 널리 알려진 사건 중 하나이며 가해자 안모 씨의 파렴치한 태도가 큰 논란이 되었다. 이 사건에서 법원은 임대인 성폭행 사건의 검찰과 마찬가지로 성폭력이 피해자에게 어떤 영향을 미치는지 간과했다.

이 두 사건에서 주목해야 하는 것은 '성폭력 피해자로서의 역할'이다. 검찰은 성폭력 피해자가 아플 것이고, 일상생활이 힘들 것이고, 주변사람들이 알아차릴 만큼 큰 변화를 보일 것이라 생각하여 피해자다운 역할과 태도를 강요했다. 그러나 이런 편견은 상당히 위험하다. 경찰과 검사, 판사들은 기본적인 피해자의 위기 극복 과정조차 알지 못하는 것이나 다름없다.

성폭력 피해자는 물론 일반적인 피해자들은 범죄 발생 이후 회복에 일정한 패턴을 보인다. 단계로 설명하자면 타격, 위축, 그리고 재조직화의 과정이다.

타격이란 충격을 받은 상태를 말한다. 충격을 받은 피해자는 복잡하고 변화무쌍한 감정을 겪는데, 이러한 상황에 흔히 나타나는 현상이 '부정'이다. 자신에게 일어난 일을 부정하거나, 그다지 나쁜 일이 아니라고 믿으려 한다. 혹은 잘못을 자기 탓으로 돌리면서 자신에게 잘못을 묻는다. 때로는 분노하고 때로는 복수심을 표출하며 난폭해지기도 한다. 특히 성폭력 피해자는 "내가 왜 그때 그곳에 갔을까" 하고 후회하는 한편, 사람들의 편견과 싸우게 된다.

앞서 강간을 당한 피자집 아르바이트생이 일상생활을 했다는 주변인의 증언 때문에 꽃뱀이라고 비난을 받거나 성폭력 피해자가 무고죄의 가해자가 되어버리는 상황은 이러한 회복 단계를 제대로 이해하지 못하기 때문에 제기될 수 있는 것이다. 피해자가 강간을 당한 직후에 경찰에 신고하지 않은 이유는 '정말로 강간을 당한 것이 아니다'라는 부정의 피해 회복 단계를 형사사법 관련자들도 알지 못한 것이다. 충격을 받은 피해자는 한참 동안 부정하고 후회하고 본인을 탓하면서 스스로 상처를 치유하는 동안, 사람들은 피해자답지 않게 일상생활을 영위하는 피해자의 피해를 인정하지 않는 실수를 저지르게 된다.

두 번째 단계는 위축이다. 피해자는 현실에 적응하기 시작한다. 즉, 외상후스트레스장애(Post traumatic stress disorder, PTSD)라 불리는 상황을 경험한다. 이때 악몽을 꾸기도 하고, 환상 속에서 범죄 상황이 재현되기도 한다. 이때부터 반응성 결핍이 나타나면서 일상적인 활동이 줄어든다. 유사한 상황을 피하기 위해서 라이프스타일을 바꾸기도 한다. 우울증이 나타나고 이 단계에서 자살을 시도하기도 한다.

마지막 단계는 감정을 잘 수습하고 멀리서 사건을 조망하는 재조직화다. 천천히 일상 활동에도 참여하면서 과거의 기억에 압도당하지 않으려고 노력한다. 피해 회복을 잘 끝낸 피해자들은 정서적 상처는 어느 정도 갖고 있지만 생활에 큰 지장은 없다. 하지만 많은 피해자들은 평생 동안 "왜 내가 그런 일을 당했을까?"라는 질문에 대한 답을 얻기 위해 끊임없이 허우적댄다.

성폭력 범죄가 매년 증가하는 진짜 이유

어렵지 않은 질문 하나. 사람들은 어떤 범죄를 제일 무서워할까? 당연히 정답은 살인이다. 거의 모든 사람들이 예외 없이 살인을 가장 두렵고 무서운 범죄로 꼽는다. 죽으면 끝이고 회복이 불가능하니까 말이다. 그럼 두 번째로 무서운 범죄는 무엇일까. 여기부터는 다른 답을 내놓는 사람들이 생긴다. 그래도 살인을 빼고 가장 무섭고 두려운 범죄로 강간과 같은 성폭력을 꼽는 데 이견이 별로 없지 않나 싶다. 범죄학자들도 거의 예외 없이 살인 다음으로 성폭력을 거론한다. 성폭력은 실상 무서운 범죄다. 공포와 후유증을 생각하면 성폭력은 살인 못지않다. 피해자의 거의 전부가 여성이라는 점도 문제의 심각성을 더한다.

2010년에 성폭력 범죄는 2만 375건이었다. 2014년에는 2만 9,517건이 발생했다. 4년 사이 무려 44.9%가 늘어났다. 흔히 민생치안의 척도로 여겨지는 5대 범죄(살인, 강도, 강간, 절도, 폭력) 가운데 가장 상승폭이 크다. 지난 2004년의 1만 1,012건에 비하면 10년 사이 무려 3배 가까이 늘어났다. 10년 사이 우리 사회에 무슨 일이 벌어진 것일까? 숫자로만 보면 우리나라가 그 사이 성폭력 소굴로 변한 셈이다. 신문과 방송 등 언론에서 잊을 만하면 대서특필하는 성폭력 범죄 보도를 볼 때 사실인 것 같기도 하다.

왜 성폭력이 늘고 있을까? 이 질문에 대한 답을 찾기 위해서는 우선 모든 범죄가 알려지는 게 아니라는 점을 감안해야 한다. 실제 발생한 성폭력 범죄와는 다르다는 이야기다.

대표적인 숨은 범죄

당연히 모든 범죄가 통계로 잡히는 것은 아니다. 신이 아닌 다음에야 어느 누구도 범죄가 정확하게 몇 건이 발생하는지 알지 못한다. 경찰을 비롯해 형사사법기관에서는 알려진 범죄만 취급할 뿐이다. 결국 '경찰에 접수된' 숫자는 실제 범죄보다 적을 수밖에 없다. 이렇게 밝혀지지 않은 범죄를 '암수 범죄' 또는 '숨은 범죄(hidden crime)'라고 부른다.

특히 성범죄는 다른 일반 범죄들보다 숨은 범죄가 많다. 신고를 꺼려하기 때문이다. 성폭력 사실을 수치스럽게 생각하거나 가해자의 보복이 두려워서 신고를 하지 않는다. 특히 성폭력 범죄의 80% 정도가 가깝게 아는 사람에 의해 발생하며, 15%가량은 친족이 저지른다는 사실이 신고하기 어렵게 하는 주요인이기도 하다. 더욱이 제2, 제3의 피해가 우려되기 때문에 신고하지 않는 경우도 많다.

지금은 경찰에서 성범죄 피해자를 위한 '원스톱지원센터'를 운영하면서 과거에 비해 번거로움과 불편함이 많이 줄었다. 하지만 아직도 성폭력 사실을 신고하기 위해서는 큰 용기가 필요하다. 경찰과 검찰, 그리고 법원에서 조사 과정과 재판 과정을 거치면서 많은 불편을 감수해야 한다. 때론 수치심을 넘어 모멸감을 느낄 수도 있다. 가해자 측에서 자신의 범죄행위를 합리화하기 위해 일방적인 폭력이 아니라 합의에 의한 관계였다고 주장하거나, 피해자의 책임을 부각시키기 위해 애쓰기 때문이다. "모텔에 같이 들어갔다", "야한 옷을 입고 유혹했다", "크게 저항하지 않았다" 등등 말이다. 상황에 따라서는 피해자가 기억하기조차 어려운 일들까지 들먹이며 공격한다. 피해자의 진술을 신뢰할 수 없는 것으로 몰아가기 위해 사건과 전혀 관련 없는 피해자의 과거 불편한 행적들까지 거론하는 것이다.

경찰 등 수사기관이 행여 있을지 모르는 거짓 피해 신고를 가려내기 위해 사실 진위를 꼼꼼히 따지다 보면 피해자 입장에서는 억울하고 짜증이 날 수 있다. 이들은 피해자의 옷차림이나 직업 등을 통해 괜스레 의심스러운 눈초리로 보기도 한다. 심지어 협박의 빌미로 삼기 위해 일부러 성폭력을 유도하지 않았느냐는 식으로 추궁하는 경우도 생긴다. 주변 사람들의 곱지 않은 시선도 또 다른 피해가 아닐 수 없다. "여자가 어떻게 하고 다녔기에 그런 일을 당하나"부터 시작해 "밤늦게 술 마시고 다닐 때부터 알아봤다", "동네 창피해서 얼굴을 들고 다닐 수 있나"와 같이 공공연히 비난하는 경우가 다반사다. 성폭력이라는 끔찍한 일을 당한 것도 억울한데 이런 제2, 제3의 피해까지 감수해야 할 경우 신고가 쉽지 않은 건 당연하다고 할 수 있다.

이 때문에 성폭력으로 잡히는 통계는 빙산의 일각일 수밖에 없다. 그럼에도 최근에는 성폭력에 대한 사회 인식이 많이 달라지고 여성들의 대처 역시 적극적으로 바뀌면서 신고가 늘고 있다. 가뭄이 계속되면 저수지 바닥이 드러나듯이 숨은 범죄가 조금씩 모습을 보이는 것이다. 성폭력 피해는 결코 수치스러운 일이 아니고 억울한 것이며, 경찰에 신고해 성범죄자들을 처벌해야 또 다른 피해를 예방할 수 있다는 인식이 확산되면서 신고가 증가하는 것으로 보인다. 원스톱지원센터를 비롯하여 성범죄 피해상담 전용 번호 등 성폭력 범죄를 알릴 통로가 다양해지고 많아진 것도 한 이유다.

급속도로 늘어나는 성폭력 피해 신고

실제로 여성가족부가 성범죄 피해자를 대상으로 조사한 결과에 따르면 성범죄 신고율은 2008년 7.1%에서 2010년 12.5%로 크게 늘었다. 2년 사이에 무려 76%가 증가했다. 물론 한국형사정책연구원이 내놓은《2010년 전국범죄피해조사》에 따르면 가중치를 적용한 성폭력 신고율은 27%에 이른다. 그러나 형사정책연구원의 결과는 조사대상 숫자가 적기 때문에 여성가족부가 밝힌 신고율이 더 정확하다고 할 수 있다. 어찌 됐든 신고율이 크게 늘어났기 때문에 경찰에 '접수된 성폭력 건수'는 증가했다고 보는 것이 타당하다. 범죄란 게 경찰 등 수사기관이 직접 인지하는 경우도 있지만 대부분 신고에 의해 파악되기 때문이다.

대검찰청이 매년 발표하는《범죄분석》통계자료를 분석해보면 더 명확해진다. 《범죄분석》통계에 따르면 강간 등 성폭력 범죄는 2008년 1만 5,094건에서 2010년에는 1만 9,939건으로 32% 늘어났다. 하지만 신고율이 76% 늘어난 것을 감안하면, 성폭력 범죄는 오히려 줄어든 셈이다. 다시 말해 신고율이 76% 늘어났으니까 실제 성폭력 사건이 전혀 늘지 않았어도 범죄통계는 1만 5,094건보다 76% 증가한 2만 6,565건이 돼야 한다. 하지만 실제로는 2만 건 미만으로 나타났으니까 성폭력 사건 자체는 감소했다고 보는 게 타당하다.

게다가 박근혜 정부 들어서 '4대 사회악(성폭력, 가정폭력, 학교폭력, 불량식품)'에 대한 대대적인 단속을 벌인 탓에 성폭력범을 많이 적발한 것도 성폭력 범죄의 통계 착시효과에 기여하고 있다. 이를 입증하듯이 여성가족부가 전국의 만 19~63세의 국민 3,500명을 대상으로 2013년 조사한 결과, 성폭력 피해를 경험한 비율은 2010년 2.9%에서 2013년에는 1.5%를 기록해, 절반 가까운 수준으로 줄었다. 평생동안 성폭력을 경험한 비율 역시 같은 기간 19.6%에서 10.2%로 절반 수준의 감소세를 보였다.

통계 기준이 바뀐 것 역시 성폭력 범죄통계에 대한 착시현상을 일으킨 요인 중 하나다. 경찰청은 지난 2010년부터 성폭력 기준을 대폭 확대했다. 기존 형법의 강간, 강제추행 등의 성폭력 범죄 외에 성폭력특별법과 청소년성보호특별법 등 특별법상 성폭력까지 성폭력 범주에 포함한 것이다. 이 때문에 2009년 1만 215건이던 성폭력 사건은 2010년에는 1만 8,220건으로 2배 가까이 늘어났다. 이런 배경 설명 없이 통계숫자만 보면 1년 사이 성폭력 사건이 엄청 늘어난 것처럼 보이게 마련이다.

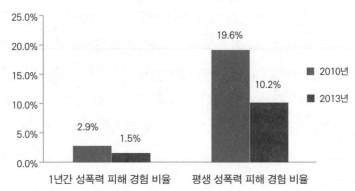

성폭력 피해 경험 비율

- 2010년
- 2013년

	1년간 성폭력 피해 경험 비율	평생 성폭력 피해 경험 비율
2010년	2.9%	19.6%
2013년	1.5%	10.2%

자료: 여성가족부, 2014

주요 성폭력 범죄 유형별 발생 건수 및 구성비 추이

단위: 건(%)

연도	2005	2006	2007	2008	2009	2010	2011	2012	2013	2014
강간	2,127 (18.4)	2,510 (17.6)	2,659 (18.5)	3,621 (22.5)	3,923 (22.6)	4,384 (21.3)	4,425 (20.0)	4,349 (18.6)	5,359 (18.4)	5,092 (17.1)
강제추행	4,089 (35.4)	4,984 (34.9)	5,348 (37.3)	6,080 (37.7)	6,178 (35.6)	7,314 (35.5)	8,535 (38.5)	10,949 (46.9)	13,236 (45.5)	12,849 (42.2)
강간 등	1,894 (16.4)	2,895 (20.3)	2,600 (18.1)	2,601 (16.1)	2,706 (15.6)	3,234 (15.7)	3,206 (14.5)	1,937 (8.2)	1,186 (4.0)	624 (2.0)
강간 등 살인/치사	10 (0.1)	22 (0.2)	12 (0.1)	17 (0.1)	18 (0.1)	9 (0.0)	8 (0.0)	13 (0.1)	22 (0.1)	8 (0.0)
강간 등 상해/치상	1,766 (15.3)	1,874 (13.1)	1,625 (11.3)	1,625 (10.1)	1,544 (8.9)	1,573 (7.6)	1,483 (6.7)	1,208 (5.2)	1,094 (3.8)	872 (2.9)
특수강도 강간 등	302 (2.6)	306 (2.1)	357 (2.5)	368 (2.3)	479 (2.8)	293 (1.4)	285 (1.3)	209 (0.9)	150 (0.5)	123 (0.4)
카메라 등 이용 촬영	341 (3.0)	517 (3.6)	564 (3.9)	585 (3.6)	834 (4.8)	1,153 (5.6)	1,565 (7.1)	2,462 (10.5)	4,903 (16.9)	6,735 (24.1)
성적 목적의 장소 침입	–	–	–	–	–	–	–	–	214 (0.7)	470 (1.5)
통신매체 이용음란	164 (1.4)	195 (1.4)	240 (1.7)	378 (2.3)	761 (4.4)	1,031 (5.0)	911 (4.1)	917 (4.0)	1,416 (4.9)	1,254 (4.1)
공중밀집 장소 추행	858 (7.4)	974 (6.8)	939 (6.5)	854 (5.3)	934 (5.4)	1,593 (7.7)	1,750 (7.9)	1,332 (5.7)	1,517 (5.2)	1,838 (6.1)
계	11,551	14,277	14,344	16,129	17,377	20,584	22,168	23,365	29,090	29,863

자료: 《2015 범죄분석》, 대검찰청

성폭력 범죄의 유형 변화도 성폭력에 대한 통계 착시를 불러일으킨다. 성폭력 가운데 가장 심각한 강간의 경우, 2005년 전체 성폭력 범죄 가운데 18.4%를 차지했으나, 2009년 22.6%로 최고치를 기록한 이후 감소하여 2014년에는 17.1%까지 줄었다. 반면에 강제추행은 2005년 35.4%에서 2012년 46.9%로 최고치를 기록한 후 감소 추세를 보여 2014년에는 42.2%를 차지했다. 강제추행은 여전히 전체 성폭력 범죄 가운데 가장 높은 비율을 나타내고 있다. 강간 등 상해 치상범죄는 2005년 15.3%를 기록한 후 지속적으로 감소하여 2014년에는 불과 2.9%를 차지했다.

특기할 만한 사실은 성폭력 범죄 가운데 지난 10년 동안 가장 급격한 증가를 보인 범죄유형이 바로 카메라 등을 이용한 여성 신체 촬영이라는 것이다.

워터파크 여자 탈의실 도촬사건과 범람하는 몰카들

2015년 여름, 경기도의 한 워터파크 여성 탈의실에서 200여 명에 달하는 여성들이 샤워하는 장면이 도촬되고 인터넷을 통해 급속히 퍼지는 사건이 발생했다. 이 사건의 의뢰자 강모 씨는 실행범 최모 씨에게 130만 원을 건네며 도촬을 의뢰한 것으로 드러났으며, 법원은 이 둘에게 각각 징역 4년 6개월과 3년 6개월을 선고했다.

이 밖에도 대학교, 정부기관, 도서관, 일반 기업, 지하철 등의 화장실과 탈의실에서 여성 신체를 도촬한 성범죄자가 검거되는 등 여성 신체를 몰래 촬영하는 사건이 심각한 사회문제로 대두되고 있다.

흔히 '몰카'라고 부르는 이 성폭력 범죄는 2005년 전체 성폭력범죄의 3.0%에 불과했으나 2014년에는 무려 24.1%를 차지했다.

따라서 최근 성폭력 범죄의 급격한 증가는 강간과 같은 흉악하고 심각한 유형의 범죄보다는 강제추행이나 카메라를 이용한 촬영과 같은 유형의 범죄가 크게 증가했기 때문으로 볼 수 있다. 이러한 범죄들은 과거에는 경찰에 신고하지 않고 묻히는 경우가 많았으나, 성폭력 범죄에 대한 사회인식이 변화하고 적극적 신고로 바뀜에 따라 전체 성폭력 범죄 건수의 증가로 연결되었다.

성폭력 통계가 빙산의 일각인 이유

그렇다고 성폭력 범죄가 안심할 만한 수준일까? 그렇지 않다. 아직도 수많은 성폭력 범죄들이 신고되지 않은 채 수면 아래서 법망을 비웃고 있다. 한마디로 지금 드러난 성폭력 통계는 극히 작은 일부일 뿐이다. 부부강간 등 성폭력으로 인식하지 못해 신고하지 않기에 통계로 잡히지 않는 경우도 적지 않다. 아직도 성폭력을 강간과 동일시하는 사람들이 많다. 이는 전적으로 남성 중심적 정의일 뿐이다. 그래서 실제로 성폭력을 당하고도 성폭력을 당한 사실이 없다고 답변하는 경우가 생긴다.

설사 강간에 국한해 생각해보더라도, 질문 내용에 따라 답변이 달라질 수 있다. 강간의 개념을 정확하게 파악하지 못하기 때문이다. "강간을 당한 적이 있는가?"라는 질문과 "강요에 의해 성관계를 가진 적이 있는가?"라는 질문에 대한 답변은 큰 차이를 보이게 마련이다. 당연히 강요에 의한 성관계를 물었을 때 강간 통계는 크게 늘어날 수밖에 없다. 성폭력 개념을 모든 신체적·언어적·정신적 폭력으로 정의한다면 현재 성폭력 통계는 무의미할 수도 있다.

실제로 아직도 많은 여성들은 성폭력 피해를 두려워한다. 안전행정부가 2013년 7월 성인 여성 505명을 대상으로 실시한 '안전 체감도 조사'에서 응답자의 66.9%가 "성폭력 피해를 당할까 봐 불안하다"고 답했다. 최근 여대생들을 상대로 조사한 결과에서도 조사대상의 65%가 밤길이 불안하다고 응답했다. 밤길이 무서워 아예 밤에 다니지 않는다고 응답한 비율도 43%에 이른다. 하지만 성폭력 가해자의 대다수가 피해자와 아는 사람이라는 통계 결과에 비춰봤을 때 성범죄는 밤길만 조심해서 될 일이 아니라는 사실을 알 수 있다.

한국성폭력상담소의 2014년 성폭력 상담결과에 따르면, 성폭력은 '아는 사람'에 의한 피해가 79.8%에 달했다. 성폭력 상담결과를 조금 더 구체적으로 들여다보면, 성인의 경우 직장 내 아는 사람에 의한 피해가 28.5%로 가장 많았다. 청소년은 학교나 학원과 관련한 사람에 의한 피해가 29.5%로 가장 많았고, 아동의 경우 친족과 친인척에 의한 성폭력 피해가 50%를 넘는 높은 비율로 나타나 충격을 준다.

반면에 경찰 통계에 따르면 2014년 성폭력 가해자의 52.3%가 모르는 사람으로 나타났고 아는 사람은 21%에 불과해, 한국성폭력상담소 조사결과와 큰 차이를 보인다. 왜 이런 커다란 차이가 발생할까? 그 이유는 성폭력상담소의 상담 결과에는 경찰에 신고하지 않은 사람들도 포함되기 때문이다. 아는 사람으로부터 성폭력 피해를 입은 피해자는 상대적으로 경찰 등 수사기관에 신고를 기피하는 경향이 있다. 앞으로도 마주쳐야 하고, 이해관계가 얽혀 있는 상황에서 신고

할 경우 벌어질 혼란과 불이익 등을 고려할 때 신고를 고민하지 않을 수 없는 것이다. 이는 성폭력이 얼마나 신고율이 낮으며, 숨은 범죄가 많은지를 여실히 보여주는 자료라고 할 수 있다.

이번엔 성폭력 범죄자의 정체를 밝혀보자. 우선 연령별로 보면, 19세부터 30세 가해자가 전체의 26.7%로 가장 많다. 31세부터 40세까지가 21.3%, 41세부터 50세까지가 20.7% 순이다. 61세 이상도 5.9%에 이른다. 노인 인구가 늘어나고 노인들의 건강과 체력 또한 과거보다 향상되면서 성폭력 범죄의 고령화 현상도 무시할 수 없는 추세다.

성폭력은 언제 가장 많이 발생할까? 예상대로 주로 밤에 일어난다. 전체 성폭력 범죄의 54% 정도가 밤(오후 9시~오전 6시)에 발생한다. 어두워서 잘 보이지 않고, 술을 주로 마시는 시간대여서 그럴 수 있다. 그렇다고 낮에는 안심할 수 있을까? 낮(오전 9시~오후 6시)에도 24%가량 발생한다. 밤보다는 덜하지만 낮에도 적지 않은 성폭력이 발생하는 셈이다. 술에 취한 상태에서 성폭력을 저지른 경우가 42%에 이르는 사실을 볼 때 성폭력과 술은 어느 정도 관련성이 있다고 하겠다. 특히 알코올을 섭취하면 '사람을 때리면 안 된다'는 이성적 판단이 일부 마비되면서도 '나는 저것보다 강하다'는 사고만큼은 정상적으로 한다고 한다. 물론 맨 정신에서 성폭력을 저지르는 경우가 56%에 달한다는 사실은 잊지 말아야 한다. 이 때문에 술이 주된 이유는 될 수 없다.

성폭력의 천박한 편견들

"성폭력 범죄는 증가하지 않되 고질적인 문제다"라고 말하는 게 더 정확한 표현일 것이다. "여자의 노(No)는 곧 예스(Yes)"라는 둥 여성과 성에 대한 잘못된 관념과 문화가 성폭력의 뿌리를 뽑지 못하는 원인이 된다. 성폭력을 합리화할 때 흔히 꺼내는 게 "여성이 끝까지 저항하면 성폭력이 발생할 수 없다"는 이야기다. "바늘이 움직이면 실을 꿸 수 없다"는 말을 덧붙이면서 말이다. 여성의 몸이 바늘이 아니라는 점에서 비유의 논리적 모순은 말할 것도 없고, 남성 위주 고정관념의 천박성을 보여준다. 성폭력이 여성 피해자만 있는 게 아니고 남성 피해자도 있다는 점에서 더욱 말이 안 된다.

노출이 심한 옷차림이 성폭력을 유발한다는 주장에 대해 여성 입장에서는 "옷도 내 맘대로 못 입나", "실제로 성폭력 당한 여성들의 옷차림이 야하지 않았고, 또한 야한 행동을 하지도 않았다"고 반론한다. 이는 틀린 말이 아니다. 문제는 여성의 야한 옷차림과 행동을 잘못 이해하고 받아들이는 남자들의 편견과 그릇된 고정관념에 있다. 잘못된 생각과 문화가 성폭력을 낳고 키우는 주범인 셈이다. 이런 왜곡된 관념과 문화는 반드시 사라져야 한다. 성폭력 피해자들의 피해 신고 등 적극적인 대처가 늘고 있는 것은 피해자 자신의 구제와 재범 방지를 위해서도 바람직한 일이다. 그래서 앞으로 당분간 '통계상'으로는 성폭력 범죄가 늘어날 수밖에 없다.

성폭력 범죄의 사각지대에 놓인 남자들

1990년대 중반 경찰청 출입기자 시절 이야기다. 경찰청에서 보도자료가 하나 나왔다. 보도자료라는 게 하루에도 여러 건이 발표되기 때문에 큰 관심 없이 훑어보다가 깜짝 놀랐다. 보도자료 중간에 성폭력 피해자의 30%가 남성이라고 적혀 있었다.

남성 성폭력 피해자 통계와 해프닝

남자들이 성폭행 당하는 경우가 많다고 하는 미국도 10% 미만이다. 게다가 20여 년 전 일이다. 그 때문에 우리나라에서는 설사 5%라고 해도 대단한 일이 아닐 수 없었다. 기자실의 다른 기자들 동정을 살폈다. 남성 피해 내용이 중간에 표로 처리돼 있어서 못 본 건지 별 관심을 보이지 않았다. 일부 기자는 보도자료 내용을 대충 요약 정리해 기사 처리하고는 회사로 보냈다. 다들 관심이 없어 보였다.

보도자료를 만든 담당 경찰관에게 통계자료가 맞는지 은밀하게 확인했다. 통계는 확실하다는 답변을 들었다. 즉시 각 경찰서에 출입하는 후배 기자들에게 비슷한 사례를 구해보라고 다그쳤다. 특종에는 반드시 신뢰할 수 있는 실제 사례가 있어야 한다. 성폭력 피해자의 30%가 남성이라면 분명히 실제 사례가 있을 것이다.

그런데 경찰서뿐만 아니라 성폭력상담소 등 사례가 있을 곳은 다 뒤졌는데도 찾을 수가 없었다. 남자 어린이 성추행 사건은 있었지만 남성이 성폭행 피해자의 30%에 달하는 것을 보도하기 위한 자료로는 적합하지 않았다.

취재 방향을 경찰로 돌렸다. 다시 보도자료를 만든 경찰관을 찾아가 따졌다. 어떻게 터무니없는 보도자료를 만들어 배포했냐고 추궁했다. 담당 경찰관도 굉장히 당황했다. 자기네들도 혹시 숫자 집계가 잘못됐나 해서 두 번 세 번 확인했는데 틀림없다는 것이었다. 당시는 일선 형사들이 사건을 지금처럼 컴퓨터 프로그램에 입력하는 게 아니고 범죄통계원표란 종이에 손으로 일일이 표기하던 때였다. 관련사건 범죄통계원표 원본을 직접 다시 확인했다.

성폭행 피해자의 성별을 묻는 칸에 남녀 구분 표기를 확인한 결과, 기가 막힌 사실이 드러났다. 주민등록번호 뒷자리 첫 번째는 남성이 '1'이고 여성은 '2'다. 이 숫자가 성폭력 피해자 성별 구분 칸에 잘못 표기되어 있었던 것이다. 피해자는 분명 여성인데 성별 구분에는 남성으로 표기되었다는 뜻이다.

다시 확인을 해보니 남성 성폭행 피해자는 전체의 1%가 채 되지 않았다. 그야말로 경찰의 황당한 실수였다. 지금은 컴퓨터 프로그램이 주민등록번호를 갖고 자동으로 성별을 구분해주니까 이런 실수가 생길 수 없다. 하지만 당시만 해도 범죄통계의 중요성을 실감하지 못할 때였고 형사들 역시 피곤하고 관심도 없으니 대충 표기했던 것이다. 웃지 못할 해프닝이었다.

남성의 성폭력 피해 사례

얼마 전 한 젊은 남성이 지방의 여성성폭력상담소에 상담전화를 했다. 남성은 피해상담 대상이 아니라고 상담사가 설명했지만 '한마디만 들어달라. 너무 억울해 전화가 끊기면 자살하겠다'는 이 남성의 절박한 말에 상담사는 전화를 끊을 수 없었다. 군대 선임에게서 성폭행을 당하고 있어 죽고 싶다는 사연이었다. 어디에 하소연하고 싶었지만 마땅한 곳이 없어서 여성성폭력상담소에 전화를 했던 것이었다. 지난 2012년 12월 '성폭력 범죄의 처벌 등에 관한 법률'이 개정돼 남성 성폭력 피해자들도 피해 지원을 받을 수 있게 되었지만, 남성 성폭력 피해자의 억울한 사정을 들어주고 해결해줄 전문 상담지원 센터는 아직 마련되어 있지 못한 실정이다.

전문가로서 피해자로부터 듣게 된 성폭력 사건을 하나 소개한다.

성폭행 피해자와의 인터뷰

1980년대 중반, 미국 뉴욕에서 친하게 지내던 사람이 과거에 자신이 당했던 끔찍한 일을 털어놓았다. 그는 뉴욕 맨해튼 미드타운의 자신이 살던 아파트 주차장에서 성폭행을 당했다는 것이었다. 이 남자는 일을 마치고 밤 10시쯤 집으로 들어가다가 20대 초반으로 추정되는 흑인 여러 명에게 붙잡혔다. 이들은 흉기로 위협하면서 피해자가 갖고 있던 돈을 빼앗고 옷까지 벗겼다. 그리고 가해자 일행 중에 끼여 있던 흑인 여성과 강제로 성관계를 갖도록 강요했다. 두려움에 어쩔 수 없이 시도했지만, 잘되지 않자 가해자들이 갖은 성적 수모를 줬다고 한다. 당시는 에이즈로 인한 사망자가 언론보도를 통해 알려지면서 에이즈 공포가 극심하던 때였다. 피해자는 모멸감과 수치심에 치를 떨었고, 동시에 에이즈에 감염된 게 아닌가 하는 마음에 자살까지 생각했다고 한다.

아프리카에서도 남성 성폭력은 에이즈 문제와 겹쳐 심각성을 더한다. 지난 2011년 10월 아프리카 짐바브웨에서는 여성 3인조가 남성들을 납치해 강간한 사건이 발생해 충격을 줬다. 자매가 낀 이들 20대 여성 3인조는 홀로 여행하는 남성만을 노려 성폭행을 시도해 모두 17명의 남성이 성폭행 피해를 당한 것으로 밝혀졌다. 이들은 남성들에게 접근해 안정제 성분이 든 음료를 마시게 하거나 총기로 위협해 성행위를 강요했던 것으로 알려졌다. 범인들은 교통사고를 일으켜 경찰 조사를 받다가 자동차 안에서 성폭행 당시 사용한 것으로 보이는 여러 도구들이 발견되는 바람에 혐의가 들통 나 검거됐다. 현지 전문가들은 이들 여성이 남성들을 성폭행한 이유에 대해, 아프리카에서 액땜이나 죽은 자의 부활 의식 등 종교의식에 남성 정액이 필요했기 때문으로 판단하고 있다.

피해자들을 위한 지원 부족

세상이 많이 바뀌었지만 그래도 아직까지 성범죄 피해자의 절대다수는 여성이다. 강간과 같은 성폭력이란 게 물리적인 힘을 요구하기 때문이다. 아무리 흉기로 위협한다고 해도 웬만해서 남자를 강제로 성폭행하기는 쉽지 않다.

성폭행을 포함한 모든 범죄에서 범죄자는 성공 가능성보다는 실패 가능성을 먼저 가늠한다. 범죄는 로또가 아니다. 위험부담이 크면 시도하지 않는다. 다시 말해 성공확률이 어느 정도 있다고 무턱대고 성폭행을 시도하지 않는다. 실패확률이 아주 적다고 확신될 때 범죄는 발생한다. 비록 그 확률과 가능성이란 게 범죄자 본인의 계산과 판단이기는 하지만 말이다. 그래서 남성 성폭력 범죄는 주로 물리적 힘으로 제압이 쉬운 아동을 대상으로 한다. 아니면 꼼짝없이 당할 수밖에 없는 군대나 교도소와 같은 폐쇄적 공간에서 발생한다. 선임이라는 지위와 집단의 힘으로 밀어붙이는 것이다.

그래도 과거 1%에도 미치지 못하던 남성 성폭력 피해자는 2012년 기준으로 약 4.2% 수준까지 크게 늘었다. 성폭행 피해 신고에 대한 인식, 그리고 동성애에 대한 인식 등이 과거와 크게 달라졌기 때문이다. 346쪽 도표에서 보듯이 남성 성폭행 피해자는 해가 갈수록 증가하는 추세지만 성폭력 상담이나 치료시설은 찾아보기 어렵다. 성폭력 피해 지원을 전담으로 하고 있는 원스톱지원센터의 경우에도 치료와 물증 확보를 위해 병원 내에 위치하면서 전담 산부인과 의사와 여성 경찰관이 상주하지만, 막상 남성 성폭력 피해자를 위해 해줄 수 있는 시설이나 인원은 마련돼 있지 못한 실정이다. 성폭력으로 인한

1375

1060

816   831

702

2010년   2011년   2012년   2013년   2014년

자료:《범죄분석》, 대검찰청

신체적, 정신적 피해가 여성 못지않은데도 말이다.

　게다가 불과 얼마 전까지만 해도 남성에 대한 성폭력은 강간죄가 성립되지 않아 성추행이나 강제추행 등의 혐의로 미약한 처벌밖에 받지 않았다. 그나마 지난 2013년 형법 등의 개정으로 남성 대상 성폭력도 여성과 마찬가지로 처벌이 가능해지고, 강제로 유사 성행위를 시킬 경우 처벌이 가능한 유사강간죄 조항이 신설되어 남성 성폭력 피해에 대한 법제도적 대책이 마련된 것은 다행이라 할 수 있다.

남성 성폭력 피해자들은 왜 침묵할까?

그럼에도 남성 성폭력 피해자는 주위의 따가운 시선과 남자이면서도 성폭력을 당했다는 모욕감에 여성 피해자 못지않은 충격과 피해 속에서 평생 아픔을 짊어진 채 살아간다. 군대나 교도소에서만 남성 성폭력 피해가 발생하는 것은 아니다. 또 같은 남성으로부터만 성폭력을 당하는 것도 아니다. 얼마 전 언론보도에 따르면, 남자 고등학생 1명이 아파트 청소하는 아주머니와 친하게 지내다 성폭행을 당하는 사건이 발생했다. 이후 소문을 내겠다는 이 아주머니의 협박 때문에 강제적인 성관계를 계속 갖게 됐고, 급기야는 아주머니 친구들과도 성관계를 강요당했다. 학교 성적이 떨어진 것은 물론이고 심리적 충격과 압박에 정상적인 생활이 곤란해질 수밖에 없었다.

그 외에도 신체를 더듬거나 성적 발언으로 남성을 성희롱하는 여성도 적지 않다. 하지만 성희롱은 여성이 당하는 것으로만 생각하는 사람들이 의외로 많다. 성희롱 피해는 상대적인 것이고, 피해자가 어떻게 느끼느냐가 제일 중요하다. 피해 여부는 수치심과 불쾌감에 달려 있다. 그렇지만 여성들의 접촉이나 농담에 남성들도 불쾌감을 느낄 수 있다는 사실을 모르거나 무시하는 여성들이 있다.

남자가 성희롱을 당했다는 사실을 신고하거나 알리기에는 아직까지 사회 분위기상 쉽지 않다. 많은 남성들이 쉬쉬하고 있을 뿐이다. 피해 사실을 규명하기도 어렵다. 점점 여성의 경제활동이 늘고, 여성 상사들도 많아지면서 직장 내 남성을 대상으로 하는 성희롱 또한 증가하는 것은 어찌 보면 당연한 귀결이기도 하다. 직장 내 성희롱은 주로 직위를 악용하기 때문이다. 최근 TV 드라마나 영화에서 과장이 섞이긴 하지만, 여자 상사가 부하 남자 직원을 성적으로 놀리고 괴롭히는 장면이 부쩍 늘고 있는 것도 이러한 세태 변화를 보여주는 사례가 아닐 수 없다.

성폭력은 남녀 구분할 것 없이 가장 심각한 범죄 중의 하나다. 지금까지 성폭력 피해는 여성들만 당하는 것으로 생각하고 지원과 대책 또한 여성에게만 집중되어왔다. 아직까지 성폭력 피해의 절대 다수가 여성들이란 점에서 여성 중심 성폭력 대책이 만들어지는 것은 당연하다고 본다. 다만 성폭력으로 크게 고통받고 있는 남성도 엄연히 존재하고 있다는 점을 인식해야 한다. 남성 성폭력 피해자에 대한 인식과 배려가 필요한 것이다. 무엇보다도 시급한 것은 실태조사다. 피해를 당한 많은 남성들이 '남자다움'이란 고정관념 때문에 입을 다물고 있기 때문이다. 정확한 실태 파악은 모든 대책 마련의 첫 걸음이다.

유명 정치인의 성범죄

빌 클린턴, 존 메이저, 프랑수아 미테랑, 실비오 베를루스코니, 다나카 가쿠에이, 이들의 공통점은? 모두 그 나라의 대통령과 총리 등 최고 권력을 움켜쥐었던 사람들이다. 또 성추문으로 세상을 시끄럽게 만든 공통점을 갖고 있다.

　몇 년 전에는 프랑수아 올랑드 프랑스 대통령이 밤에 몰래 관저를 빠져나와 헬멧을 쓴 채 스쿠터를 타고 연인인 줄리 가예라는 여배우 집을 드나든 사실이 들통 나는 바람에 정치 지도자들의 성추문이 화제가 된 바 있다. 사실 올랑드 대통령은 법적으로 미혼남인지라 사정이 다르긴 하다. 그러나 국가 안위를 책임지는 대통령이 경호 없이 거리를 헤매고 일반 가정집에 머문다는 것은 체통의 차원을 넘어서 우려스러운 일이 아닐 수 없다. 그럼에도 정치인의 성추문을 사생활 문제로 인식하는 프랑스 국민의 톨레랑스(관용) 덕분에 올랑드 대통령 역시 이전 미테랑이나 시라크 전 대통령처럼 큰 정치적 위기 없이 넘어갔다.

탄핵 위기까지 몰린 클린턴

하지만 미국이나 영국은 이야기가 다르다. 특히 미국은 청교도 전통이 뿌리 깊게 남아 있는 탓에 정치인의 성추문에 상대적으로 엄격한 편이다. 빌 클린턴 전 대통령은 모니카 르윈스키란 백악관 인턴 여직원과의 성추문으로 탄핵 일보직전까지 몰렸다. 1995년 이른바 '모니카 게이트'로 불리는 사건이 발생했다. 빌 클린턴 당시 미국 대통령은 르윈스키와 다른 곳도 아니라 바로 자신의 집무실에서 성관계를 맺었다. 클린턴 대통령은 처음에는 성관계 사실을 부인했지만 케네스 스타 특별검사의 집요한 조사 끝에 무릎을 꿇고 사실을 인정할 수밖에 없었다. 클린턴 대통령은 1998년 8월 17일 대국민연설을 통해 "모니카 르윈스키와 관계를 가졌으며, 그것은 적절치 않았다"고 밝히면서 자신의 과오를 공개적으로 시인했다.

클린턴 전 대통령의 성추문은 그동안 공공연한 비밀로 감춰오던 미국 정치인들의 '부적절한 관계'를 백일하에 드러나게 하는 시발점이 됐다. 클린턴을 탄핵의 벼랑 끝까지 몰고 갔던 뉴트 깅리치 당시 하원의장이 서른 살 연하의 상임위 여직원과 불륜관계를 이어온 사실이 밝혀지는 바람에 하원의장직을 내려놓고 사실상 정치적 사형선고를 받았다. 또 클린턴 탄핵에 앞장섰던 헨리 하이드 공화당 의원도 과거 미용실 여직원과 가진 불륜관계가 드러나 하원 법사위원장직에서 물러났다. 밥 리빙스턴 차기 하원의장 내정자 역시 혼외정사 사실이 폭로돼 하원의장직 꿈을 포기할 수밖에 없었다.

클린턴 전 대통령이 성추문으로 탄핵 위기까지 몰리자, 클린턴을 지지하는 사람들이 클린턴 탄핵에 앞장선 정치인들의 뒤를 캐기 시작하면서 워싱턴 성추문 파문은 일파만파로 번져갔다. "과연 당신은 깨끗한가?" 클린턴을 열렬히 지지하던 사람들이 불만스럽게 내던진 질문이었다. 특히 포르노 잡지 〈허슬러〉의 발행인 래리 플린트는 클린턴에 대한 탄핵 열기가 뜨겁던 1998년 10월 "워싱턴 정가의 추악한 위선적 모습을 보여주겠다"면서 〈워싱턴 포스트〉 등 주요 일간지에 전면광고를 냈다. 연방 상하원 의원과 고위직 공무원들의 불륜 사실을 제보하면 100만 달러의 현상금을 주겠다는 내용의 광고였다.

래리 플린트는 "사람들은 섹스에 대해 항상 위선적 모습을 갖고 있다"면서 "공화당 의원들의 위선을 보여주기 위해 광고를 냈다"고 밝혔다. 제보가 잇따랐고, 플린트는 전직 미연방수사국과 중앙정보국(CIA) 요원들을 채용해 들어온 제보 가운데 신빙성이 높은 것들에 대해 집중적인 조사를 벌였다. 놀랍게도 클린턴 대통령 탄핵재판에서 기소에 앞장섰던 공화당의 봅 바 의원이 걸려들었다. 플린트는 바 의원의 혼외정사 사실을 폭로했다. 또 낙태 반대를 부르짖는 바 의원이 막상 자신의 전처가 낙태수술을 받을 때 동의하고 수술비를 낸 사실이 있다면서 바 의원의 위선을 비난했다.

클린턴 사건과 이후 정치인들의 성추문 폭로가 봇물 터지듯 쏟아져 나오면서 이른바 '성적(性的) 매카시즘(Sexual McCarthyism)'에 대한 우려의 목소리도 나왔다. 1950년대 진보성향 인사들을 공산주의자로 몰아붙여 사회적으로 매장시키려 했던 '매카시즘'에 빗대, 정치인의 성추문을 정치적 공격의 도구로 삼는 새로운 풍조를 함축적으로 표현한 것이다. 학자들은 이런 성추문 폭로전과 정치적 저격 행위가 정치인과 정치 전반에 대한 냉소주의를 심화시켜 민주주의에 타격을 줄 수 있다고 분석하면서 적절한 여과장치와 언론의 신중한 보도 태도를 주문했다.

세계 유명 정치인들의 '부적절한 관계'

영국도 예외는 아니다. 오래전 사건이지만, 1963년 당시 육군장관 존 프로퓨모가 크리스틴 킬러란 19세 콜걸과 벌인 성추문을 빼놓을 수 없다. 명문 옥스퍼드대학을 졸업한 뒤 25세에 하원의원이 된 프로퓨모는 승승장구 출세 가도를 달려 장래 총리가 유력한 정치인이었다. 그러나 킬러와의 성관계가 드러나면서 프로퓨모의 정치 생명은 끝났다. 본인의 정치 생명 종식에 그치지 않았다. 프로퓨모 사건은 당시 해럴드 맥밀런 총리의 사임과 이듬해 총선에서 보수당 정권의 몰락으로 이어졌다.

존 메이저 전 영국 총리는 과거 대처 내각에서 보건장관을 지냈던 에드위나 커리와 1984년부터 부적절한 관계를 가졌다가 나중에 커리가 입을 열면서 들통이 났다. 커리는 메이저 전 총리와 4년 동안 불륜관계를 유지했고 이런 사실을 2002년 〈더 타임스〉에 연재하기까지 했다. 존 메이저가 총리로 있던 1994년에는 환경장관과 항공해운장관도 혼외정사 사실이 알려지는 바람에 옷을 벗는 등 성추문으로 시끄러웠다.

프랑스는 지스카르 데스탱 전 대통령 이후 모든 대통령들이 성추문의 주인공이 됐다. 데스탱 대통령은 여배우 집에서 밀회를 즐기고 직접 운전해 돌아오다가 교통사고가 발생하는 바람에 불륜 사실이 밝혀졌다. 프랑수아 미테랑 전 대통령은 오랜 기간 두 집 살림을 지속했고 죽고 나서야 그의 불륜 사실이 공개됐다. 사실 알 만한 사람은 다 알던, 비밀 아닌 비밀이었다. 미테랑 대통령은 본처와의 사이에 세 아들을 두었지만, 미술관 큐레이터였던 안 팽조와의 사이에서도 딸이 있었다. 미테랑은 대통령이 되고 난 뒤에도 팽조와의 관계를 지속했으며, 1996년 그가 죽고 장례식장에 팽조와 딸이 함께 참석한 사실이 알려지면서 공식적으로 그의 오랜 이중생활이 드러났다.

사르코지 전 대통령은 1989년 당시 27세이던 신부 세실리아의 주례를 맡았는데 7년 뒤에는 세실리아와 결혼했다. 그러나 이들은 결국 맞바람을 피운 끝에 이혼하고 아름답지 못한 결혼의 끝 모습을 보여줬다. 세실리아는 2006년 뉴욕에서 당시 불륜 상대로 알려진 이벤트 기획자 리샤르 아리아와 손을 잡고 데이트하는 장면이 노출되면서 막장 드라마의 서막을 알렸다. 이후 사르코지 전 대통령이 〈르피가로〉의 정치부 여기자와 외도한 사실이 드러나 성추문의 '막장 드라마'를 보여줬다. 2007년에는 모델 출신 가수인 카를라 브루니와 염문을 뿌렸고 이듬해 2008년 엘리제궁에서 브루니와 결혼식을 올렸다.

성추문과 관련해서는 이탈리아의 실비오 베를루스코니 전 총리를 따라올 사람이 거의 없지 않나 싶다. 자신의 외도 상대였던 미스 이탈리아 출신의 모델 마라 카스파냐에게 평등부 장관 자리를 줄 정도로 비상식적이었다. 그는 쌍둥이 자매와 각각 관계를 갖고 모델들과 함께 퇴폐적인 초호화 파티를 수시로 벌였다. 심지어 방송에서 "나처럼 성공해서 어린 여자와 결혼하라"는 어처구니없는 발언을 하기도 했다. 나중에는 미성년인 17세 여성을 성매수한 혐의로 기소까지 당했다.

유교 전통이 강한 한·중·일 3국도 정치인의 성추문은 별반 다르지 않다. '영웅호색'이라는 말로 합리화하면서 말이다. 중국은 마오쩌둥 전 주석의 화려한 여성 편력 못지않게 장쩌민 전 주석, 보시라이 전 충칭 시 당서기 등 권력자들의 염문설이 끊이지 않는다. 마오쩌둥 주석의 성추문은 그의 주치의였던 리즈쑤이(李志綏)가 미국으로 건너가서 그동안 감춰왔던 마오쩌둥의 숨겨진 사생활을 폭로하면서 실체가 드러나게 됐다. 마오쩌둥은 4명의 부인이 있었지만 여비서, 통역, 의전 담당 여직원을 비롯해 다양한 여자들과 외도를 즐겼다. 그의 주치의가 "마오쩌둥 주석의 취미는 섹스"라고 밝힐 정도로 여자를 밝혔다고 한다. 채홍사 역할을 담당하는 직원이 별도로 있을 정도였다. 장쩌민 전 주석 역시 인기 가수와 내연 관계를 오래 지속했다. 부패 등의 혐의로 중형을 선고받은 보시라이 전 충칭 시 당서기도 다롄 시장을 맡을 당시 유명 아나운서와의 불륜 사실이 드러났다.

일본도 우노 소스케 전 총리는 게이샤와의 외도 사실이 밝혀져 사임했고, 다나카 가쿠에이 전 총리도 내연 관계를 유지했던 게이샤와의 사이에 자식을 두기도 했다. 우리나라에서도 박정희 전 대통령이 암살당한 후 수사와 재판 과정에서 그동안 숨겨왔던 박 전 대통령의 여성편력이 밝혀진 바 있다. 이후 김영삼, 김대중 전 대통령들도 혼외 자녀 논란 등 성추문에서 자유롭지 못했다.

권력자의 성적 일탈은 정신병일까?

대통령이나 총리와 같은 최고 권력자들이 혼외정사 등 성범죄를 저지르는 이유에 대해 많은 전문가들은 권력의 속성을 원인으로 꼽는다. 사람들이 권력을 추구하는 이유가 남을 지배하고 통제할 수 있는 능력 때문이다. 또 권력이란 게 어차피 쟁취하는 것이기 때문에 권력 욕구가 많아야 최고 권력자의 지위에 오를 수 있게 마련이다. 과감한 도전과 모험심은 물론이고 말이다. 그래서 평범한 남자들보다 성욕이 강하다는 주장이 나온다.

네덜란드 사회생물학자 조난 반더데넌은 "권력 욕구가 강하면 성욕도 강하고 성적 일탈 가능성도 높다"고 말한다. 때로는 무모할 정도로 지나치게 과감해지는 것이다. 남성 호르몬인 테스토스테론 수치가 높을수록 성취동기도 높아지며 자연스럽게 사회적 성공 가능성도 커진다는 연구결과도 있다. 투자 전문가 등 경쟁이 치열한 분야일수록 성공한 사람들과 남성호르몬의 상관관계가 높다는 것이다.

일부 심리학자나 정신의학자들은 권력자의 성적 일탈을 정신질환의 결과로 해석하기도 한다. 미국 아델피대학 심리학과의 게리 조지프스 교수는 "유명 정치인의 성적 일탈은 지나친 자기중심적 자아도취 증상 때문에 발생하는 것"으로 진단한다.

대통령과 총리는 그 나라에서 단 1명만이 차지할 수 있는 자리다. 다른 어떤 분야와도 견줄 수 없는, 경쟁이 가장 치열한 곳이 아닐 수 없다. 치열한 경쟁을 뚫고 최고의 자리에 올랐기 때문에 어떤 일도 할 수 있고 모든 일이 가능하다는 환상에 사로잡히기 쉽다. "나는 뭐든 할 수 있고, 해도 괜찮다"는 착각이다. 헨리 키신저 전 미 국무장관이 "권력은 가장 강력한 최음제"라고 말하는 이유다. 성추문으로 몰락한 권력자들을 보건대 권력욕은 '양날의 검'인 셈이다. 위험을 무릅쓴 과감성과 대담함이 그를 최고 권력자의 자리에 오르게 했지만, 동시에 자신을 파국으로 내모는 흉기로 돌변할 수 있는 것이다.

반면에 정치인들이 일반인들보다 성적 일탈을 더 많이 저지르는 게 아니라는 주장도 있다. 유명 정치인의 경우 아무래도 일반인들보다 눈에 잘 띄고, 드러날 경우 그 파급효과가 비교가 되지 않기 때문에 유명 정치인의 성추문이 더 많은 것처럼 느껴진다는 분석이다. 사실 일반인의 불륜과 성범죄 실태에 대해 정확하게 알기 어렵다. 믿을 수 있는 통계도 존재하지 않는다. 설문조사 결과가 몇 개 있기는 하지만 단순 추정에 불과하다. 지난 2010년 전미여론조사센터의 조사결과에 따르면 미국 기혼 남성의 21%가 불륜 경험이 있다고 밝힌 것으로 나타났다. 불륜 경험이 있는 기혼 여성의 비율은 14.7%였다.

우리나라는 어떨까? 국내 한 업체가 남녀 500여 명을 대상으로 결혼생활 중 배우자가 아닌 상대와의 이성교제 여부를 설문조사한 결과, 여성의 48.6%와 남성의 51.3%가 이성교제 경험이 있는 것으로 밝혀졌다. 또 한국성과학연구소가 2010년 5대 도시에 거주하는 성인 여성 1,000명을 상대로 설문조사한 결과 남편이 아닌 남자와 성관계를 맺은 비율이 7.9%에 이르렀다. 신빙성이 한참 떨어지긴 하지만, 한 여성 포털이 인터넷 설문조사를 실시한 결과 조사대상 여성의 26%가 현재 배우자와 다른 남자와 외도를 하고 있으며, 23%는 현재는 없지만 과거 경험이 있다고 대답해 조사대상자의 무려 49%가 외도 경험을 갖고 있는 것으로 조사된 바도 있다. 인터넷 설문조사인 데다가 조사대상 숫자가 적어 조사결과의 신뢰성은 약하지만 말이다. 사실 위에서 언급한 설문조사 결과들은 조사 대상자가 솔직하게 답변했다는 전제를 바탕으로 하고 있기 때문에 정확한 통계가 될 수 없다는 문제점을 안고 있다.

이번에는 방향을 바꿔 또 다른 성범죄인 성매수를 들여다보자. 성매수 경험은 거의 대부분 남성에 국한된다. 그래서 서울대 사회발전연구소가 전국 남성 1,000명을 대상으로 조사해 발표한《2010년 성매수 실태조사 보고서》에 따르면, 1년 동안 조사 대상 남성의 약 40%가 성매수를 한 것으로 나타났다. 지난 2004년부터 성매매특별법이 시행되고 있음에도 말이다. 반면에 2006년에 실시했던 미국 조사결과, 미국 남성은 1년 동안 4%의 성매수 경험이 있고, 평생 동안은 15~18%로 조사되었다. 성매매가 합법화되어 있는 호주나 네덜란드 모두 16%로 나타나 우리나라와는 비교도 안 될 정도로 낮았다. 이는 성 문화와 인식의 차이가 큰 데다가 성 개방 정도가 다르기 때문으로 풀이된다.

성적 일탈 욕망×권력=권력자의 성범죄

남성 호르몬, 특히 테스토스테론 수치가 높기 때문에 최고 권력자들이 성적 일탈행위를 많이 저지른다는 주장에 대해서도 최고 권력자의 지위에 오르기 위해 남보다 자기관리를 더 철저히 해온 인물들이 적지 않다는 점을 들어 반박한다. 여성 대통령과 여성 총리의 예도 있고 말이다.

개인적으로는 박수이론이 최고 권력자들의 성적 일탈을 적절하게 설명할 수 있다고 본다. 박수이론이란, 손뼉이 마주쳐야 소리가 나는 것처럼, '범죄동기(M)'가 코딩되어 있는 상태에서 '범죄기회(O)'가 주어지면 범죄가 발생한다는 것이다. "범죄(C) = 동기(M) × 기회(O)"의 공식이 성립한다. 이를 적용하면, 최고 권력자뿐만 아니라 다른 유명인들의 성범죄 설명이 가능하다. 다시 말해 혼외정사를 비롯해 각종 성범죄를 저지르고 싶은 동기가 주입되어 있는 상태에서 자신의 힘과 영향력으로 여성에 대한 성적 일탈의 기회가 주어지면 과감하게 행동에 옮기는 것이다. 자신의 행동을 자제할 수 있는 임계치가 낮을수록, 가능성은 높아지게 마련이다. 설사 기회가 주어져도 정치인마다 행동의 차이가 나는 것이 바로 범죄동기 코딩의 차이, 즉 임계치가 다르기 때문이다. 금속마다 녹는 온도, 용융점이 다른 것과 마찬가지다. 게다가 최고 권력자 입장에서는 널린 게 기회다. 마음만 먹으면 원하는 대상을 쉽게 손에 넣을 수 있다.

'모니카 게이트'의 당사자 클린턴 전 대통령 경우를 보자. 모니카 르윈스키와 백악관 집무실에서 부적절한 관계를 가질 때 클린턴 대통령은 이미 과거 아칸소 주지사 시절 아칸소 주 공무원이던 폴라 존스에게 성관계를 강요했다는 이유로 피소당한 상태였다. 성추문으로 재판 중인 상태에서 또 다른 무모한 성관계를 가졌던 것이다. 사실 클린턴 전 대통령은 대학 시절부터 여성 편력이 심했던 것으로 알려져 있다. 1992년 클린턴이 대선에 출마하자 제니퍼 플라워스라는 여성이 자신과 클린턴의 불륜 관계를 폭로하기도 했다. 대통령이 된 후 르윈스키 외 다른 백악관 여직원과도 염문설이 나돌았다. 성적 일탈에 대한 동기가 충분히 코딩된 탓에, 기회만 주어지면 바로 행동으로 들어가는 유형이었다. 그래서 일부에서는 클린턴의 일탈행위를 섹스 중독 증상으로 진단하기도 했다.

존 F. 케네디 전 대통령도 비슷하다고 할 수 있다. 40대 초반의 잘생긴 케네디 역시 당시 최고 섹시 스타 마릴린 먼로와 염문을 뿌렸다. 마릴린 먼로가 비밀 통로를 통해 백악관에 드나든다는 소문까지 돌았다. 케네디 대통령은 마릴린 먼로나 제인 맨스필드 같은 유명 여배우뿐만 아니라 백악관 여직원은 물론이고 콜걸까지 백악관에 불러들여 외도를 즐겼다고 한다. 동기가 확실하게 코딩됐던 것이다. 거의 중독 수준으로 볼 수 있다. 최고 권력의 자리는 손만 뻗치면 쉽게 여자를 얻을 수 있었다.

대통령이나 총리와 같은 최고 권력자는 아니지만, 몇 년 전 뉴욕에서 호텔 여성 청소부를 성폭행한 도미니크 스트로스칸 전 IMF 총재도 비슷한 경우다. 스트로스칸은 IMF 총재로 부임하고 얼마 지나지 않아 여직원과 성추문에 휩싸인 바 있다. 간신히 무마가 됐지만, 그 뒤로도 성추문은 끊이지 않았다. 상습범인 셈이다. 프랑스에서는 스트로스칸과 단 둘이 엘리베이터를 타지 말라는 이야기까지 나온다. 그래서 뉴욕 호텔의 성폭행 사건이 발생한 다음 그를 잘 아는 사람들은 전혀 놀라지 않았다는 것이다.

결국, 성추문 역시 유명하고 권력이 있고 없고를 떠나 사람의 문제로 귀착된다. 범죄 성향이 높고 충동조절이 어려운 사람은 걸어 다니는 폭탄과 같다. 기회만 포착하면 터지게 마련이다. 특히 상대방과의 합의에 의한 불륜 행각은 범죄라는 인식이 없거나 약하기 때문에 일탈 가능성을 높게 한다. 행동으로 옮기는 임계수치가 확 떨어지는 것이다. 유명인, 일반인 가릴 것 없이, 성적 일탈이 만연한 이유다.

경찰 성폭력(PSV)

영화 〈크래쉬〉(2004)에서 유명한 흑인 PD 테렌스 하워드(카메론 테이어 역)와 그의 아내 탠디 뉴튼(크리스틴 테이어 역)은 우연히 강도 사건이 발생한 차와 동일하다는 이유로 경찰의 불신검문을 받게 된다. 백인 경찰이 이러한 과정에서 크리스틴의 몸을 과도하게 더듬는 장면이 나온다.

개봉 당시 영화 〈크래쉬〉와 관련된 대부분의 비평들은 미국사회의 인종문제와 사회문제에 초점을 맞췄다. 그러나 경찰의 범죄행위에 대한 언급은 없었다. 경찰이 불신검문 과정에서 몸을 과도하게 수색하는 장면은 경찰 성폭력에 속한다. 경찰 성폭력은 이제까지 구체적인 용어로 정리되거나 크게 조명을 받은 분야는 아니었다. 하지만 성폭력 범죄자를 처벌하는 과정에 영향을 미치는 경찰 역시 성폭력의 가해자가 될 수 있음을 알아야 한다.

빅터 크래스카(Victor Kraska)와 피터 캐플러(Peter Kappeler)(1995)

는 경찰에 의해 자행되는 여성에 대한 성적 착취와 학대를 경찰 성폭력(Police Sexual Violence, PSV)라고 명명하고, 이런 성폭력이 사생활 침해부터 위력에 의한 강간에 이르기까지 어떻게 발생하는지 설명했다.

경찰 성폭력은 온건한 행위부터 과도한 행위, 그리고 실제 범죄 행위로 분류된다. 첫째, 온건한 행위에는 피해자 사진이나 성적 요소가 포함된 비디오 공개, 피해자의 사생활 침해, 2차 피해 등이 포함된다. 둘째, 과도한 행위에는 구금 시 알몸 수색, 불법구류, 성적 호감을 얻기 위한 속임수나 서비스 제공, 성희롱이 해당된다. 실질적 범죄행위는 성희롱과 성적 접촉은 물론 강간을 말한다. 이러한 경찰 성폭력은 여성 피해자는 물론 여성 범죄자에게도 자행되었다.

"유포 동영상 맞는지 보자" 경찰이 미성년자 여학생의 옷을 벗겨

미성년자 여학생이 자신의 동영상이 인터넷에 퍼지는 것을 알고 경찰서를 찾았는데, 담당 경찰관은 오히려 성인영화 감독 같은 황당한 요구를 하는 일이 벌어졌다.

2015년 10월, 18세 A양은 자기 '셀카'가 SNS에 유포되고 있는 것을 막아달라고 경찰서를 찾았다. 하지만 수사 담당 37살 B경사는 유포 영상이 B양과 일치하는지 확인하겠다며 A양에게 옷을 벗으라고 한 후 A양의 신체를 휴대폰으로 여러 차례 촬영했다. 이후 B경사는 혼자 근무하는 일요일에 A양을 다시 사무실로 불러서 함께 경찰서를 찾은 보호기관 상담사를 밖으로 내보낸 뒤, 사무실 CCTV가 찍히지 않는 곳으로 A양을 유도했다. A양은 B경사가 신체를 만지는 성추행도 저질렀다고 진술했다.

B경사는 "수사에 필요해 사진만 찍었다"고 부인했지만 여성 신고자의 신체 사진은 여자 경찰이 찍는 게 수사 관례다. 경찰은 B경사에 대해 아

동·청소년 성보호에 관한 법률위반 혐의로 구속영장을 신청했다.

음주단속을 빌미로 한 경찰의 성추행 사건

2015년 5월에는 국내에서 음주운전을 눈감아주겠다며 운전자를 성추행하는 사건이 일어났다.

음주단속 중이던 교통경찰관 김모 경위는 갑자기 불법 유턴을 하는 차량을 정지시킨 후 30대 초반 여성 운전자를 경찰서로 연행했다. 하지만 김모 경위는 음주측정을 하기 전 피해 여성을 비상계단으로 데려가 입을 맞추고 껴안는 등 강제로 추행했다. 김모 경위는 "예뻐서 그랬다. 가벼운 포옹이었는데, 피해자 쪽에서는 조금 더 진했다"고 했다. 이에 반해 피해 여성은 김모 경위가 성추행뿐 아니라 음주운전을 눈감아주겠다며 500만 원도 요구했다고 진술했다. 경찰은 일단 성추행 사실만으로도 김모 경위의 혐의가 무겁다고 판단하고 곧바로 구속영장을 신청했다.

이 밖에도 연예인 성행위 비디오가 터졌을 때 시나브로 그 영상이 유포되는 상황이나, 조사하던 검사와 성행위를 한 여성의 사진이 유포되었던 사건, 성매매 업소에 들어가 단속을 핑계로 성폭행을 일삼은 사건도 경찰 성폭력에 해당한다.

경찰 성폭력의 대표적 사례로는 2004년 당시 중학교 3학년 여학생을 밀양 지역의 고교생 44명이 1년 동안 성폭행하여 한국 사회를 요동치게 만들었던 2004년 밀양 여중생 집단 성폭행 사건을 들 수 있다. 이 사건에서는 경찰(혹은 형사사법기관) 성폭력이 입체적으로 가해졌다. 사건의 전말은 이미 널리 알려졌기에 생략하며, 대신 구체적으로 경찰 성폭력이 어떻게 가해졌는지 살펴보기로 한다.

밀양 여중생 집단 성폭행 사건과 경찰의 성폭력

밀양 여중생 집단 성폭행 사건을 조사하던 경찰은 피해자들에게 "너희가 밀양 물 다 흐려놨다"거나 노래방 도우미에게 "피해자가 너랑 똑같이 생겼다"는 말을 던졌다.

담당 경찰들은 여자 경찰에게 조사를 받고 싶다는 피해자와 가족의 부탁을 거절하고, 피해자를 가해자와 같은 조사실로 들어가게 한 후 면전에서 지목하게 했다. 또한 이들은 피해자의 이모에게서 피해자의 신원을 외부에 노출하지 말아달라는 요청을 받고 약속을 했으나, 결국 피해자 정보가 들어 있는 경찰 내부보고 문건을 기자들에게 유출하여 피해자의 실명이 미디어에 알려지기도 했다. 단순한 2차 피해라고 보기에는 극히 심각한 사례다. 이는 경찰 성폭력의 문제점이 고스란히 드러난 사례라고 볼 수 있다.

경찰에 의한 성폭력은 주변화된 취약 여성일수록 더욱 위험하다. 빈곤하거나, 젊은 여성이거나, 그리고 유색인종(다문화 등)일 경우 더욱 취약하다.

경찰 성범죄 발생은 대중매체와 영화의 탓도 있다. 처음 만난 경찰과 시시덕거리거나 성적 파트너로 응하는 여성의 모습이 불쾌감 없이 그려지기 때문이다. 경찰 성폭력이라는 생경한 용어를 처음 접하는 독자도 이제는 문제점을 인지하기 바란다. 그러나 무엇보다도 경찰의 이러한 침해 사례들을 '관행'과 '범죄처리 과정의 사소한 문제'로 여기는 경찰이 있다면 성범죄는 경찰서에서 다시 새로운 범죄로 탄생할 것이며 근절되기는 더욱 요원할 것이다.

영아살해, 아이를 죽인 진범은 누구인가?

'유기된 영아' 사건이 연일 보도되면서 주요한 사회문제로 부각되었다. 가출 청소년의 임신과 영아 유기가 미디어를 수놓다가, 이제는 경제적 능력이 없는 외국인 노동자의 아이가 유기된 사건이 벌어지곤 한다.

한쪽에서는 초저출산국이라 아이를 낳으라고 공익광고까지 내보내고 있는데, 어느 한쪽에서는 버려지거나 죽어가는 아이의 뉴스가 보도된다. 그러나 상반된 상황에서 발견되는 공통적 불편함은 아이를 낳지 않는 '여성', 그리고 아이를 버리거나 죽이는 '여성'에 대한 비난이다.

비난은 개인적 수준에서 나타나지만 여성의 출산에 부여하는 의미는 비난처럼 개인적이지만은 않다. 여성이 행하는 행동 중 이처럼 사회적이고 정치적인 것이 있었나 할 정도로 여성에 의한 출산과 여성에 의한 영아살해는 개념의 정의부터 사회의 영향력을 크게 받는다.

영아살해죄의 역사

우리나라에서 영아살해죄라는 규정이 생겨난 것은 1953년이다. 당시 6·25전쟁으로 인한 극도의 곤궁 상태, 그리고 전쟁 중의 강간은 부녀자들의 원치 않는 임신과 출산으로 이어졌다. 이러한 상황은 결국 영아살해와 영아유기라는 사회문제로 대두되었다. 영아살해와 관련된 우리의 법은 이러한 사회 상황을 반영한 것이다.[18]

로마법과 중세 독일법에 나타난 영아살해 관련 입법 연혁은 다시 고대 로마법 시대로 거슬러 올라간다. 그리스와 로마에서는 가부장에게 아이의 생명에 대한 절대적 권한을 인정했기 때문에 영아를 유기·살해하는 것이 크게 문제되지 않았다. 이후 로마제국이 기독교 사상의 지배를 받게 된 이후 영아살해는 법으로 금지되었으나 강력한 처벌 대상은 아니었다. 단지 벌금형에 불과한 가벼운 범죄로 치부했다. 당시 영아의 생사에 관한 권한은 아버지에게만 주어졌기 때문에 어머니는 아무런 권한이 없었다.

이후 서구의 영아살해 관련 시각은 로마법이 아닌 교회법의 영향을 받아 가중처벌의 대상이 되었다. 이는 사실 영아살해가 중대한 범죄여서가 아니라 영아살해의 원인을 어머니의 간통으로 보았기 때문이다. 이 때문에 간통과 살해를 행한 어머니는 비윤리적일뿐더러 중요한 범죄까지 저질렀기에 큰 비난의 대상이 될 수밖에 없었다.[19]

이렇듯 영아살해라는 죄에는 여성의 성적 일탈에 대한 비난과 살해라는 범죄행위를 강력하게 처벌하려는 입법 의지가 반영된 셈이다. 그렇다면 이러한 영아살해는 어떻게 처벌되고 있을까?

영아살해의 살인자는 누구인가?

미국에서 영아살해에 대한 사회적 대응은 종종 사형까지 나아가는 반면, 같은 영미권에 속한 영국의 영아살해법은 정신과적 치료를 제시하기도 한다. 영국은 영아살해를 저지른 여성을 치료가 필요한 정신병적 환자로 본다. 이들은 보호관찰을 받고, 정신과 치료를 병행하게 된다. 독일의 경우 여성의 사회적 지위와 미혼모에 대한 사회적 지원제도, 그리고 성윤리와 성문화를 고려하여 영아살해죄에 성적 일탈적 측면에 대한 비난과 사회적 수치심에 대한 비난의 수위를 낮춰가고 있다.

우리나라는 영국과 미국의 중간이라고 볼 수 있다. 영아살해 가해자의 경제 및 가족 상황을 고려하여 살인임에도 불구하고 집행유예를 내리기 위해 종종 징역 3년 이하의 실형을 선고하는 경우가 많다. 또한 실형이 선고된다 해도 일반 살인사건과 비교할 경우 그 평균 형량은 상대적으로 낮은 편이다.

이렇듯 우리나라는 영아살해죄를 영국과 같은 치료적 관점에서 바라보지는 않고 처벌의 시각으로 바라보고 있다. 처벌 수위가 절대적으로 낮은 것도 아닌데 우리나라의 영아살인사건은 지속적으로 증가하고 있다.

경찰청 범죄통계에 따르면 영아살해죄는 1990년에는 7건, 1992년 20건, 1999년 18건, 2000년 17건, 2002년 10건, 그리고 2010년 18건, 2012년에는 16건이 발생했다. 강력범죄로서 살인 범죄가 2013년 894건이 발생한 것과 비교하면 영아살해는 그 빈도가 미미하다.

그럼 영아살해는 누구에 의해 벌어질까? 2009년부터 2012년까지 집계된 영아살해는 59건이었다. 이에 대한 법원 판결문을 분석해보니, 가해자 중 친모가 58명(98.3%), 친부는 1명이었다. 연령대는 신원이 파악된 45명 가운데 10대가 10명, 20대가 25명으로 10~20대가 전체의 77.7%를 차지하고 50명이 미혼(84.7%)이었다. 요컨대 영아살해의 약 80%는 10~20대 미혼모의 범행이었다는 것이다.

그럼 이제 영아살해가 왜 발생하는지 알아보자. 영아살인자를 찾는 방법은 두 가지가 있다. 진짜 아이를 죽인 사람을 찾아내는 것, 그리고 아이를 죽이는 데 공모하거나 방조한 사람을 찾아내는 것이다. 아이를 유기하거나 살해한 사람이 아이의 부모라면 일단 살인자는 도처의 CCTV나 DNA 분석기법을 활용하여 찾게 될 것이다. 그러나 드러나지 않은 방조자가 문제다. 첫 번째 방조자는 아이의 아빠다. 여성이 영아살해를 저지를 때, 임신의 원인을 제공하고(강간의 결과도 포함) 실제로 영아살해를 도운 남자들은 어디서 찾아서 그 죗값을 물어야 할까? 그들에 대한 문제의식 없이 단순히 여성을 제정신이 아니거나 모성이 없는 악의적인 사람으로 묘사하는 것은 옳지 않다.

결론적으로 영아살해의 또 다른 방조자는 사회다. 미국 사회의 '아메리카드림'을 겪은 범죄학자 스티븐 메스너(Steven Messner)와 리처드 로젠펠드(Richard Rosenfeld)는 제도 간의 불균형적 발전이 인간소외를 낳는다고 주장하면서 '제도적 아노미 이론(Institutional-Anomie Theory)'을 발전시켰다. 간단히 말하면 제도 간의 불균형적 발전이 범죄현상과 깊은 연관이 있다는 이야기인데, 특히 경제만능주의 사회에서 경제에 다른 제도가 종속되면서 범죄 현상이 가속화된다고 경고

한다. 우리나라는 경제제도뿐만 아니라 가족도 필요하고, 가족을 유지하기 위한 육아제도, 복지제도가 필요하다. 출산을 장려하려면 출산장려금보다 육아휴직, 탄력적 근무, 보육시설 등의 제도가 확실하게 작동하도록 해야 한다. 출산장려금은 경제만능주의의 연장선에 있는 미봉책일 뿐이다. 경제만 우선시하는 사회는 경제적 빈곤층인 여성과 청소년에 의한 영아살해 범죄를 해결할 수가 없다.

제도적 아노미와 유사하게 '경제적 소외 가설(economic marginalization)'도 빈곤한 여성의 영아살해 행동의 책임 소재를 찾는 데 도움이 된다. 부양해야 할 아이를 가진 여성 가장은 실업, 낮은 급여, 낮은 복지에 마주치게 되는데 이때 경제적 압박을 못 이길 경우 범죄행위를 통해 돌파구를 찾게 된다. 즉 경제적 결핍이 여성으로 하여금 법으로부터 멀어지게 한다는 것이다.[20] "아이를 죽이고 나도 죽으려 했다"는 미수범들의 이야기가 더 이상 후퇴할 수 없는 경제적 결핍과 범죄의 연결 지점을 보여준다.

아기를 죽인 어머니의 사연

제도적 아노미와 경제적 소외 가설이 책 속의 이야기만은 아니다. 영아살해 범죄와 관련하여 마사 스미시(Martha Smithey)라는 학자가 영아살해를 한 어머니 연구를 통해 밝혀낸 내용을 살펴보자. 첫째, 영아살해 범죄자들은 젊다. 둘째, 자신과 영아에 대한 기대가 높다. 셋째, 부모로부터 심한 학대를 받았다. 넷째, 아버지는 알코올중독자와 같은 피하고 싶은 상대였다. 다섯째, 남편이나 남자친구가 비난했다. 여섯째, 매우 빈곤하고 일상의 스트레스 지수가 높다. 국내에서 발생한 영아살해 사건을 살펴보면 이와 같은 특징을 어렵지 않게 발견할 수 있다. 더욱이 영아살해 당사자에 대한 판결문에는 가부장적 시각까지 더해진다.

우리나라 영아살해 사건에서도 남편이 바람을 피웠거나, 학대를 하거나, 그 때문에 아이가 자기처럼 비극적인 인생을 사는 것을 막고 싶었거나, 현재 스트레스나 좌절을 극복하기 위한 방법으로 극단적인 선택을 하는 경우가 많았다. 상황이 매우 열악함에도 불구하고 미혼모가 된 자신을 가족이 비난하거나 아이를 키워줄 수 있는 곳이 없다는 상황도 좌절감을 극대화했다. 지나간 일에 '만약'을 이야기하는 것이 정당화될 수는 없지만, 영아살해 범죄자들(특히 여성 범죄자들)은 "만약 아이를 받아주는 곳이 있었다면", "만약 가족들이 나를 비난하지 않고 받아줬다면"이라는 중화기술(책임, 가해, 피해를 부정하는 모습)을 보이기도 한다. 이처럼 영아살인은 비슷한 장소에서 비슷한 방식으로 비슷한 이유 때문에 행해졌다.

낙태와 영아살해가 유사한 이유

미국 플로리다 주는 아이의 탄생을 숨겨야 하거나 양육하기엔 경제능력이 부족한 상황에서 아이들이 비극적 죽음을 맞이하는 것을 방지하기 위해 영아보호법을 제정했다.[21] 영아보호법이란 부모가 아이를 포기하기로 결심하는 경우에 아이를 안전하게 둘 수 있는 적절한 장소를 알려주고, 부모에 대한 기소나 기소 위협은 없을 것을 약속하며 신분은 비밀로 할 것을 보장하는 법이다. 그리고 사회는 영아에게 응급서비스를 제공할 의무가 있다.

2011년 형사정책연구원 박형민 박사는 국내에서 낙태 시술은 가출청소년이나 미혼모가 아닌 정상적인 부부들에 의해 가장 많이 이루어진다고 밝혔다.[22] 의료제도를 활용할 수 있는 능력이 있는 이들의 아이는 영아살해로 이어지지 않는다는 것이다. 일반적인 부부는 아이를 포기해야 할 때 영아살해가 아니라 의료제도를 활용하고 있었다. 즉, 의료제도를 활용할 수 없는 이들이나 가족제도나 복지제도에 기댈 수 없는 이들이 영아살해범이 된 것이다. 그렇다면 다시 한 번 묻자. 영아살해, 누가 아이를 죽였고 누가 방조했는가?

어느 아침, 범죄자와의 조우

"조, 너는 우리의 강인함과 용기 그리고 동정심을 과소평가했어. 너는 우리의 가슴을 찢어놨지만 우리의 영혼까지 상처를 낼 수는 없다는 사실을 알기 바란다. 우리는 그 어느 때보다 강하고, 자부심으로 가득 차 있어. 내가 버지니아 텍 호키스의 일원이라는 사실이 지금처럼 자랑스러웠던 적이 없어. 결국엔 사랑이 승리할 거야."

에린 제이(Erin J.)

이 문구는 2007년 버지니아 텍에서 총기를 난사하여 학생과 교수 32명을 살해하고 자살한 조승희의 비석 옆에 남겨진 추모 편지의 내용이다. 편지의 주인은 에린 제이라는 학생이었다.

필자는 지난 오랜 시간 동안 '범죄를 근절하는 길'을 찾아왔다. 수많은 저명한 철학자와 범죄학자의 말과 글을 접하고 공부했다. 하지만 에린 제이의 편지에서 비로소 범죄를 줄이기 위한 명확한 길을 발견할 수 있었다. 필자는 그렇게 확신한다.

범죄 사건에는 으레 범죄자와 피해자가 등장한다. 그리고 사건이 알려지면서 여기저기서 전지적 작가시점의 제3자들이 등장하곤 한다. 이들은 범죄자가 어떤 이유로, 얼마나 악랄한 짓을 일삼았는지 관심을 쏟는다. 하지만 범죄 행위에 대한 속성과 동기가 밝혀질 즈음 정작 사건은 잊힌다. 이후 제3자의 기억에 남는 것은 가해자도 피해자도 없는 개인화된 두려움뿐이다. 왜 그 사건이 일어났는지, 가해자와 피해자는 어떤 삶을 살고 우리 사회가 해줄 수 있는 일이 무엇인지 찾아보는 시도는 거의 보이지 않는다.

범죄에 대한 책을 쓰면서 필자는 우리의 두려움을 이야기하고 싶었다. 우리의 두려움은 어디에서부터 시작되는가 말이다. 우리는 늘 범죄에 대한 두려움을 갖고 있지만, 사실 두려움의 실체는 범죄로부터 나오지 않는다. 검찰청에서 발행하는 범죄 통계자료를 보면서 작년에 비해 올해의 범죄율이 늘었으니 '세상이 흉흉하다'고 느끼는 것도 아닐뿐더러 대다수는 우리나라 경찰의 범죄 해결 수준이 어느 정도인지조차 모른다. 범죄에 대한 개인의 두려움이 사회를 지배하고 있음에도 불구하고 역설적으로 밤의 문화는 어느 나라보다 발달해 있지 않은가. 한국은 늦은 시간까지 도시를 활보할 수 있는 몇 안 되는 나라기도 하다.

물론 두려움을 갖는 게 잘못된 일이라고 말하는 것은 아니다. 그 두려움이 설사 비전문가적 식견 혹은 육감에 의한 것이어도 마찬가지다. 그 두려움에는 또 다른 범죄를 잉태하기도, 예방하기도 하는 양날의 힘이 있다는 말을 전하고 싶다.

어느 한적한 시골 마을이 있었다. 범죄와는 거리가 먼 이 마을에 갑자기 연쇄살인사건이 벌어졌다. 사람들은 공포에 질려 집 밖에 나가지 않은 채 문단속을 하기 시작했다. 저녁 무렵이 되면 이장은 마을 회관 스피커로 밤에는 위험하니 밖으로 돌아다니지 말라고 마을 방송을 했다. 마을은 저녁 시간 이후로 사람 한 명 지나다니지 않는 곳이 되어버렸다.

저 마을에서 가장 마음이 편한 사람은 누구일까? 집 안으로 꼭꼭 숨은 마을 사람들일까? 그렇지 않다. 저 상황에서 가장 행복한 이는 바로 연쇄살인마와 같은 범죄자다. 사람이 돌아다니지 않는 그 마을에는 낯선 자기 얼굴을 신경 쓰는 이가 없으니 말이다. 설사 다시 범죄를 저지른다 해도 사람들은 무서워서 집 밖으로 나오지 않을 것이기에 범죄자 자신은 붙잡히지 않을 것이라 확신할 것이다.

실제로 범죄를 저지르고 붙잡혀서 교도소에 복역 중인 범죄자들을 만나 우리의 두려움에 관해 이야기를 나눴다. 그들은 지금은 붙잡혀 있지만 다음에 다시 범죄를 저지른다면 그때는 절대 붙잡히지 않을 것이라 말하곤 했다. 이런 상황에서 감시하는 눈마저 없다면 저들의 그 확신이 얼마나 더 확고해질지는 불 보듯 뻔하다.

개인화된 두려움과 타자화된 범죄는 우리의 두려움을 먹고 덩치를 키운다. 범죄자의 자유도도 높아진다. 그러나 이 두려움이라는 이름의 껍질을 깨고 나온다면 상황은 바뀔 수 있다. 사람들이 마을을 지키기 위해 밖으로 나와 더 활발하게 정보를 공유하고 대책을 논의한다면, 낯선 범죄자는 의심의 눈을 마주하게 될 것이고 취약한 피해자는 더 많은 보호의 눈을 갖게 될 것이다. 범죄는 이렇게 해결해가는 것이다. 실제로 강절도 사건을 미수에 그치게 한 그 힘은 제3자의 등장, 즉 감시와 보호의 눈이었다.

어느 아침과 다를 바 없이 급히 택시를 타고 목적지를 말했다. 그런데 무언가가 석연찮은 느낌이 들었다. 택시 내부를 꼼꼼히 살펴봤다. 택시운전자격증, 차량 번호, 택시회사 정보에 문제는 없었다. 그때 룸미러로 잔뜩 긴장한 택시기사의 얼굴이 보였다. "길을 모르세요? 제가 알려드릴게요." 택시기사는 괜찮다는 말을 던진다. 룸미러로 살짝살짝 보이는 그를 관찰하니, 땀을 흘리고 행동도 부자연스럽다. 그를 더욱 면밀히 관찰했다.

'아, 교도소에서 나온 지 얼마 안 된 사람이구나!'

이건 범죄학자로서의 직감이다. 군대를 다녀온 남자들은 갓 전역한 군인이 제아무리 꾸며도 쉽게 알아보듯이 말이다. 택시기사가 풍기는 아우라나 운전 중에 전화를 받는 말투 등 모든 게 갓 출소한 사람의 특징을 보여주었다. 그는 이내 부자연스럽게 핸들을 잡는 손을 바꿨다. '아, 저 문신……'

낯익은 문신이 내 눈을 사로잡았다. 나는 그해 여름 내내 연구를 위해 교도소를 드나들며 한 시간에 한 명씩, 하루에 대여섯 명의 재소자와 인터뷰를 했다. 그런데 당시 재소자 한 명이 중간에 출소를 했다. 그의 오른손에는 엄지손가락의 손톱 아래부터 팔목까지 어떤 글귀 같은 문신이 있었다.

그 독특한 문신을 한 전과자를 그날 그렇게 마주친 것이다. 비로소 그가 땀을 흘리고 더욱 긴장한 이유를 알 수 있었다. 내가 알아보기 전에 그가 먼저 나를 알아본 것이다. 그는 상습 침입 절도라는 죄명으로 ○○교도소에 복역했고 남자들만 있는 교도소에서 꽤 긴 시간 1:1 면접을 가졌기에, 우리는 서로에게 깊은 인상을 남겼을 것이다.

일상에서 범죄자를 만나면 어떤 기분일지 생각해본 적 있는가? 아마도 두려울 것이다. 그의 범죄가 두려움을 줄 것이다. 하지만 반대로 우리의 두려움이 그에게 또 다른 긴장감을 줄 것이다. 이는 두려움이 갖는 작용 반작용이라고 할 수 있다. 이러한 두려움은 큰 힘을 갖는다. 나에게도 그에게도 말이다.

그렇다고 범죄자의 두려움을 해소시켜야 한다는 예쁜 이야기를 하려는 것이 아니다. 오히려 누군가가 자신의 범죄 전력을 아는 것에 범죄자가 느끼는 두려움을 활용해야 한다고 말하고 싶다. 범죄를 이해하고 예방하기 위해서는 범죄에 대한 우리의 두려움이 아니라, 우리에 대한 범죄자들의 두려움을 이용할 필요가 있다. 각자 개인화된 두려움은 우리 사회의 두려움이라는 그늘이 되기도 하지만, 우리의 두려움을 집단화의 과정을 거쳐 당당한 용기로 승화한다면 범죄가 갖는 영역을 포위하고, 줄일 수 있다.

범죄자의 두려움을 활용해 범죄를 예방하자는 말은 범죄자를 적대하고 결박해서 사회 한구석으로 몰아내자는 말이 절대 아니다. 필자는 범죄학 수업을 진행하면서 종종 학생들에게 교도소를 디자인해보는 과제를 내곤 한다. 그럴 때마다 학생들은 교도소가 아니라 '감옥'을 그려 온다. 교도소는 차갑고 엄격해야 하기에 감시하고 가두는 기능을 주요 콘셉트로 잡는다. 교도소를 너무 살기 좋게 만들면 범죄자들이 또 범죄를 저지를지 모른다는 설명을 덧붙인다. 하지만 필자는 교도소가 더욱 차갑고 혹독한 곳이어야 한다고 이야기하지 않을 것이다. 반대로 사회가 더 따뜻하고 살기 좋은 곳이 되어야 한다고 말할 것이다. 교도소가 아무리 좋아져도 우리의 사회의 일상 수준을 감히 넘어서지 못하도록 말이다. 그들이 빨리 사회에 나오고 싶고, 감옥이 아닌 사회에서 평범한 일상에 감사하는 날을 맞이하기를 바란다. 때로는 필자가 그날 아침에 만났던 택시운전사처럼 긴장된 하루를 보내기도 하면서 말이다.

범죄를 개인의 선택으로 치부하고 피해에 침묵하고 묵인한다면 우리 개인의 두려움도 개인화되고 만다. 범죄가 두렵다고 해서 범죄자를 향해 "저 멀리, 사회에서 격리되어 있으라"고 말하지 말자. 피해자에게는 "집에 숨어 있으라"고 말하지 말자. 조승희 묘비 옆에 남겨진 에린 제이의 편지를 기억하자. 우리의 용기와 동정심을 과소평가한 그들에게 우리 영혼은 상처 나지 않을 것이고, 우리의 사랑이 승리할 것이라고 말해주자.

2016년 3월 박미랑

주석

1   최인섭 외(2005), 「한국인의 갈등해소방식: 폭력을 중심으로」, 한국형사정책연구
    원, 19쪽.

2   〈연합뉴스〉 2015년 10월 15일자.

3   https://www.fbi.gov/about-us/cjis/ucr/crime-in-the-u.s/2014/crime-in-
    the-u.s.-2014/tables/expanded-homicide-data/expanded_homicide_data_
    table_10_murder_circumstances_by_relationship_2014.xls

4   Wilson, J. Q. & Herrnstein, R. (1985), Crime and Human Nature, New York:
    Simon and Schuster, p. 356.

5   Gottfredson, M. R. & Hirschi, T. (1990), A General Theory of Crime. Stan-
    ford, CA: Stanford University Press, p. 32.

6   http://en.wikipedia.org/wiki/Zodiac_Killer#The_final_letters

7   Schechter, H. (2004), The Serial Killer Files, New York, NY: Ballantine Books,
    pp. 294-295.

8   Hicks, S. J. & Sales, B. D. (2006), Criminal Profiling: Developing and Effective
    Science and Practice, Washington, DC: American Psychological Association, p.
    54.

9   Becker, G. S. (1999), The Economic Approach to Human Behavior, Chicago:
    The University of Chicago Press, p. 77.

10 Tonry, M. (1998), "Crime and Punishment in America," in Michael Tonry(ed),
    The Handbook of Crime and Punishment, New York: Oxford University
    Press, p. 23.

11 Wilson, J. Q. & Herrnstein, R.(1985), Crime and Human Nature, New York:
    Simon and Schuster, p. 54.

12 Davis, J. A. & Lauber, K.M. (1999), "Criminal Behavioral Assessment of Ar-
    sonists, Pyromaniacs, and Multiple Firesetters: The Burning Question," Jour-
    nal of Contemporary Criminal Justice, 15:274.

13 Rice, M. E. & Harris, G. (1991), "Firesetters admitted to a maximum security
    psychiatric institution." Journal of Interpersonal Violence, 6(4):461-475Vol.
    6, No. 4, pp. 461-475.

14 Rice, M. E. & Harris, G. (1991), "Firesetters admitted to a maximum security psychiatric institution." Journal of Interpersonal Violence, 6(4):461-475Vol. 6, No. 4, pp. 461-475.

15 White, E. E. (1996), "Profiling arsonists and their motives: an update," Fire Engineering, 49(2):80-82.

16 Hollinger, R. C. (2012), 2012 National Retail Security Survey: Final Report, Gainesville, Fl: The University of Florida.

17 www.nrf.com/organizedretailcrime

18 권인숙(2004). "군대 내 남성 간 성폭력과 남성성", 「여성학논집」. 21(1): 3-35.

19 권인숙(2004). 앞의 논문, 3-35.

20 권인숙(2004). 앞의 논문, 3-35.

21 권인숙(2004). 앞의 논문, 3-35.

22 김현영(2002). 「병역의무와 근대적 국민정체성의 성별정치학」, 이화여대 석사학위 논문.

23 이경환, 임태훈, 김숙경. 2014, 「군 성폭력 실태조사 연구 용역 보고서」 군인권센 터.

24 '강남 학교폭력은 왜 아무도 몰라야 합니까', 이혜리, 〈경향신문〉 2015년 10월 2 일.

25 김정란(2014). "청소년의 가정폭력 노출이 학교폭력 가해행동에 미치는 영향: 가 정생활만족도, 학교생활만족도, 내재화의 매개효과", 광주여성재단, 276쪽.

26 김중술·유성진(2001), "범죄자 및 범죄행동에 대한 심리학적 평가: 유용성, 방법 및 사례", 「한국심리학회 춘계 심포지엄 발표논문집」, 140쪽.

27 Morse, Stephen (1982), "Failed Explanations and Criminal Responsibility: Experts and the Unconscious," 68 Va. L. Rev, 971.

28 Melton, G. B. , Petrila,J., Poythress, N.G. &Slobogin, C. (1997), Psychological Evaluations for the Courts: A Handbook for Mental Health Professionals and Lawyers, New York: The Guilford Press, pp. 235-238.

29 이창무(2005), "형사책임능력 판단을 위한 심리학적 평가에 관한 고찰: 미국형사 사법체계를 중심으로", 「형사정책」 제17권 제2호, 294쪽.

30 Cameron, R. M. (1979), "The Mental Health Expert: A Guide to Direct and Cross Examination," 2 Crim. Just, J. 299, 309.

31 김중술·유성진(2001), 「범죄자 및 범죄행동에 대한 심리학적 평가: 유용성, 방법

및 사례」, 「한국심리학회 춘계 심포지엄 발표논문집」, 한국심리학회, 143쪽.

32 509 U.S. 579(1993).

33 923 F. Supp. 1514(S.D. Ala. 1996).

34 Michael, R. G. & Hirschi, T. (1990), A General Theory of Crime, Stanford, CA: Stanford University Press.

35 Richard Kavoussi, Phyllis Armstead & Emil Coccaro(1997), "The Neurobiology of Impulsive Aggression," Psychiatric Clinics of North America, Vol. 20, pp. 397-400; Moshe Birger, et al.(2003), "Aggression: The Testosterone-Serotonin Link," The Israel Medical Association Journal, Vol. 5, pp. 654-655에서도 비슷한 결과가 제시되었다.

36 Matthew C. Lally & Scott A. Freeman(2005), "Perspectives: The Struggle to Maintain Neutrality in the Treatment of a Patient with Pedophilia," Ethics & Behavior, Vol. 15, pp. 181-190.

37 Robert J. Sampson & John H. Laub(1993), Crime in the Making: Pathways and Turning Points Trough Life, Cambridge, MA: Harvard University Press, pp. 65-68.

38 James Q. Wilson & Richard J. Herrnstein(1985), Crime & Human Nature: The Definitive Study of the Causes of Crime, New York: A Touchstone Books. p. 243.

39 John H. Laub & Robert J. Sampson(2003), Shared Beginning, Divergent Lives: Delinquent Boys to Age 70, Cambridge, MA: Harvard University Press, p. 293.

2부 범죄 앞에서 고정관념은 왜 위험한가: 상식을 뒤집는 범죄 대응

1 James Q. Wilson & George L. Kelling(1982. 3). "Broken Windows", The Atlantic Monthly.

2 George Kelling, Antony M. Pate, Duane Dieckman, & Charles Brown(1974),

The Kansas City Preventive Patrol Experiment: Summary, Washington, D. C.: Police Foundation.

3 〈경남신문〉 2016년 1월 18일자.

4 〈내일신문〉 2009년 3월 25일자.

5 〈국민일보〉 2004년 12월 8일자.

6 대검찰청(2014). 「범죄분석 2014」.

7 대검찰청(2014). 「범죄분석 2014」.

8 Witt, P. (2003). "Transfer of Juveniles to Adult Court: The case of H.H." Psychology, public policy and law, 9(3):631-380. 361쪽.

9 Scholossman, S. (1983). "Juvenile Justice history and Philosophy", in S. H. Kadishk(ed 3 Encyclopedia of crime and justice, 961, New York: Free Press.

10 Fagan, J. & Deschenes, E. (1990). "Determinants of Judicial Waiver Decisions for Violent Juvenile Offenders." The Journal of Criminal Law and Criminology, 81(2):314-347 중 318쪽 참고.

11 Redding, R. (2010). "Juvenile Transfer Laws: An effective deterrent to delinquency?" Juvenile Justice Bulletin, Washington DC: U. S. Department of Justice, office of Justice Programs, Office of Juvenile Justice and Delinquency Prevention.

12 Redding (2010). 이전 논문. Fagan, J. & Zimring, F. (2000). The changing borders of juvenile justice: Transfer of adolescents to the criminal court. Chicago, IL: University of Chicago Press.

13 Steiner, B. & Hemmens, C. (2003). "Juvenile Waiver 2003: Where are we now?" Juvenile and Family court Journal, 54(2):1-24.

14 Bishop, D. (2004). "Injustice and irrationality in contemporary youth policy" Criminology and Public Policy, 3: 633-644.

15 Jordan, K. (2014). "Juvenile status and criminal sentencing: does it matter in the adult system?", Youth Violence and Juvenile Justice, 12(4): 315-331. 316쪽 참고.

16 Jordan, K. (2012). "Juvenile transfer and recidivism: a propensity score matching approach." Journal of Crime and Justice, 35(1):53-67. Lanza-Kaduce, L., Lane, J., Bishop, D.M., and Frazier, C.E. (2005). "Juvenile offenders and adult felony recidivism: The impact of transfer." Journal of Crime and Justice,

28:59 - 77.

17 Winner, L. Lanza-Kaduce, L. Bishop, D. & Fraizer, C. (1997). "The transfer of
    juveniles to criminal court: Re-examiniming recidivism over the long term."
    Crime and Delinquency, 43(4):548-563.

18 Winner et al.(1997). 이전 논문.

19 Bishop & Fraizer(2000), Griffin et al. (2011).

20 Bishop & Fraizer(2000). 이전 논문 255쪽. Redding(2010 이전 논문 7쪽 참고.

21 Beyer, M. (1997). "Expert for juveniles at risk of adult sentences" In More
    than meets the eye: Rethinking assessment, competency and sentencing for a
    harsher era of juvenile justice, edited by P. Puritz, Capozello, and W.Shang,
    1-22. Washington DC: American Bar Association, Juvenile Justice Center.

22 그러나 다행히 2007년 이송에 있어 흑인과 백인의 차이는 1.1배로 감소했다.
    Griffin et al., (2011 앞의 논문. 10쪽.

23 Steiner, B. & Hemmens, C. (2003). "Juvenile Waiver 2003: Where are we
    now?" Juvenile and Family court Journal, 54(2):1-24.

24 대검찰청 (2015). 「범죄분석 2015」.

25 대검찰청 (2015). 「범죄분석 2015」.

26 Moulds, E. (1980). "Chivalry and Paternalism: Disparities of Treatment in the
    Criminal justice System." Pp.277-299 in Women, crime and Justice, edited
    S.K. Datesman &F. R. Scarpitti. NY: Oxford University Press.

27 Steffensmeier, D. John, K, & Streifel, C. (1993). "Gender and imprisonment
    decision" Criminology, 31:411-446.

28 Brennan, P.(2002). "Women sentenced to jail in New York City", NY: LFB
    Scholarly Publishing.

29 박미랑, 이민식, (2013 "절도범죄의 양형에 있어 법적 요소와 법외적 요소의 영
    향"「형사정책」. 25(1): 35-57.

30 Worrall, A.(1981). "Out of Place: Female Offenders in Court.", Probation
    Journal. 28:90-93.

31 아서 코난 도일, 백영미 옮김(2002), 「주홍색 연구」, 황금가지, 34쪽.

32 David, C. & P. Larkin(1993), "The Environmental Range of Serial Rapists,"
    Journal of Environmental Psychology, Vol. 13, pp. 63-66.

33 Ronald, M. H. & Stephen T. H. (2002), Profiling Violent Crimes: An Investi-

gative Tool, Thousand Oaks, CA: Sage Publication, pp. 14-15.

34 〈서울신문〉 2009년 1월 30일자.

35 Brandon C. W. & David P. F. (2002), Crime Prevention Effects of Closed
    Circuit Television: A Systematic Review, Home Office Research Study, no.
    252, London: HMSO.

36 Martin Gill & Angela Spriggs(2005), Assessing the impact of CCTV, Home
    Office Research Study, no. 292. London: HMSO.

37 Thomas Mathiesen(1987), "The Eagle and the Sun: On Panoptical System and
    Mass Media in Modern Society," in John Lowman, Robert J. Menzies, and
    T. S. Palys(eds.), Transcarceration: Essays in the Sociology of Social Control,
    Brookfield, VT: Grower, p. 75.

38 Lawrence W. Sherman(1999), "Policing For Crime Prevention," in Lawrence
    W. Sherman, Denise Gottfredson, Doris MacKenzie, John Eck, Peter Reuter,
    and Shawn Bushway(eds.), Preventing Crime: What Works, What Doesn't,
    What's Promising, Washington, D.C.: U. S. Department of Justice.

39 Tomislav V. Kovandzic & John J. Sloan(2002), "Police Levels and Crime
    Rates Revisited: A County-Level Analysis From Florida(1980-1998)," Journal
    of Criminal Justice, Vol. 30, p. 65.

40 Lawrence W. Sherman(2004), "Fair and Effective Policing," in James Q. Wil-
    son and Joan Petersilia(eds.), Crime: Public Policies for Crime Control, Oak-
    land, CA: Institute for Contemporary Studies Press, p. 385.

41 George Kelling, Antony M. Pate, Duane Dieckman, & Charles Brown(1974),
    The Kansas City Preventive Patrol Experiment: Summary, Washington, D. C.:
    Police Foundation.

42 Scott H. Decker, Sean P. Varano, & Jack R. Greene(2007), "Routine Crime
    in Exceptional Times: The Impact of the 2002 Winter Olympics on Citizen
    Demand for Police Services," Journal of Criminal Justice, Vol. 35, p. 89.

43 이창무(2008), "집회시위 대응을 위한 경찰력 동원이 범죄 발생에 미치는 영향분
    석", 「형사정책」 제20권 제1호, 246쪽.

44 James Q. Wilson & Richard J. Herrnstein(1985), Crime and Human Nature:
    The Definitive Study of the Causes of Crime, New York: A Touchstone
    Book, pp. 49-52.

45 Samuel Cameron(1988), "The Economics of Crime Deterrence: A Survey of Theory and Evidence," Kyklos, Vol. 23, No. 1, p. 301.

46 Hope Corman & Naci Mocan(2000), "A Time-Series Analysis of Crime and Drug in New York City," American Economic Review, Vol. 90, No.3, p. 584.

47 대법원 (2014), 「2013년 사법연감」. 894쪽.

48 김정환(2010), "형사보상제도의 역사와 본질", 「서울법학」 제18권 제2호 61-65 쪽.

49 http://www.innocenceproject.org/

50 Sanford H. Kadish & Stephen J. Schulhofer(1995), Criminal Law and Its Processes: Cases and Materials, Aspen Law & Business, p. 932.

51 Jeffrey Reiman(1995), The Rich Get Richer and the Poor Get Prison: Ideology, Class, and Criminal Justice, Boston: Allyn & Bacon, p. 101.

52 Jeffrey Reiman(1995), The Rich Get Richer and the Poor Get Prison: Ideology, Class, and Criminal Justice, Boston: Allyn & Bacon, p. 118.

53 Steven H. Clarke & Gary G. Koch(1976), "The Influence of Income and Other Factors on Whether Criminal Defendants go to Prison," Law and Society Review, pp. 81-84.

54 Jeffrey Reiman(1995), The Rich Get Richer and the Poor Get Prison: Ideology, Class, and Criminal Justice, Boston: Allyn & Bacon, pp. 118-120.

55 법무연수원, 「2014 범죄백서」. 299쪽.

3부 범죄는 어떻게 진화하는가: 시대에 따라 변하는 범죄들

1 〈중앙일보〉, 2009년 1월 28일자.

2 Ray Surette(1992), Media, Crime, & Criminal Justice: Images and Realities, Pacific Grove, CA: Brooks/Cole Publishing Company, p. 140.

3 George B. Vold, Thomas J. Bernard, & Jeffrey B. Snipes(1998), Theoretical

Criminology, New York: Oxford University Press, p. 53.

4 George B. Vold, Thomas J. Bernard, & Jeffrey B. Snipes(1998), Theoretical Criminology, New York: Oxford University Press, pp. 53-54.

5 George B. Vold, Thomas J. Bernard, & Jeffrey B. Snipes(1998), Theoretical Criminology, New York: Oxford University Press, pp. 56-57.

6 〈중앙선데이〉 2009년 2월 1일자.

7 George B. Vold, Thomas J. Bernard, & Jeffrey B. Snipes(1998), Theoretical Criminology, New York: Oxford University Press, pp. 69-70.

8 Adrian Raine(1993), The Psychopathology of Crime, San Diego: Academic Press, Inc., p. 54.

9 George B. Vold, Thomas J. Bernard, & Jeffrey B. Snipes(1998), Theoretical Criminology, New York: Oxford University Press, pp. 71-72.

10 George B. Vold, Thomas J. Bernard, & Jeffrey B. Snipes(1998), Theoretical Criminology, New York: Oxford University Press, p. 74.

11 George B. Vold, Thomas J. Bernard, & Jeffrey B. Snipes(1998), Theoretical Criminology, New York: Oxford University Press, pp. 73-75.

12 범죄예방디자인 연구정보센터(http://www.cpted.kr)

13 이창무 중앙대학교 범죄보안학과 교수.

14 이창무(2004), "정보화 사회에서의 사이버범죄", 「과학사상」 제49호, 44쪽.

15 이정남(2000), 「크래커 잡는 해커」, 정보M&B, 11쪽.

16 '해커(hacker)'와 행동가를 의미하는 '액티비스트(Activist)'의 합성어다. 핵티비즘(Hacktivism)에 관해서는 Paul Taylor(2001), "Hacktivism: In search of lost ethics?" in David S. Wall(ed), Crime and the Internet, London: Routledge 참조.

4부 왜 범죄 피해자가 비난을 받는가: 사회적 약자의 이중위험

1 박미랑(2013), "가정폭력, 가족간살인, 그리고 판결문속의 가부장적 이데올로기 읽기", 「공안행정학회」, 52:106-142.

2   Kaufman, J. & Zigler, E. (1987), "Do abused children become abusive parents?
    American Journal of Orthopsychiatry, 57: 186 - 192.

3   Bandura, A. (1973). Aggression: A social learning analysis. Englewood Cliffs,
    NJ:

4   Lewis, S. F. & W. Fremouw(2002). "Dating Violence: A critical review of the
    literature", Clinical Psychology Review, 21(1): 105-127.

5   Bernard, M. & Bernard, J. (1983). Violent intimacy: The family as a model for
    love relationships. Family Relations, 32, 283 - 286.

6   Kaufman, J & E. Zigler(1987 "Do abused children become abusive parents?"
    The American Journal of Orthopsychiatry, 57(2):186-192.

7   Wildon, Margo, & Daly, Martin, 1993 "Spousal homicide risk and estrange-
    ment" Violence and Victims, 8:3-15.

8   2015. 5.16선고, 2012도14788

9   1970년 3월 선고. 대법원 70도29

10 Bergen, R. K. (1996). Wife rape: Understanding the response of survivors and
    service providers. Thousand Oaks, CA: Sage.

11 Basile, K. C. (2002). Prevalence of wife rape and other intimate partner sexual
    coercion in a nationally representative sample of women. Violence and Vic-
    tims, 17(5), 511-524.

12 Bergen, R. K. (1996). Wife rape: Understanding the response of survivors and
    service providers. Thousand Oaks, CA: Sage.

13 Basile, K. C. (2002). Prevalence of wife rape and other intimate partner sexual
    coercion in a nationally representative sample of women. Violence and Vic-
    tims, 17(5), 511-524.
    Bergen, R. K. (1996). Wife rape: Understanding the response of survivors and
    service providers. Thousand Oaks, CA: Sage.

14 Illinois Complied Statutes, 2010:5/17-7(c)

15 Flynn, C. P.(2011). "Examining the links between animal abuse and human
    violence." Crime, Law and Social Change, 255(5): 453-468.

16 ⟨USA Today⟩, (March,2, 2015). "Study: One in five teen girls victim of dat-
    ing violence" (http://www.usatoday.com/story/news/2015/03/02/teen-dating-vio-
    lence-study/24127121/)

17 대검찰청(2014), 「2014 범죄분석」.

18 전보경(2013). "영아살해죄의 규정과 해석에 관한 비판적 고찰". 「법학논총」, 37(3): 169-192.

19 성낙현(2010). "영아살해죄의 해석론과 입법론", 「법조」. 59(7):5-39.

20 Simon, R. & Ahn-Redding, H.(2005).The Crimes Women Commit. Lexington Publisher.

21 Florida Statues(2009), §383.50.

22 박형민(2011). 「낙태의 실태와 대책에 관한 연구」, 한국형사정책연구원.

왜 그들은 우리를 파괴하는가

초판 1쇄 | 2016년 4월 15일 발행
초판 6쇄 | 2019년 9월 25일 발행

지은이 | 이창무·박미랑

펴낸이 | 김현종
펴낸곳 | (주)메디치미디어
등록일 | 2008년 8월 20일 제300-2008-76호
주소 | 서울시 종로구 사직로 9길 22 2층(필운동 32-1)
전화 | 02-735-3315(편집) 02-735-3308(마케팅)
팩스 | 02-735-3309
전자우편·원고투고 | medici@medicimedia.co.kr
홈페이지 | www.medicimedia.co.kr
페이스북 | medicimedia

책임편집 | 한진우
디자인 | 정혜미
마케팅 홍보 | 고광일 김신정
경영지원 | 조현주 김다나

인쇄 | 천광인쇄사

ⓒ 이창무·박미랑, 2016

ISBN 979-11-5706-056-6   03300